YANGLAO FUWU LILUN YU SHIJIAN

养老服务理论与实践

张岩松 等著

化学工业出版社

·北京·

内 容 简 介

本书在对我国人口老龄化的界定、产生、趋势、特点、影响及其应对等基本问题进行探讨的基础上，对老年人和养老服务的基本问题进行了剖析，重点探讨了养老护理员一线养老服务的技术技能（包括：老年人生活照料技能、护理技术、康复护理技能、心理护理技术）和养老服务机构管理者必须掌握的管理基本知识和技能（包括：养老服务机构的概念、特点、类型，养老服务机构管理的要素、目标与原则以及养老服务机构人力资源管理、服务管理和服务保障管理等）。最后探讨了养老服务人才培养问题，明确了养老服务人才素质要求，提出了养老服务人才培养的举措和养老服务人才培养长效机制的构建。

本书不但可以为老龄委、民政部门、城市和乡村政府部门、各类养老服务机构、职业院校等提供借鉴和参考，它更是用于养老服务职业技能培训、岗位技能培训的教材，非常适合从事养老护理工作的养老护理员以及养老服务机构管理者学习及用于岗位培训或就业培训。

图书在版编目（CIP）数据

养老服务理论与实践／张岩松等著. —北京：化学工业出版社，2021.8
ISBN 978-7-122-39365-4

Ⅰ.①养⋯ Ⅱ.①张⋯ Ⅲ.①养老-社会服务-研究-中国 Ⅳ.①D669.6

中国版本图书馆 CIP 数据核字（2021）第 120781 号

责任编辑：蔡洪伟　　　　　　　　　　　文字编辑：袁　宁
责任校对：边　涛　　　　　　　　　　　装帧设计：张　辉

出版发行：化学工业出版社（北京市东城区青年湖南街13号　邮政编码100011）
印　　装：大厂聚鑫印刷有限责任公司
787mm×1092mm　1/16　印张15　字数380千字　2021年10月北京第1版第1次印刷

购书咨询：010-64518888　　　　　　　　售后服务：010-64518899
网　　址：http://www.cip.com.cn
凡购买本书，如有缺损质量问题，本社销售中心负责调换。

定　价：48.00元　　　　　　　　　　　　　　　　　　版权所有　违者必究

前言

　　1999年，是中国老龄事业发展史上值得记忆的年份。就在这一年，我国60岁以上老年人口达到1.28亿人，占总人口的10.18%，这标志着我国进入人口老龄化社会。自此，我国的人口老龄化进程在不断加剧。全国老年人口在2019年底已达到2.54亿人，预计到2025年将突破3亿人，2035年将超过4亿人，2050年将接近5亿人。我国的人口老龄化有其特殊性：规模大、增速快，未富先老、未备先老，传统生活方式与现代生活方式冲突。人口老龄化给经济社会发展带来深刻影响，人口老龄化问题、养老问题日益成为影响国计民生的重大战略问题，是考量中华民族伟大复兴战略全局和世界百年未有之大变局时绕不开的因素。对人口老龄化问题和养老问题及时、科学、有效应对，将充分展示我们的道路、理论、制度和文化优势，成为正向和确定性助力因素。反之，则可能成为负向和不确定性风险因素。积极应对人口老龄化，发展养老服务业，对加快构建以国内大循环为主体、国内国际双循环相互促进的新发展格局也具有重要意义。

　　鉴于以上方面，我们精心完成了《养老服务理论与实践》一书的编著。它是辽宁省教育厅2019年度科学研究经费项目"养老服务从业人员褒扬激励机制研究"（JYT201902）、大连市社科院2019年度基地调研课题"大连市老年友好社区建设研究"（2019dlskyjd016）和大连职业技术学院2021年度"积极老龄化背景下养老服务机构人力资源优化配置研究"（DZ2021B09）的重要成果。它也是大连职业技术学院2019年度校级科研创新团队、大连职业技术学院2019年度科研带头人项目的重要成果。

　　本书第一章对我国人口老龄化的界定、产生、趋势、特点、影响及其应对等基本问题进行了探讨。第二章对老年人和养老服务的基本问题进行了剖析，分析了老年人的定义、类型、价值以及老年人的生理特点、心理特点和社会特点，探讨了养老服务的发展历程、内涵，并进行了养老服务要素分析、需求分析和模式分析。第三章图文并茂，突出了实践层面——一线养老服务应掌握的技术技能，着重探讨了养老护理员必须掌握的养老服务基本技能：清洁照料、饮食照料、睡眠照料、排泄照料、安全保护等老年人生活照料技能；观察、给药、消毒、冷热应用、常见病护理、急救技术、护理记录等老年人护理技术；功能训练、组织康乐活动、使用辅助器具等老年人康复护理技能；老年人心理量表应用、合理情绪疗法、系统脱敏疗法、回忆疗法等老年人心理护理技术。第四章突出了养老服务机构管理的实践层面，着重探讨了养老服务机构管理者必须掌握的管理基本知识和技能：养老服务机构的概念、特点、类型以及养老服务机构管理的要素、目标与原则，养老服务机构人力资源优化配置、人力资源管理、服务管理和服务保障管理等。第五章探讨了养老服务人才培养，在分析养老服务人才素质要求的基础上，重点探讨了养老服务人才培养的举措和养老服务人才培养长效机制的构建。本书不但可以为老龄委、民政部门、城市和乡村政府部门、各类养老服务机构、职业院校等提供借鉴和参考，更是用于养老服务职业技能培训、岗位技能培训的难得的教材，非常适合从事养老护理工作的养老护理员以及养老服务机构管理者学习及用于岗位培训或就业培训。

  本书是集体智慧的结晶，由张岩松、刘爽、刘志敏著，具体分工如下：张岩松、刘爽编写第一章和第五章，刘志敏编写第二章和第四章，刘爽编写第三章。全书由刘志敏统稿。

  本书的编写参考了大量文献，在此向各位作者表示衷心感谢。化学工业出版社对本书出版给予了大力支持，在此一并致谢。由于作者学识、时间、精力所限，书中不足之处在所难免，恳请各位读者指正。

著 者
2020 年 12 月

目录

第一章 我国的人口老龄化问题 ... 1

第一节 我国人口老龄化分析 ... 1
一、人口老龄化的界定 ... 1
二、人口老龄化问题产生的因素 ... 2
三、我国人口老龄化的发展趋势 ... 3
四、我国人口老龄化的特点 ... 4

第二节 人口老龄化的影响 ... 6
一、有效劳动力不足 ... 6
二、社会负担加重 ... 7
三、社会问题凸显 ... 8
四、产业结构调整 ... 9

第三节 人口老龄化的应对 ... 10
一、应对人口老龄化的理念 ... 10
二、应对人口老龄化的行动 ... 16

第二章 认识老年人和养老服务 ... 21

第一节 认识老年人 ... 21

一、老年人的界定 21
　　二、老年人的类型 23
　　三、老年人的价值 25
　　四、老年人的特点 28
　第二节　认识养老服务 40
　　一、养老服务发展历程及内涵 40
　　二、养老服务要素分析 42
　　三、养老服务需求分析 43
　　四、养老服务模式分析 45

第三章　养老服务技术技能 52
　第一节　老年人生活照料技能 52
　　一、清洁照料 52
　　二、饮食照料 61
　　三、睡眠照料 65
　　四、排泄照料 68
　　五、安全保护 74
　第二节　老年人的护理技术 80
　　一、生命体征监测 80
　　二、给药 87
　　三、消毒 90
　　四、冷热应用 92
　　五、常见病护理 96
　　六、急救技术 104
　　七、护理记录 112
　第三节　老年人的康复护理技能 114
　　一、老年人的功能训练 114
　　二、老年人的康乐活动 119
　　三、老年人的辅助器具 122
　第四节　老年人的心理护理技术 132

一、老年人常用心理量表 ·· 132
　　二、老年人常用心理护理技术 ·· 140

第四章　养老服务机构管理 ·· **145**

第一节　养老服务机构管理概述 ·· 145
　　一、养老服务机构的概念和特点 ·· 146
　　二、养老服务机构的类型 ·· 148
　　三、养老服务机构管理的要素、目标与原则 ·································· 152
　　四、养老服务机构的管理方式 ··· 155

第二节　养老服务机构人力资源优化配置 ·· 157
　　一、养老服务机构人力资源的内涵 ··· 157
　　二、养老服务机构人力资源优化配置的方法 ·································· 158
　　三、养老服务机构人力资源优化配置的策略 ·································· 163

第三节　养老服务机构的人力资源管理 ·· 166

第四节　养老服务机构的服务管理 ··· 175
　　一、老年人服务需求评估 ·· 175
　　二、老年人服务计划制订 ·· 180
　　三、养老服务质量管理 ··· 186

第五节　养老服务机构的服务保障管理 ·· 190
　　一、养老服务机构的财务管理 ··· 190
　　二、养老服务机构的后勤支持管理 ··· 195
　　三、养老服务机构的安全管理 ··· 200
　　四、安全管理体系设计及运行 ··· 206

第五章　养老服务人才培养 ·· **211**

第一节　养老服务人才的素质要求 ··· 212
　　一、老年服务与管理人才的界定 ·· 212
　　二、老年服务与管理人才的思想素质 ·· 214
　　三、老年服务与管理人才的业务素质 ·· 215

第二节　养老服务人才培养的举措 ··· 217

第三节　构建养老服务人才培养长效机制 ··· **226**

一、制定人才规划 …………………………………………… 227
二、建立职业标准 …………………………………………… 227
三、提高人才地位 …………………………………………… 228
四、完善管理机制 …………………………………………… 228
五、拓宽职业发展空间 ……………………………………… 229

参考文献………………………………………………………… 231

第一章　我国的人口老龄化问题

积极应对人口老龄化是国家的一项长期战略任务。

——《中华人民共和国老年人权益保障法》

21世纪是人口老龄化的时代，目前世界上所有发达国家都已进入老龄化社会，许多发展中国家正在或者即将进入老龄化社会。1999年，我国也进入了老龄化社会，是较早进入老龄化社会的发展中国家之一。正确分析我国的人口老龄化，清醒认识人口老龄化带来的机遇和挑战，是积极应对人口老龄化的关键。

第一节　我国人口老龄化分析

一、人口老龄化的界定

人可以变老，人口也可以变老，但是这两者在概念上有着本质的区别。一个人从出生到婴幼儿、青少年、中年、老年直至死亡是一个生命过程，它是不可逆转的单向过程。而一个人口可以因为老年人口增加快于青少年人口，使得人口结构从较年轻的状态变化到较年老的状态，形成人口老龄化；有时又由于青少年人口增加快于老年人口，形成人口年轻化。因此，人口的变化是双向的，是没有"生命过程"的。总之，人的老化是人的生命过程的老化，人口的老化是人口结构的变化[1]。

人口老龄化是指一个地区或国家老年人口增长的趋势，按国际通行的标准界定，65岁及以上人口占总人口比重达到7%或者60岁以上人口占总人口10%，就进入了老龄化社会。

人口老龄化引发的"银发浪潮"呼啸而至，老龄化问题引起举世关注。1999年是联合国的第一个国际老人年，其主题被确定为建设"不分年龄人人共享的社会"。当年的联合国大会通过决议，强调开展国际老人年的"国家后续行动"的重要性——因为不同区域和不同国家的人口老龄化阶段不同，需要确定具体的对策，以实现"不分年龄人人共享的社会"的美好目标[2]。2002年，联合国在西班牙的马德里召开了第二次世界老龄问题大会，通过了《2002年国际老龄问题行动计划》。这项计划再次强调，要"应对21世纪人口老龄化的挑战，促进不分年龄人人共享的社会的发展"。同时郑重宣布："我们在这个行动计划中，责成包括国家和国际的各级机构采取行动，并对以下三个方面给予优先：老年人与发展；老年人的健康与福利；保证有切实可行的支持环境。"联合国在世纪之交采取的一系列行动表明，老龄化问题已经成为一个世界性的普遍问题。时任联合国秘书长安南，在第二次世界老龄问题大会开幕式上的讲话中特别指出："世界正经历着一个史无前例的人口转变，从现在到2050年，老年人口总数将从大约6亿增加到20亿左右。今后不到50年，全世界将会第一次出现60岁及以上老年人口超过15岁以下少年儿童人口。更为重要的是，在老年人口的增长中，发展中国家的速度最快。这是一个非常重要的迹象。据预测，50年后发展中地区的老年人口将是现在的4倍。"[3]

"银发浪潮"席卷全球，中国当然也不能例外。20世纪末，中国65岁及以上人口接近7%，60岁及以上人口超过10%，正式迈进了老龄化国家的门槛[4]。改革开放以来的40多年间，我国不仅创造了经济社会发展的奇迹，而且仅用30年的时间就实现了许多发达国家用一个世纪甚至更长时间才完成的人口再生产类型转型，步入低生育率水平国家的行列，也创造了世界人口发展史上的奇迹。与此同时，我国也提前迎来了人口老龄化时代。1999年，我国60岁以上老年人口达到1.32亿，占总人口的比重超过10%，标志着人口老龄化社会的开始。

根据国家统计局2020年1月17日公布的最新数据，2019年末，我国60周岁及以上人口达到25388万人，占总人口的18.1%，其中65周岁及以上人口为17603万人，占总人口的12.6%。相较于2018年年底，老年人口增加约439万。此外，全年人口出生率降至1952年以来最低的10.48‰。我国的人口老龄化程度正在日益加深，已进入人口老龄化快速发展阶段。

二、人口老龄化问题产生的因素

老龄化进程深受社会发展过程中各方面客观因素的影响，而且，不同地区、国家老龄化的形成背景也不尽相同。

---

[1] 方鹏骞，陈茂盛.人口老龄化的内涵界定及世界人口老龄化趋势[J].国外医学社会医学分册，2001(6)：61-63.

[2] 联合国第五十四届会议大会决议.《国际老人年的后续行动：不分年龄人人共享的社会》，老龄委网站.

[3] 熊必俊.人口老龄化与可持续发展[M].北京：中国大百科全书出版社，2003：10-11.

[4] 黄黎若莲，张使飞，唐钧.中国人口老龄化进程与老年服务需求[J].学习与实践，2006(12)：103-113.

（一）预期寿命延长

据国家统计局公布的 2000 年第五次全国人口普查资料，中国人口平均预期寿命已提高为 71.40 岁，2010 年第六次全国人口普查数据显示我国人口平均寿命为 74.83 岁，2015 年中国的人均寿命增至 76.1 岁。其中值得一提的是，上海市人口的平均预期寿命颇长，早在 2001 年时就达到了 79.66 岁，达到了发达国家水平。

（二）死亡率下降

随着人类生命质量提高、公共医疗卫生水平提升，人类预期寿命的提高也非常显著。20 世纪上半叶，科学和医疗技术不断取得新进展，人们战胜了一些传染病，如影响婴幼儿时期寿命的腹泻、伤寒、麻疹等。在 20 世纪后半叶，死亡率的下降主要是由于战胜了一些威胁中老年人寿命的长期的疾病而实现的，如冠心病、心肌梗死、糖尿病，以及除肺结核之外的呼吸系统疾病。

（三）生育率下降

随着社会文明进程加快，妇女受教育水平日益提升，越来越多的女性选择少生或不生孩子。在一定时期内，幼年人口逐渐减少，新一代增加的速度远低于上一代自然死亡的速度，未来人口总量可能逐渐变少，造成人口不足。

人们把一个国家或地区的妇女在育龄期间，每个妇女平均的生育子女数称为总和生育率，也称总生育率。由国家统计局公布的 2015 年 1% 人口抽查结果显示，2015 年中国育龄妇女的总和生育率仅为 1.047，人民日报认为，这意味着中国生育水平是全球最低。中国已经处于低生育阶段，全面二孩政策的实施不会改变中国人口老龄化的趋势[5]。过低的生育率必然使得老龄化水平呈上升趋势，加上人口预期寿命的延长，更加快了社会老龄化进程。

（四）计划生育的影响

与其他国家不同的是，我国人口老龄化进程还受到计划生育这一特殊因素影响。纵观我国经济社会发展态势，我国人口老龄化进程加快的原因在于两个方面：一方面是政府实施的计划生育政策加速了生育率的降低，另一方面是经济社会发展带来的家庭生育决策的改变。例如 20 世纪 80 年代初开始实施的计划生育，通过政府多年不断地大力宣传和倡导，并辅之以相应的经济手段和一定的行政手段，计划生育政策取得了良好的效果，粗略估计受该政策影响，我国少生了 4 亿人左右[6]。

三、我国人口老龄化的发展趋势

总体来看，按照中国人口老年化发展趋势，2001 年到 2100 年的 100 年间可被划分为快速老年化、加速老年化、重度老年化三个阶段。

快速老年化阶段（2001—2020 年）：这一阶段，中国将平均每年增加 596 万老年人，年均增长速度达到 3.28%，人口老年化进程明显加快。

---

[5] 中国网. 生育水平全球最低，去年育龄妇女总和生育率仅为 1.047[EB/OL]. 中国青年网，2016-12-04.
[6] 姚蕾. 老年人服务与管理[M]. 北京：清华大学出版社，2018：48-49.

加速老年化阶段（2021—2050年）：第二次生育高峰时期，人群开始进入老年化，老年人口数量开始加速增长。同时，由于总人口逐渐实现零增长并开始负增长，人口老年化将进一步加速。

稳定的重度老年化阶段（2051—2100年）这一阶段，老年人口规模将稳定在3亿～4亿，老年化水平基本稳定在31%左右，处于一个高度老年化的平台期[7]。

四、我国人口老龄化的特点

根据全国老龄工作委员会的预测，未来60年我国人口老龄化发展趋势将呈现以下几个特点。

（一）增长迅速

据联合国预测，1990至2020年，世界老龄人口平均年增长速度仅为2.5%，而同期我国老龄人口的递增速度为3.3%；世界老龄人口占总人口的比重从1995年的6.6%上升至2020年的9.3%，同期我国由6.1%上升至11.5%。无论从增长速度还是从比重来看，我国老龄化速度都超过了世界平均水平。虽然西方发达国家都经历了人口老龄化的过程，从某种角度说，人口老龄化是人类社会发展的自然规律和必然趋势，但从全球来看，发达国家老龄化进程长达几十年至一个世纪，如法国用了115年，瑞士用了85年，英国用了80年，美国用了60年，而我国只用了不到20年（1981—1999年）就进入老龄化社会。

（二）规模庞大

1. 绝对数量大

就绝对规模来讲，21世纪70年代以前，我国将始终是世界上老年人口最多的国家。此后，印度的老年人口将超过我国。同期，在三分区（少儿人口、劳动年龄人口和老年人口）的人口结构中，老年人口增长速度最快。1991年我国60岁以上老年人口跨过1亿大关，2014年将超过2亿，2026年将超过3亿，2037年将超过4亿。在这几个阶段中，老龄人口每增加1亿所需要的时间分别为23年、12年和11年。据预测，2050年全世界老年人口达到20.2亿，其中中国老年人口将达到4.8亿，几乎占全球老年人口的四分之一[8]，比所有发达国家老年人口总和多3700多万人，相当于届时的第三人口大国美国的总人口[9]。这种老年人口规模的发展态势在世界上任何人口大国中都是前所未有的。

2. 高龄老人多

随着平均寿命的延长，老年人口增长迅速，老年人口的年龄结构会出现顶部的堆积，人口老龄结构顶端老化，人口高龄化更加突出。人口学认为，60～69岁为低龄老年人口，70～79岁为中龄老年人口，80岁以上为高龄老年人口。我国高龄老年人口以每年5.4%的速度增长，高龄人口已从1990年的800万人增长到2019年的3200万人，预计2030年高龄老人将达约5300万。高龄人口丧偶和患病的概率高，高龄老人生活自理能力差，因此他们

---

[7] 李健，石晓燕. 养老机构经营与管理[M]. 南京：南京大学出版社，2016：1-2.

[8] 张欣悦. 我国人口老龄化的现状特点和发展趋势及其对策研究[J]. 中国管理信息化，2020（3）：195-199.

[9] 李本公. 中国人口老龄化发展趋势百年预测[M]. 北京：华龄出版社，2006：36.

不仅需要经济上的供养,而且需要生活上的照料。一般来讲,刚刚进入老龄阶段的人口在相当长的时期内并不会显著增加医疗、照料等方面的需求。老龄人口中的高龄人口,因属于高失能人群,生活依赖性强,他们是老年人口中真正需要家庭和社会照料的对象。在整个21世纪,我国面临的高龄人口压力将是世界上最重的,80岁以上高龄老人规模将长期保持世界第一。

3. 空巢独居老人规模庞大

现阶段,中国老年人口中有近一半是空巢老人,总量已经突破一亿。其中,单独一人居住的独居老人占老年人口总数的10%,与配偶同住的老年人则占老年人口总数的41.9%。随着人口迁移流动的频繁化以及分户居住现象的普遍化,一方面是家庭规模日益小型化,家庭传统的养老照料功能削弱明显;另一方面是家庭居住的离散化,子女为了谋生和获得更好的发展而多与父母两地分开居住,导致中国事实意义上的空巢老人和独居老人的规模非常庞大。随着我国现代化进程的持续,中国的空巢老人和独居老人的规模还将继续攀升,这将给整个社会带来沉重的养老负担。

4. 失能化严重

失能是指一个人在日常生活中主要活动或生活能力的丧失或受限。有数据显示,截至2014年,我国60岁以上的2.1亿的老人中有将近4000万人是失能、半失能的。在我国高龄老人数量持续快速增长的趋势下,2035年我国老年人口达到4亿人时,失能、半失能的老人数量会进一步增多。高龄老年群体中失能率在50%以上,我国失能老人规模或从现阶段的625万人上升到2050年的1875万人,不到40年的时间里增幅将高达200%。

(三)发展不均衡

1. 城乡不均衡

从现在已经进入老龄化的多数国家看,城镇老龄化程度高于农村。从中国的情况看,农村人口老龄化的规模和速度均大于城市,其原因主要有两方面。一方面,中国是一个农业大国,农村人口长期以来多于城市人口。近年来,随着城市的劳动力吸纳逐渐饱和以及城市压力的增大,农村迁入城市的劳动力人口有所降低,农村人口老龄化速度有所减慢。根据国家统计局2019年公布的数据,中国现有5.77亿农村人口,仍占全国人口总数的41.48%。特殊国情决定了中国农村老龄化的绝对数还处于较高水平。另一方面,伴随着国家工业化、农村城镇化,大量农村青壮年人口流向城市,从而使农村人口老龄化的速度高于城市。

2. 地区间差异

我国人口众多,各地区的经济社会发展水平差异较大。与此同时,人口老龄化发展形势也表现出明显的区域不平衡性。从地区分布来看,东部和中部地区的人口老龄化形势相对严峻,老年人口分布不均,老龄化呈现转移趋势。西部地区的人口压力相对较小。从时间走势来看,东部地区人口老龄化正逐渐向中部和西部地区转移。人口老龄化发展不平衡的趋势,将在一定程度上影响国家的区域政策,影响地区经济布局,影响企业生产经营决策等[10]。

3. 性别间差异

据联合国数据统计,我国1950年至2050年间,60岁及以上人口中的女性比例将均保

---

[10] 曾光霞.中国人口老龄化新特点及影响[J].重庆大学学报:社会科学版,2014(2):136-139.

持在 51% 以上，即老年妇女在总体规模上多于男性；80 岁及以上高龄人口的女性比例则保持在 58% 以上的水平。此间的前 60 年间，即 2010 年之前，我国老年人口的女性比例总体呈缓慢下降的态势，但预计在之后的几十年间会呈缓慢回升的走势，到 2050 年预计会小幅回升到 52.8% 左右；高龄人口的女性化水平将基本维持在 59% 左右[11]。

（四）未富先老

我国未富先老问题突出。纵观世界上先期进入老龄化社会的发达国家，他们基本上呈现出的是"先富后老"的状态。根据国际货币基金组织的数据，日本在 65 岁及以上老年人口比例达到 7% 和 14% 时，人均 GDP 分别为 1967 美元和 38555 美元。而中国在 2000 年进入老龄化社会时，人均国民生产总值仅为 850 美元，是世界平均水平的 1/6。即使与巴西这样的发展中国家比，中国也很逊色：2011 年巴西老年人口抚养比为 15.84%，低于中国的 19.67%；但巴西人均 GDP 已经达到 12692 美元，远高于中国的 5432 美元。另外，我国老龄人口财产性收入较少，仅占 0.3%，而且老年人就业率较低，许多还是靠子女供养。有资料显示，我国老龄人口目前消费总额占总消费额的比重低于 10.0%，消费水平远低于社会平均消费水平[12]。在社会经济基础相对薄弱的条件下快速发生老龄化问题，无疑增加了中国解决老龄化问题的难度[13]。

第二节 人口老龄化的影响

人口老龄化是社会发展的产物，是人类社会文明进步的象征。当今所有发达国家几乎都是人口老龄化的国家，国际和国内的事实证明，人口老龄化可以与社会经济协调发展，带来积极的影响，如"人口红利"。但是，从深层次看，人口老龄化的加快终将会成为制约经济发展和产业结构调整的重要因素。鉴于人口老龄化的速度快以及老龄人口规模巨大的特点，我国的人口老龄化必将给社会经济发展的各个方面带来深远的影响。

一、有效劳动力不足

改革开放以来，我国的发展道路有一段时间曾是利用庞大劳动力资源优势进行的工业外贸发展模式，一定程度上，这一策略的成功离不开庞大的年轻劳动力资源，并且 20 世纪 90 年代以来，人口出生率的快速下降使社会总抚养比很低。我国得以集中财力、物力与人力投入到经济发展之中。然而，随着快速的老龄化，抚养比的迅速提高，经济投资必然下降，劳动力短缺也会使成本有很大提高。

人口老龄化的发展会导致劳动年龄人口比重相对下降。劳动年龄人口的相对缩减就意

---

[11] 姚蕾.老年人服务与管理[M].北京：清华大学出版社，2018：50-51.

[12] 刘博.世界各国人均国民收入排行榜[EB/OL].[2017-07-20].http://www.mofcom.gov.cn/article/i/dxfw/jlyd/201309/20130900322000.shtml.

[13] 张雪娥.中国人口老龄化问题的特点及对策思考[J].改革与发展，2013（11）：19-20.

着有效就业人口的减少。在一定的生产资料和技术条件下，劳动力资源不足可能导致部分生产资料和技术设备的更新停滞，影响社会生产活动的正常运转，社会劳动生产率下降，社会生产的经济总量降低，进而影响生产力和经济的发展。

由于现阶段我国大多数省份还处于"人口红利期"，劳动力资源还很丰富，在相当长的一段时间内将面临的是劳动力过剩而不是不足。

预计从2023年开始，随着劳动适龄人口比重下降，即劳动力老化，我国将不得不面对劳动力短缺的困境。劳动力老化对总体生产率提高和经济增长抑制作用较大，劳动者的身体素质成为劳动生产率高低的决定因素之一。人口老龄化是导致劳动生产率和经济增长速度下降的一个因素，而这种消极作用主要体现在其对劳动力资源的影响上。

一些西方学者对中国的老龄化问题提出了善意的警告，如哈瑞·丹特指出，在2008—2023年的这一轮全球性大萧条中，中国可能将是世界上最强有力的国家。但需要再次强调的是，中国政府需要找到短期吸引外来移民、长期提高人口出生率的方法，以克服其人口统计学趋势的不利影响。否则，当本世纪20年代全球性复苏开始之时，中国人口结构方面的劣势将会凸显。

二、社会负担加重

人口老龄化增加了社会费用的支出和管理成本，对经济发展产生较大的压力。以辽宁省为例，由于辽宁省是最先进入计划经济体制和最后一个退出计划经济体制的省份，加之改革开放后，受深层次体制因素和结构性矛盾的影响，国民生产总值从原来的前几位已经退至第15位（2019年），经济发展乏力。同时，老龄化的提前到来，增加了医疗费用及养老金的支出，为满足老人的精神文化生活，兴建了大量的老年活动中心、健身场所等，加重了管理成本。因此，负担日益沉重，经济压力剧增，老龄事业的发展落后于老龄事业的需求。[14]

老龄化还逐步加重年轻人养老负担。我国从20世纪80年代初开始实行的计划生育政策，使家庭人口数量得到逐步控制。随着20世纪80年代子女的父母逐步进入老年阶段，"80后"不仅面临着就业、住房的压力，也在为父母的养老问题而发愁。尤其是在"421"的家庭结构模式中，"80后"面临的赡养父母的压力远远大于"70后"和"60后"。"80后"年轻夫妇要照顾四位老人，不论从精力、财力、人力还是心理上，都将面临严重压力。《中国青年报》发布的一项关于"80后"的调查显示：74.1%的人表示，生活工作压力大，照顾父母力不从心；68.4%的人表示，要承担多位老人的养老负担；50.1%的人表示，生活在两地，无法把父母接到身边照顾；42%的人表示，社会保障、医疗保险不同城市无法互通；37.7%的人表示，养老院等社会养老机构无法让人放心。由此可见，人口老龄化的快速发展将加重年轻人尤其是独生子女的养老负担。

人口老龄化还带来医疗体系的压力。全社会医疗开支猛增，这是人口老龄化带来的必然趋势。老龄化与高龄化也会带来总体的国民死亡率增长。2019年我国人口死亡率为7.14‰，而在1981年，死亡率为6.36‰，这是我国进入老龄化社会的真实反映。这将带来双重压力，其一，医疗资源与开支会更多地流向危重老年病患，压缩其他医疗开支；其二，对老年病患的照护工作需要大量的养老护理员，这将使本已显得短缺的劳动力资源更加紧张。

---

[14] 赵东霞，赵维良. 人口老龄化对辽宁经济社会发展的影响研究[J]. 大连大学学报，2012（4）：108-111.

三、社会问题凸显

人口老龄化还使一系列社会问题凸显，这要求我们必须集中全社会的力量去面对和解决。

（一）"空巢"家庭、"留守"老人问题

传统上，作为照顾老人日常生活主力的女性已大规模地进入劳动市场，这使女性为老人提供的照顾越来越少。激烈的社会竞争使不少子女要么忙于打拼事业，无暇顾及老人的生活，要么待业在家，成为"啃老族"。城市子女工作的流动性和农村劳动力外出谋生造成了大量的"空巢老人""留守老人"。

同样由于计划生育政策，老龄化伴随着少子女，将不可避免地使空巢家庭成为老年人家庭的主要形式。养老模式也必然继续发生变化，对儿女的依赖将越来越少，社会养老的普遍化需要大量的人力物力。

有关资料显示，2017 年末辽宁省共有"空巢老人"390.72 万人，占全省老年人口的40.75%，甚至很多农民工将年幼的孩子交付老人照顾，在得不到子女养护的状况下还要为其照看孩子，晚年生活无法保障。此外，我国绝大多数农村老人养老保险、医疗保险很低，在丧失劳动能力后无基本生活来源，只能靠儿女赡养，而由于社会变革，新旧两代人在伦理道德、价值观念等方面存在代际隔阂，"重小轻老"现象严重。有调查显示，52% 的儿女对父母感情麻木，不赡养甚至虐待老人的现象时有发生。

（二）"双独夫妻"问题

由于计划生育政策的影响，我国出现规模庞大的"421"或"422"家庭，这种结构之下，作为核心的"双独夫妻"，其家庭养老抚幼的责任非常大，这不仅是经济上的压力，更有精神与心理上的，尤其当老人患病的时候，而这将是不可避免的。他们怎样才能成为不被压垮的一代呢？值得深思[15]。

（三）养老机构问题重重

1. 社会养老机构不足，养老供需矛盾仍然突出

以经济发达的上海市为例，目前上海市养老机构及床位供给不足。整体来看，上海市65 岁及以上老年人人均基本养老机构及床位数为 0.00011 家/人、0.0194 个/人，养老机构及床位供给明显不足。分区域来看，虽然目前浦东新区的养老机构及床位数最多，但其 65岁以上人均养老机构及床位数分别为 0.00011 家/人、0.01774 个/人。65 岁以上老年人人均养老机构数最多的是长宁区（0.00031 家/人），人均床位数最多的是嘉定区（0.04262 个/人），黄浦区无论是人均养老机构数，还是人均床位数，均为各区最低（人均机构数 0.00004 家/人，人均床位数 0.00579 个/人）[16]。

2. 养老机构护理人员数量严重不足

老年人入住养老机构的主要动机之一是需要专业化的照护服务，但目前我国护理人员既

---

[15] 蔡鑫. 中国人口老龄化的进程与影响 [J]. 中国经贸导刊, 2009 (23): 31-32.

[16] 刁鹏飞, 臧跃, 李小永. 机构养老的现状、问题及对策——以上海市为例 [J]. 城市发展研究, 2019 (8): 98-103.

存在"量"的不足，也存在"质"的缺陷。以上海市为例，目前，按照国际公认的 3 名非自理老人需配备 1 名护理人员的标准计算，上海市养老护理人员缺口十分明显。同时，上海市现有护理人员的专业水平整体上偏低，国家职业资格等级证书持证率不足 30%，机构养老护理人员持证上岗率也不够高。许多养老机构的护理人员是没有经过专业培训的中老年女性，护理过程中发生的争执和矛盾较多，这对处于发展期的机构养老事业有着不利的影响。

3. 支付能力与服务价格之间存在矛盾

在市场经济条件下，养老事业按商品经济运营，形成产业化发展。这就造成收入水平低的老年人，很难支付养老机构高昂的服务价格，使本来数量就不足的养老机构，存在闲置和空位状况；有的养老机构为了不亏本经营，只能设施简陋，医疗卫生条件较差，服务项目内容单一，服务专业化水平低，但这又无法满足老人多层次的生活需求，从而造成恶性循环。此外，由于缺乏竞争，政府对民办养老机构支持力度和优惠政策不够，资源主要集中在公办养老机构，形成垄断。

4. 地区发展不平衡，特别是城乡差异大

农村养老机构的服务发展明显落后于其他地区，在养老机构的资金投入、人员素质、管理水平和服务质量方面都严重滞后，农村老人所享受的养老资源远远低于城市老人。

四、产业结构调整

随着我国人口结构的转变，人口老龄化的加剧将使得未成年人口的消费品需求逐渐下降，而适应老年人口需求的各种消费品以及服务将会不断增加，并由此对我国现有的产业结构提出了挑战。

由于人口老龄化的出现，我国现有的产业结构应做出调整，以满足老年人口对物质、精神文化特殊的需要。我国已经进入老年型国家，老年人口大量增加，其物质和精神需求增长，市场机制将引导社会资源向开发老年人生活用品、保健产品、医疗设备以及老年大学、老年旅游等产业转移。社会对第三产业的需求将会明显增大。人口老龄化带动第三产业快速发展，从而有助于调整国民经济增加值的产业结构，并且有力促进劳动力的产业转移，实质上是促进农业剩余劳动力向第三产业转移，实现劳动力就业的产业结构调整[17]。

老年人需求的多样性将给养老产业的发展带来机遇。根据马斯洛需求层次理论，老年人作为一个特殊的人群，由于其心理、生理等方面的特殊性，在物质生活和精神生活方面都有其自身需求和消费的特点。在我国人口老龄化进程中，随着老年人口数量的增加和老年人口比重的提高，老年人口的需求和消费特点也会对市场和产业结构产生越来越大的冲击，使原有的市场结构和产业结构不再适应人口老龄化社会的需要，因此从客观上要求由老年市场需求增长带动老年相关产业的发展，其中包括所有满足老年特殊需求的生产、经营、服务等方面的发展[18]。

对于多数发达国家而言，老龄化类似于一种富贵病，伴随经济发展与社会进步，是必然的趋势；但对我国而言，老龄化发生太快，以至于我们是未富先老，会出现经济发展与社会养老争夺资源的情况。这些老龄化的影响很可能会出现或者已经出现，其紧迫性是不言而

---

[17] 单松. 人口老龄化对我国经济发展的影响及对策 [J]. 商业时代，2013 (5)：9-10.

[18] 向甜. 我国人口老龄化对养老产业发展的影响 [J]. 劳动保障世界，2013 (6)：18-19.

喻的，而中国社会对此还没有做好充分准备。应对中国人口老龄化的冲击，不仅是政府的职责，更离不开社会与公民的共同努力。

第三节　人口老龄化的应对

积极应对人口老龄化，一方面要掌握应对人口老龄化的理念，努力实现健康老龄化、积极老龄化、成功老龄化；另一方面要采取应对人口老龄化的行动，制定相应政策，积极行动起来，采取有效措施，缓解老龄化带来的各方面压力。

一、应对人口老龄化的理念

人口老龄化进程不可逆转。国家领导在应对人口老龄化的重要批示中指出，有效应对人口老龄化，事关国家发展全局，事关亿万百姓福祉。为此，我们一定要掌握应对人口老龄化的正确理念，从健康老龄化、积极老龄化、成功老龄化等理念出发，做到及时应对、科学应对、综合应对人口老龄化。

（一）健康老龄化（Healthy Aging）

1. 健康老龄化的提出

1987年5月，以延长寿命和增加生活满意度为目标的"健康老龄化"概念在世界卫生大会上第一次被提出，并作为老龄研究项目的主要研究课题[19]。1990年，世界卫生组织在哥本哈根世界老龄大会上把"健康老龄化"作为应对人口老龄化的一项发展战略提出，其主旨是从老年人的健康状况和医疗保健出发，延长人类的生物学年龄和心理年龄，强调提高老年人的生命质量，缩短带病生存期并延长健康余命，保持较好的身体机能状态直到生命结束。1993年第15届国际老年学学会布达佩斯大会把"科学要为健康的老龄化服务"作为会议的主题。我国著名人口学家、老年人口学会会长邬沧萍教授带领中国老年学学会代表团参会，并在1993年在北京举行的"健康老龄化"学术研讨会和2007年举行的"中国老年健康论坛暨抗衰老药物研讨会"上，诠释了健康老龄化的理论。认为健康老龄化包含如下内容："第一，健康老龄化是国家针对人口老龄化提出的战略对策，它的目标是整体提高老年群体的生命长度和生活质量。第二，健康老龄化提出了'健康预期寿命'的概念，不仅关注平均预期寿命，而且更加关注生命的质量。第三，健康老龄化旨在使绝大多数老年人都按正常衰老发展，以求在活着时身体是健康的，功能是正常的，生活是能自理的。第四，健康老龄化把预防保健、治疗康复结合起来，把卫生保健如饮食营养、体育锻炼、心理保健、环境保护、公共卫生、个人卫生、健康的行为方式等，都作为实现健康老龄化的一个组成部分，通过多学科、多方式来解决。第五，健康老龄化是全民族、全社会共同的愿

---

[19]　宋全成、崔瑞宁.人口高速老龄化的理论应对——从健康老龄化到积极老龄化[J].山东社会科学，2013（4）：36-41.

望,更是大家共同的责任。"

2. 健康老龄化的含义

"健康老龄化"的核心理念包括生理健康、心理健康和适应社会良好。正如世界卫生组织1946年章程中关于健康的经典定义"健康是身体、心理和社会功能的完美状态"。因此,健康老龄化是指老年人群的健康长寿,群体达到身体、心理和社会功能的完美状态。健康老龄化是在社会老龄化的情况下,通过全社会的共同努力,改善老龄群体的生活和生命质量,实现健康老龄化社会,使老年人健康幸福地度过晚年[20]。就老年人个人而言,健康老龄化是指老年人在晚年保持躯体、心理和社会功能的健康状态,将疾病和生活不能自理的时间推迟到生命的最后阶段[21]。

健康老龄化具体包括如下三个方面的内容:一是让老年人自身维持良好的生理、心理和社会适应功能,拥有较高的生活质量;二是让老年群体中健康、幸福、长寿的老年人口占大多数,且比例不断增加;三是进入老年化的社会能够克服人口老龄化所产生的不利影响,保持社会持续、健康和稳定的发展,为生活于其中的所有人的健康、富足、幸福的生活提供物质基础和保证[21]。

3. 影响健康老龄化的因素

从个体健康因素来看,老年人的健康状况与个体遗传因素有关,个体的遗传因素又与所处的自然和社会环境紧密相连,如个人特征、性别、族裔或社会经济地位等。这些因素从很早便开始影响老龄化过程,在儿童时期,甚至胎儿阶段的生活环境与其个人特点结合在一起,会长远地影响其日后变老的方式。从人类所处环境来看,环境是另一个影响人类衰老和长寿的基本因素。环境因素包括家庭、邻里和社区等大量自然和社会因素,如气候、营养、生活方式、代际关系等。针对以上影响因素,老年人个体要在生命全程中着力保持健康行为,从日常的生活做起,平衡营养膳食,保证良好营养摄取,定期从事身体运动,合理进行力量训练,保持肌肉质量和活动,等等,都有助于降低非传染性疾病的风险,并提高身心能力。同时老年人也要注意保护认知功能,有效延缓对护理的依赖,扭转虚弱状况,保持心理健康,预防老年认知障碍。全社会应创建对老年人友好的支持性环境,使老年人在能力损失的情况下,继续从事社会交往和其他重要活动。如安全无障碍的公共建筑、交通工具和易于行走的无障碍环境都是对老年人友好的支持性环境的例证。即使老年人能力有限,但如果能够得到药物、辅助器材(如拐杖、轮椅、助力车等),或者居住在可负担的、易使用的交通设施附近,或对其居住环境进行老年宜居的适老化改造,使他们仍然能够实现一定的生活自理,进而能够按照自身想法生活和行动,这是健康老龄化的重要内容[22]。安居才能乐业,宜居才可享老,实现从养老到享老的变化,提高老年人生命质量,使老年人健康、幸福、美好地享受老年生活,是健康老龄化的客观要求。

4. 健康老龄化的实现路径

随着全世界人口寿命的延长,减轻老年人慢性病负担、改善健康状态、提高老年人的生活质量成为社会的研究热点,也是健康老龄化实现与否的重要指标。传统健康老龄化理念只是简单地关注老年人的个体健康状况的维持,而发展的健康老龄化理念则需要发展以

---

[20] 姚蕾. 老年人服务与管理概论[M]. 北京:清华大学出版社,2018:59.

[21] 佟新. 人口社会学[M]. 北京:北京大学出版社,2006:165.

[22] 姚蕾. 老年人服务与管理概论[M]. 北京:清华大学出版社,2018:61.

老年人为中心的综合性"医疗、照护与环境"养老服务体系，为老年人提供生命历程中所需的各项健康支持。当前我国正处于人口快速老龄化阶段，许多促进健康老龄化的政策也在积极地研究制定和推进当中，可以从以下几个方面积极转变人口老龄化与健康的观念，实现健康老龄化[23]。

一是从国家、社区到个体层面，都对健康老龄化有高度的认识和重视，形成健康老龄化的理念，通过制定符合我国国情的健康老龄化政策，展开系列的有关策略和行动，不断提高老年人的健康水平。

二是构建以老龄人群为中心的卫生保健体系，实现医养结合，将医疗资源与养老资源相结合，优化社会资源的利用，确保老年人得到有效服务。

三是建立老年人长期照护体系，为老年人提供持续服务和健康保障。

四是消除对老年人的年龄歧视，尊重老年人的自主权，建设关爱老年人的环境，维护老年人权益。

五是统一量化评估指标和分析方法，建立老年人健康评估监测系统，建立健全服务质量监督体系，从根本上促进健康老龄化建设。

六是开展一系列与健康老龄化相关的具体研究，实施覆盖多国家、多学科的研究，加强对健康老龄化进程的了解和施行改善方案。

如何让大多数老年人健康快乐地安度晚年，已经成为许多国家积极探索的重要课题之一。越来越多的证据表明，延缓人类老龄化过程不是没有可能，健康长寿对人类益处颇多，努力实现全社会的健康长寿是全人类共同的美好愿望[24]。

（二）积极老龄化（Active Aging）

1. 积极老龄化的提出

人口老龄化是人类社会最重大的成就之一，同时又是一个最严峻的挑战。进入21世纪以后，全球老龄化给所有国家带来更多的社会经济需求，与此同时，老年人群体又是一个宝贵却又往往被忽视的资源。世界卫生组织认为如果政府、国际组织和民间社团制定"积极老龄化"的政策和计划，促进老年人的健康、参与和保障，国家就能够应对老龄化的挑战。

在1999年国际老人年，世界卫生组织在健康老龄化的理念基础上，提出了积极老龄化的口号。2002年4月，联合国在西班牙马德里召开的第二届世界老龄大会上，为应对世界人口老龄化问题而提出了积极老龄化的思想和发展战略，这不但给国际社会老龄工作提供了指导，而且也指明了适合我国国情的老龄工作的发展方向，如何倡导"积极老龄化"，让老年人积极、健康、幸福地生活，既是经济社会全面稳定发展的要求，也是构建社会主义和谐社会的重要内容[25]。

2. 积极老龄化的含义

"积极老龄化"是在"健康老龄化"基础上的进一步延伸和发展。所谓"积极老龄化"是指人到老年时，为了提高生活质量，使健康、参与和保障的机会尽可能发挥最大效应的过程。"它容许人们在一生中能够发挥自己在物质、社会和精神方面的潜力，按照自己的需要、

---

[23] 陈坤，李士雪. 健康老龄化的理念演变与实现路径 [J]. 理论学刊，2017（3）：87-92.

[24] 姚蕾. 老年人服务与管理概论 [M]. 北京：清华大学出版社，2018：63.

[25] 专题研究小组. 积极老龄化从战略到行动 [J]. 科技智囊，2011（10）：8-20，22.

愿望和能力参与社会，在需要帮助时，能够获得充分的保护、安全和照料。'积极'强调的是继续参与社会、经济、文化和公共事务，而不仅仅是体育活动的能力或参加劳动队伍。在工作中退休下来的老年人和那些患病或有残疾的人，能够仍然是他们亲属、亲友、社区和国家的积极贡献者。""积极老龄化的目的在于使所有进入老年的人，包括那些虚弱、残疾和需要照料的人，都能提高健康的预期寿命和生活质量。"[26]由此可见，积极老龄化改变了以往人们的下列传统观点——尽管老年人曾为社会进步做出了巨大的贡献，但进入老年后，他们就成为社会的负担。积极老龄化强调，老年人是被忽视的宝贵的社会资源，他们健康地参与社会、经济、文化与公共事务，将依然是社会财富的创造者和社会发展的积极贡献者[27]。

3. 影响积极老龄化的因素

积极老龄化的实现不是某个群体、某个部门努力就能实现的，而是需要多方共同努力才能切实加以推进的。影响积极老龄化的因素可以从宏观和微观两个层面进行分析。从宏观层面来讲，主要包括经济水平、政治制度、社会支持。首先，经济水平是积极老龄化的决定因素。经济发展了，"老有所养""老有所医"的老年保障问题才具有解决的基础条件；经济发展了，社会资源才会充足，老年人才会具有发挥余热的机会和条件。其次，政治制度是基本保障。有了经济的发展，还需要建立一套有效的制度作为保障，将社会资源公平分配，满足老年人的物质、精神需求，实现"老有所乐"。最后，社会支持是支撑。随着我国经济水平的提高，老人在基本生活得到保障后对精神层面的需求不断提升。积极老龄化认为老年人有不被歧视的权利，有积极参与社会的能力，而这一点的发展需要得到社会的认同和支持，创造公平的社会氛围，才能有效推进[28]。从微观层面来看，个体差异和家庭状况是影响积极老龄化的两个重要因素。研究表明，文化程度、性格特征、居住状况、身体功能均会影响到积极老龄化[29]。另外，良好的代际关系和最大化的家庭支持是积极老龄化进程中必不可少的影响因素。

4. 积极老龄化的实现路径

积极老龄化的"政策框架要求在'健康、参与和保障'三个基本方面采取行动"[26]。从我国人口老龄化的实际出发，可以从以下几个方面促进积极老龄化的实现。一是树立正确观念，客观认识老年人对社会的贡献，正确认识老龄化对经济发展的作用，积极弘扬敬老、爱老的孝道文化，塑造老年人的积极形象。二是促进老年人的身心健康，构建积极老龄化的基础。作为老年个体和家庭层面，应注重身体健康和心理健康，有效延长老年人自立自主的阶段，把高龄、失能、失智和需要长期护理的阶段缩到最短；对社区、机构人员以及志愿者进行有效的培训，使其能辅助和推动老年人进行日常锻炼，提高老年人的健康水平。三是构建开放型社会，在老年人有参与需求的社会领域中提供平台和机会，国家、社会、家庭有效联动，拓宽和深化老年人参与社会的水平。政府应建立具体的老年社会参与政策，通过有效的政策为老年人提供公平的就业机会，为老年人才提供畅通的社会参与渠道。社会应引导有丰

---

[26] 世界卫生组织. 积极老龄化政策框架[M]. 北京：华龄出版社，2003：10.

[27] 宋全成，崔瑞宁. 人口高速老龄化的理论应对——从健康老龄化到积极老龄化[J]. 山东社会科学，2013（4）：36-41.

[28] 宋卫芳. 积极老龄化面临的问题及其实施途径[J]. 人民论坛，2016（4）：132-134.

[29] 贾红力，谢丽霞，段功香，等. 衡阳市社区老年人积极老龄化现状及其影响因素的研究[J]. 护理学杂志，2015（1）：85-88.

富工作经验、技术专长、专业特长的老年人从事能够创造更大社会价值的工作，并在政策上给予倾斜。家庭应充分尊重老年人为家庭付出的劳动，老年人的家务劳动让年轻人从繁琐的家庭事务中解脱出来，使年轻人有了更多的时间和精力投入到工作中，客观上也是在间接地参与社会劳动，他们的劳动价值应该得到充分肯定。四是强化老年教育，让老年人持续不断地学习，使其思维更加活跃，生活更加独立，身体更加健康，从而减轻社会负担，提高积极老龄化的品质。五是建立切实可行的老年保障体制。国家在加大对老年人的保障力度的同时，还应采取有效措施，加快改变我国现存的养老和医疗保障中"农村低城镇高"的倒置现象，提高对农村及城镇中低收入家庭的保障水平。在社会提倡给予老年人平等参与社会的机会的前提下，还应依据客观条件制定有针对性的满足老年人需求的参与保障制度，比如对于农村及城市低收入家庭的老年人给予身体健康的参与条件保障，引导参与娱乐性活动的老年人参与社会利益最大化的社会工作或再就业，这才是积极老龄化中参与保障的重要体现[28]。

积极老龄化是一种理念的自觉。老年人是社会的主体，应以积极的生命态度投入生活，更加注重身心健康、人格尊严，以及自我养老和自我实现。人人都是老龄社会的主体，都应当以积极的生活态度面对老龄，既要有"老吾老以及人之老"的宽广博爱，也要有"未雨绸缪"的预先准备，为自己的老年生活做好物质和精神的储备[30]。

（三）成功老龄化（Successful Aging）

随着人口预期寿命的延长及全球老龄化进程的加剧，如何促进老年人实现成功老龄化成为国内外学界及政策制定者所共同关注的重要议题。关注老年个体和群体的需要，并且实现和满足其需求，达成老年人期望的成功老龄化已经成为许多国际组织和国家应对老龄化的重要理念之一。

1. 成功老龄化的提出

卡尔·荣格（Carl Jung）在20世纪20～30年代对于老龄化的研究被看做是现代老年学领域最为重要的开拓性思考，作者将人生后期视为一个心理逐渐内化的过程，这一观点得到了之后许多老年学理论家的回应。柏妮丝·诺嘉顿（Bernice Neugarten）也认为人生后期会带来日益增加的内生性。最早在老年学领域里提到"成功老龄化"这一概念的是哈维格斯特（Havighurst），他认为为了实现老年学提供合理建议的科学性，必须有成功老龄化的理论，该理论应该描述最大化满意度和幸福感所需要的条件。在哈维格斯特看来，成功老龄化研究应该是老年学学科的中心议题。最早对成功老龄化进行大规模、系统和多学科研究的是麦克阿瑟基金会（Mac Arthur Foundation）。麦克阿瑟基金会对老龄化的关注始于1984年，杰克·罗（Jack Rowe）和罗伯特·卡恩（Robert Kahn）联合了不同学科领域的16位学者，试图去阐释和厘清促进"积极老龄化"的相关因素。之后的诸多研究在以下五个关键的领域展开：基础生物医学、临床医学、行为和社会科学、健康服务传递和生物医学伦理[31]。1987年，他们把成功老龄化界定为：在外在心理和社会因素对人的老化过程的积极影响下，老年人各方面的功能很少下降，使他们保持良好的身心平衡，激发他们生命的活力，并在社会参与中逐步实现自我[32]。这些认识转变了以往老龄化研究中对老年疾病或老年功能

---

[30] 姚蕾.老年人服务与管理概论[M].北京：清华大学出版社，2018：66.

[31] 熊波.老龄化如何成功？——国外成功老龄化研究的取向与评述[J].国外社会科学，2018（2）：68-76.

[32] Rowe J W, Kahn R L. Human aging: Usual and successful[J]. Science, 1987, 237：143-149.

缺损的关注，或者过多强调老年人疾病、孤独、依赖等消极的一面，而把关注点放到强调老龄化的可塑性和积极性的一面。在随后的发展中，对于社会因素作用的强调在老龄化研究中不断加强[33]。

2. 影响成功老龄化的因素

影响成功老龄化的因素包括社会因素和个人因素两大方面。社会因素体现为社会参与和社会支持。社会参与是指个人在与社会进行互动交流时，以社会劳动或活动的方式来体现自我价值[34]。参与社会活动的老年人的心理健康状况水平较高，老年人的心理健康水平与社会参与之间表现为正向相关[35]。积极的社会参与对于老年个体的认知状态具有保护性的意义。社会参与水平、次数、所承担的角色这三个因素都和成功老龄化之间存在正相关关系，并且可以正向预测成功老龄化。高水平的社会参与能够促进老年个体达到成功老龄化。社会支持是个体在与外界进行互动的过程中，能够被他人关心、接纳，得到他人的帮助的一种互动关系，对于成功老龄化的实现有着重要的影响。社会支持可降低老年人抑郁的出现概率。在面对疾病时，有效的社会支持可以帮助老年人战胜疾病并保持心理上的健康。社会支持可能是通过增强老年人的幸福感以及改善认知功能促进了成功老龄化的实现。与社会联系较多的老年人能够获得更多的情感支持，这对实现成功老龄化具有极大的促进作用。可以认为老年个体的社会支持程度会影响其成功老龄化。个人因素体现为健康行为和心理韧性。健康行为是人们所进行的疾病预防的活动，以达到保护、促进以及维持自身的健康的目的。参与身体锻炼、坚持业余爱好以及拥有优质睡眠的老年人较少出现抑郁症状，心理健康水平较高。老年人若能坚持两项以上的健康行为，可使成功老龄化的概率增高。拥有健康行为的老年人更易达到成功老龄化，健康行为对成功老龄化具有积累作用，老年个体拥有的健康行为数量越多，就越有可能实现成功老龄化。老年人心理韧性特指老年人在面对困难时，应用保护因素抵抗危险因素，达到社会适应和身心健康的能力。高水平的心理韧性对老年人生理功能衰退具有补偿作用，心理韧性水平较高的老年人认为自己更易达到成功老龄化；另外，低收入的老年人可通过调节心理韧性来抵抗健康危险因素。因此，可以认为心理韧性的提高能够帮助老年人实现成功老龄化。

3. 成功老龄化的实现路径

努力延缓衰老和减少老年病的发生，增加老年人创造社会价值的有效时间，提高老年人的生活质量和功能生命质量是成功老龄化的必然要求。"成功老龄化"对于当前人口老龄化形势日趋严峻的中国具有重要的借鉴意义。它虽然是一个个人层面的概念，但不可避免地会受到社会结构性因素的影响。成功老龄化的实现路径集中体现在以下两个层面。

（1）在政府层面，需要制定有针对性的政策和干预措施。具体包括以下几个方面。

一是构建终身教育体系。"成功老龄化"一个很重要的方面就是身体、心理和社会参与等各方面都能够维持在较高水平，这需要在整个社会层面给老年群体提供更多的学习机会，以保持自身的积极性不因为退休而弱化，时刻紧跟时代的步伐。

二是反年龄歧视。随着老年人口比例的迅速上升和规模的扩大，老年群体在社会发展中所起的作用日益增大，独立性和自主性都在不断增强，一个平等的社会应该更注重发挥每一

---

[33] 张旭升，林卡. "成功老龄化"理念及其政策含义[J]. 社会科学战线，2015（8）：185-190.

[34] 杨风雷，陈甸. 社会参与、老年健康与老年人力资源开发[J]. 劳动保障世界，2012（2）：34-37.

[35] 刘颂. 老年社会参与对心理健康影响探析[J]. 南京人口管理干部学院学报，2007（10）：38-40.

个人的能力，不能因为年龄的原因而人为制造社会排斥。

三是提供更多的志愿服务机会和渠道。"成功老龄化"的一个重要理念就是鼓励老年人进行更多的社会参与，这一方面有利于老年人更好地实现社会融入而不至于与社会脱节，实现自我价值和自我认同感，另一方面也可以在一定程度上减缓因年龄增长而带来的身体和心理功能的弱化。

四是提高老年人口健康素质。各级政府可以采取推动家庭医生、家庭病床和医疗护理等上门基本医疗服务；鼓励开设老年病科和安宁舒缓疗护病区；提高社区服务能力，建立健全老年人健康管理档案和数据库；鼓励社区医疗护理和居家养老服务机构的有机整合；做好预防保健工作；积极研究老年疑难病等干预措施，提高人口健康素质，促进成功老龄化的实现。

五是加强养老服务的机制探讨和内涵建设，在养老服务的机制、模式、内涵上进行深入探索与实践，改变传统的养老理念，丰富养老服务的内容，开拓出新型养老的服务模式；为此还要加强养老服务人员培养的数量和质量，要以政府为主导，企业、社会共同参与运作的方式，支持和鼓励养老服务人员的培养，可以设置统一的培训机构，系统规范地讲解相关知识；可以拓展学习的课题，如护理知识、心理咨询、法律保障等一系列课程的培训；可以通过专业的考核机构，获得统一的养老服务人员上岗合格证，使养老服务行业更规范、更优质、更亲民[36]。

（2）在个人层面，"成功老龄化"的实现应该是贯穿一个人整个生命历程的过程，不仅仅只停留于老年阶段的努力。个人在生命历程的各个阶段，都应该为"成功"而努力，对于当前的中国而言，这一理念尤其重要。

一是在身体功能层面，积极进行健康储备行为。培养健康的生活方式并积极进行健康投资，积极进行疾病预防和治疗，充分知晓和利用各种医疗和照料资源。

二是在心理认知层面，努力改变对老年阶段的传统认知。随着中国平均预期寿命的增长，个体进入老年阶段之后存活的时间比以前更长了，这一阶段占整个生命周期的比重和意义都越来越大，意味着每个人都应该改变过去的传统观念，即进入老年阶段就是人生进入了"失败阶段"，与此相反，老年阶段更应该是每一个人人生新的起点和新的发展阶段。

三是在社会参与层面，维持社会支持网络规模，提升社会支持网络质量。进入老年阶段之后最显著的变化是个人逐渐退出劳动力市场并逐步回归家庭，但这一变化并不必然意味着老年人与社会的脱离，相反老年人可以通过开辟新的社会参与渠道，在社区志愿活动和家庭照料等方面发挥自身新的价值，实现新的成功[37]。

二、应对人口老龄化的行动

人口老龄化已成为中国社会的常态[38]。它是现代社会发展的自然过程，也是人口再生产模式从"传统型"向"现代型"转变的必然结果，可以被看作社会现代化的重要标志之一。中国自2000年进入传统意义上的老龄社会，现已近20年，作为一种不可逆转的人口态势，老龄化的影响已渗透到中国社会的方方面面，其发展进程与中国特色社会主义进入新时

---

[36] 周佳，张勘.上海实现"成功老龄化社会"的探索与实践[J].上海医药，2015（1）：54-57.

[37] 熊波.老龄化如何成功？——国外成功老龄化研究的取向与评述[J].国外社会科学，2018（2）：68-76.

[38] 彭希哲，胡湛.公共政策视角下的中国人口老龄化[J].中国社会科学，2011（3）：121-138，222-223.

代相同步,并始终伴随"两个一百年"奋斗目标的实现过程。在此背景下,应对中国人口老龄化的治理模式无疑要基于整体性的中国思考,在更新观念和创新制度的基础上跳出传统理论与框架的桎梏,以形成新时代的中国方案[39]。

(一)以人民为中心,把握应对人口老龄化的重大政治意义

从以人民为中心的发展思想出发,深刻把握新时代应对人口老龄化的重大政治意义。党和政府高度重视人口老龄化和老龄事业发展,20世纪80年代初期就开始积极探索适合我国国情的养老工作体制机制。党的十八大以来,中央提出一系列应对人口老龄化、促进老龄事业发展的新理念。积极应对人口老龄化就是让老年人共享改革发展成果,这事关亿万老年人福祉,事关每个家庭,事关社会和谐稳定,事关巩固党执政的群众基础。因此,要从政治高度理解探寻积极应对人口老龄化策略的重大意义[40]。

(二)构建和完善经济社会制度,更好地应对老龄化社会

面对已经到来的老龄化社会,我们既不必过分担忧,也不能等闲视之。要在充分、清醒地认识我国人口发展的状况与未来趋势的基础上,转变通过人口政策调整来适应老龄化社会的思维方式,以新的视野、新的策略应对老龄化的挑战,着眼于通过调节经济社会制度来适应老龄化社会。

1. 完善退休年龄制度,提高退休年龄

随着社会的发展和人类寿命的延长,率先建立退休制度的发达国家的人口退休年龄在不断提高。对我国而言,提高退休年龄同样是大势所趋。从教育水平看,中国平均受教育年限不断提高,年轻人口进入劳动力市场的时间在不断推迟。从寿命看,我国人口预期寿命已经超过75岁。从人口素质看,我国老年人的身体健康状况和科学文化素质在不断改善。同时,随着我国经济的发展,重体力劳动大幅减少,即使是老年人,也能够承担部分种类的工作,甚至在部分工作岗位上老年人还具有经验优势。从养老体系看,我国即将面临一个迅速而巨大的老龄化高潮,而养老金体系还不完善,养老金支付体系将面临巨大的压力。适当提高退休年龄,一方面可以增加未来中国劳动力数量,另一方面也可以缓解我国养老金支付体系的压力,为我国养老金制度由现收现付制向基金积累制转变赢得时间。因此,应当及早确定方针,分步骤逐渐延迟退休,动态完善退休年龄制度。这是符合历史发展潮流的大势所趋,也是应对老龄化挑战的应有之义,更是实现积极老龄化的重要举措[41]。

2. 完善养老保险制度,提高老年人收入水平

要构建以国家法定社会保障为主体,企事业、社区和家庭养老等并存的综合性、多层次性的养老保险制度,提高老年人口的保障水平,尤其是农村居民养老保险水平,从而增加老年人收入,消除其消费的后顾之忧。拓宽养老保险资金筹措渠道和水平,多方面统筹社会养老保险资金,提升应对人口老龄化的能力。推动基本养老保险尽快实现跨空间统筹,增强养老制度的适应性和灵活性,充分发挥养老保险互助共济作用,促进养老保障体

---

[39] 胡湛,彭希哲. 应对中国人口老龄化的治理选择[J]. 中国社会科学,2018(12):134-156.

[40] 鲍常勇. 中国人口老龄化问题与应对策——以河南省为例[J]. 中州学刊,2020(4):82-87.

[41] 翟振武,刘雯莉. 人口老龄化:现状、趋势与应对[J]. 河南教育学院学报:哲学社会科学版,2019(11):15-22.

制一体化进程[42]。

3. 建立健全老年医疗保障体系，做到老有所医

应从单一的社会医疗保险转变为构建以社会医疗保险为主体、地方附加医疗保险为辅助、多种医疗保障方式为补充、医疗社会救助为托底的多层次的老年医疗保障体系。合理配置公共卫生服务和医疗服务资源，积极发展社区卫生服务，逐步形成功能合理、方便群众的卫生服务网络，保证老年人得到就近、及时、便捷、质优的医疗卫生服务[43]。

4. 建立长期护理保险制度，切实增强对失能老人的服务保障

与老龄化程度不断加深相伴相随的是高龄化程度的日益加深和老年人口规模的不断扩大，这对于生活照料和养老护理的需求将会不断增加。与此同时，家庭规模缩小、家庭养老功能减弱却是难以逆转的事实，仅仅依靠家庭成员的照料，将难以满足老年人的需求，因长期照顾失能老人所产生的经济负担将大大超过家庭和现有养老金体系的承受能力。因此，建立长期护理保险制度，切实增强对失能老人的服务保障变得越来越迫切。

长期护理保险制度是应对老年人口长期照料需求快速增长的有效举措。个人在年轻阶段为老年照护风险进行资金储备，有利于在老年照护阶段减轻甚至不依赖家庭成员的照护费用和服务支持。在"十三五"之后，我国的老龄化速度将会大大加快，老年人口规模迅速增长，老年人口长期照料需求也将快速增加。为此要积极探索建立长期护理保险制度，重点面向高龄老人、失能和部分失能老人，对经评估达到一定护理需求等级的长期失能人员，为其基本生活照料和基本医疗护理提供服务或资金保障。要鼓励商业保险公司开发商业护理保险，满足多样化、多层次的长期护理需求[44]。

应当在总结我国15个试点城市的长期照护保险制度，借鉴国外先进经验的基础上，立足经济发展阶段，建立符合国情的、全国统一的长期护理保险制度，在我国高龄化程度迅速加深之前形成较为完善的应对体系[45]。

（三）营造老年宜居环境，建设老年友好型社会

建立符合老龄社会特点、适应老年人需求的公共政策体系，营造老年宜居环境，努力建设老年友好型社会是应对人口老龄化的重要的经济社会制度选择。建设老年友好型社会要从以下两方面着手。

1. 改善老年人的生活环境

在生活环境上，当前，整个社会环境仍然没有充分考虑到老年人的生理、心理需求。户外缺乏供老年人健身、娱乐的场所和无障碍设施，户内则缺乏适应老年人需求的扶栏、把手、坡道等设计，不仅无法满足老年人生活、娱乐的需要，还可能对其生命安全造成威胁。在老龄社会，几乎所有的社区、所有的居民住宅中都有老年人生活，因此应当充分考虑到老年人的需求，加强老年宜居环境建设，针对所有的居民住宅、公共建筑和公共设施，做好无障碍和适老化建设或改造。这对提高老年人的生活自理能力和生活质量具有重要意义。

---

[42] 鲍常勇. 中国人口老龄化问题与应对策——以河南省为例[J]. 中州学刊，2020（4）：82-87.

[43] 汤梦君. 中国生育政策的选择：基于东亚、东南亚地区的经验[J]. 人口研究，2013（6）：77-90.

[44] 鲍常勇. 中国人口老龄化问题与应对策——以河南省为例[J]. 中州学刊，2020（4）：82-87.

[45] 贺丹，刘厚莲. 中国人口老龄化发展态势、影响及应对策略[J]. 中共中央党校（国家行政学院）学报，2019（8）：84-90.

2. 消除对老年人的偏见

在社会文化方面，社会对老年人仍然存在严重的偏见。长期以来，老年人往往被视为收入低下、疾病缠身、观念落后、需要依赖他人和社会的群体。但是随着社会的发展和进步，老年群体也在不断呈现出新的特点，步入老年并不一定意味着落后、愚昧和衰弱。因此，一方面，应当加强宣传教育工作，大力宣传"健康老龄化""积极老龄化""成功老龄化"的理念，营造尊老、敬老、孝老的文化氛围，消除人们对"老"的歧视和恐惧，鼓励老年人走出家门，融入社会，继续发挥自己的价值，以积极的心态面对老年生活。另一方面，随着预期寿命的延长，应当对老年标准进行充分的讨论。当前静态、固化的老年定义使得老龄社会的真实影响无法得到有效估计，一些带有误导性的认识往往会让老龄化的应对之策、变革之举有失偏颇[46]，应当在充分考虑生理年龄、身体功能、认知能力、心理健康等多方面因素的情况下，更加科学、全面地定义老年。这将有助于转变全社会关于老年的观念，消除对老年人的歧视，促进老年人积极参与社会形式的变化和政策的变革[41]。

（四）把握老年人新特点，推广智慧养老

随着经济社会的发展，时代发生了巨大的变化，老年人群体也在世代更迭中呈现出了崭新的特点。在中国，老年人口规模大增长的时代同时也是老年教育水平大提升的时代，人口结构老龄化的过程，同时也是老年人口知识化与现代化的过程。未来15年，20世纪50～60年代的出生人口队列会逐渐成为老年人群体中的主力军。他们身处在和平的年代，得益于医疗卫生水平的发展和基础教育的大力推进，身体素质与受教育程度有所提高；得益于国家经济建设的飞速发展，他们积累了大量的财富与资本，具有了较为雄厚的经济实力。20世纪70～80年代的出生人口经历了国家经济的腾飞、义务教育的普及、高等教育的发展、人口的大规模流动、科技的迅猛发展以及全球化的浪潮，当这批人进入老年期时，中国的老年人群体将会呈现出与当前截然不同的新面貌。他们有着更高的文化素养、更广阔的见识、更为开放包容的价值观、更好的身心健康状况、更强的经济实力和更为多元的消费需求，完全有能力学习新知识、接纳新现象、掌握新技术。也就是说，在不远的将来，老年人将不再是传统意义上羸弱、无助的群体，反而是掌握更多财富与资本的消费群体[47]。他们具有更强的接触和掌握新鲜事物的意愿和能力，这使得依托于现代科技的"互联网＋养老服务""智慧养老"等养老服务新模式不仅成为可能，更成为适应新时代老年人特点的必要之举。

1. 积极探索"互联网＋养老服务"新型管理服务模式

积极探索"互联网＋养老服务"新型管理服务模式，通过跨业务应用融合、数据共享形成协同效应。加快建立信息共享平台，构建居家社区养老服务网络平台，利用互联网、物联网、人工智能等信息技术，整合社区各类服务资源，为老年人提供多样化养老服务[48]。加强各类健康养老机构交互合作，探索建立互联互通、标准规范的智慧养老服务系统，实现养老数据信息的开放共享。

2. 加强对老年人使用智能设备和移动互联网的教育与培训

通过加强对老年人使用智能设备和移动互联网的教育与培训，努力消除老年人与年轻人

---

[46] 汤梦君. 中国生育政策的选择：基于东亚、东南亚地区的经验[J]. 人口研究，2013（6）：77-90.

[47] 乐昕，彭希哲. 老年消费新认识及其公共政策思考[J]. 复旦学报：社会科学版，2016（2）：126-134.

[48] 鲍常勇. 中国人口老龄化问题与应对策——以河南省为例[J]. 中州学刊，2020（4）：82-87.

之间的"数字鸿沟",使现在的老年人能够共享科技发展的成果。充分把握老年人群体的新趋势和新特征,大力发展智慧养老的技术、设备和设施。例如,专门设计、开发符合老年人生理特征和心理需求的智能设备和社交平台,丰富老年人的消费方式和沟通方式;大力发展远程医疗,帮助老年人方便及时地获取诊治服务;建立互联网医疗大数据库,为老年人的长期健康管理提供便利。同时,应当关注老年人群体的多元化需求,为老年人提供智能化和个性化的定制服务。

3. 持续推动智慧健康养老产业发展

政府应鼓励相关的互联网技术公司投身"智慧养老"领域,尽早推出能够满足老年人需求、方便老年人使用的相关产品。要促进人工智能、物联网、云计算、大数据等新一代信息技术和智能硬件等产品在养老服务领域的深度应用,建设一批"智慧型养老院"。加快智慧养老产业链培育,研发可穿戴健康监测设备、家庭智能机器人、智能健康管理设备等老年产品,提高健康养老服务质量。积极推动智慧养老服务在法律规范、服务标准、产业监督、评估机制等方面的标准化建设[49]。

(五)加强专业人才队伍建设,提升养老服务人才的职业吸引力

鼓励高等院校和职业院校增设老年服务管理、社会工作、医疗保健、护理康复、营养配餐、心理咨询等涉老专业学科点,培养专业人才。完善法规政策和保险机制,切实维护养老护理员的职业权益。营造良好的社会舆论氛围,培育尊重养老护理员的职业环境。完善养老护理员培训制度,加强岗前培训及定期培训,提升养老护理员的专业技能和职业素养。建立职业标准化的工作体系,加强行业标准化管理。构建科学的养老服务管理体系,提升养老服职业管理水平。完善人才激励政策,探索建立养老护理员特殊岗位津贴等制度,在国家层面设立"养老护理员节",评选"最美养老护理员",开展养老护理员关爱活动,建立养老服务褒扬机制,让养老护理员的劳动和社会价值在全社会得到尊重。

---

[49] 潘哲琪. 积极应对人口老龄化挑战 [J]. 浙江经济, 2019 (23): 62.

第二章 认识老年人和养老服务

子游问孝，子曰："今之孝者，是谓能养。至于犬马，皆能有养。不敬，何以别乎？"

——孔子《论语·为政》

老吾老，以及人之老；幼吾幼，以及人之幼。

——孟子《孟子·梁惠王上》

老年是人生命历程中的一个阶段。养老服务是许多国家应对人口老龄化过程中面临的普遍问题，人口老龄化的到来，要求我们在充分认识老年人类型、特点、需求，把握养老服务的内涵和特点的基础上，加强社会养老服务体系建设。

第一节 认识老年人

我们从老年人的界定、类型、特点和需求方面来认识老年人，只有正确全面地认识老年人，才能更好地推进养老服务，提高老年人的幸福感、获得感。

一、老年人的界定

老年是人生的最后一个阶段，每一个人都将经历从婴孩到童年、青年、中年和老年的过程。我们把进入老年期的人称为老年人,即达到或超过老年年龄的人。老年人的基本特征是生理上的衰老。受生物学规律的支配,随着时间的推移,每一个人的生理结构和功能必然老化,这一过程具有不可逆性。年龄有着不同的内涵,并非人口学上的日历年龄(岁数),就是进入老年期的界定标准。一般而言,一个人的年龄可以分为日历年龄、生理年龄、心理年龄和社会年龄,如表2-1所示。

表2-1 年龄定义和测量标准

分类	定义	测量标准
日历年龄	指个体出生到现在,按年月计算而确定的年龄,又称"出生年龄""年代年龄""实足年龄""自然年龄"	随着时间的推移而增长,一年增一岁。每个人日历年龄增长的速度相同,方便计算
生理年龄	指以正常个体生理学上和解剖学上的发育状况为标准确定的年龄,也称"生物学年龄"	根据个体目前的健康状况(如细胞、组织、器官、生理功能等)以及反映其健康状况的生理指标来测量确定,代表人的生命活力,一个人衰老速度越快,其生理年龄就越大
心理年龄	指人的整体心理特征所表露的年龄特征,是按照记忆、理解、反应、对新鲜事物的敏感程度等计算的年龄	根据心理测验而取得不同年龄群体的心理标准水平,然后与某人的心理测验结果相对照,从而得出其心理年龄
社会年龄	指作为社会化的人为社会发展所作贡献的期限,是一个人在社会规范与习惯方面表示的年龄	表明一个人在社会上从事某一职业、某一部门工作或社会事业等的时间长度,因个人所从事的工作或在社会上的时间长短和经历不同,又有不同的名称,如工龄、教龄、军龄、学龄或选举年龄、结婚年龄、退休年龄等

对于大多数人来说,以上四种年龄发展基本同步,但是由于每个人所处的客观环境千差万别,以及受个人的体质等其他因素的影响,日历年龄并不能完全代表一个人的生理功能、心理状况以及社会活动能力等方面的内容。一般来说,生理年龄会随着日历年龄的递增而增长,也就是说,机体的结构和功能会随着年龄的增长而发生老化。但是,生理年龄并不完全等于日历年龄。由于先天遗传因素和后天环境、疾病、营养、运动等因素的不同影响,机体的生理功能、组织结构的老化速度是不同的,个体差异很大。例如,日历年龄同为60岁的人,有的身板硬朗、精神抖擞,显得非常年轻;有的却步履蹒跚、百病缠身,看上去很苍老。心理年龄和日历年龄、生理年龄也并不完全同步。例如,有些人日历年龄不大,但心理上却"未老先衰""老气横秋",整日意志消沉,感叹生命苦短;而有些人日历年龄虽大,却仍然思维敏捷、动作稳健、情绪乐观,可谓"老当益壮""人老心不老"。很明显,后者的心理年龄要低于前者。社会年龄通常与日历年龄挂钩,但是又与生理年龄和心理年龄息息相关。学术界目前存在两种看法:一种观点认为,一个人工作到退休,其社会年龄即宣告结束;另一种观点认为,老年人即使在退休后,生理和心理依然健康,仍然可以为社会继续作出贡献,因而他的社会年龄不能算结束。日历年龄受之父母,不可改变,但生理年龄、心理年龄和社会年龄却可以通过身心锻炼、个人努力加以改变,延缓衰老,弥补其不足。因此,一个人是否衰老,不能单纯看其日历年龄,还要看生理年龄,尤其是心理年龄,人的心理状态对生活有很强的反作用力。

由于对于大多数个体而言,日历年龄、生理年龄、心理年龄和社会年龄尤其是日历年龄和生理年龄发展基本同步,且四种年龄中日历年龄最具操作性,可以进行统计和对比,因此,国内外通常以生物学规律为基础,采用日历年龄来界定老年人。目前国际通用的是把日历年龄60岁或65岁作为老年期的标准起点年龄。就中国而言,60岁是社会普遍认可的老年人的起点年龄。《中华人民共和国老年人权益保障法》(以下简称老年人权益保障法)就明确表示老年人是指60周岁以上的公民。不难预见,随着经济社会的发展、人类健康状况的改善,人口平均预期寿命普遍延长,同样日历年龄的老年人较之于现在会活得更健康、更长久,老年人的起点年龄应该会有所提高(老年人的起点年龄不会无限提高,因为要受制于人类寿命)[50]。

二、老年人的类型

根据不同的标准,可以对老年人进行如下类型划分。

(一)根据老年人的日历年龄分类

现阶段,我国通常按日历年龄将老年人分为低龄老年人(60～69岁)、中龄老年人(70～79岁)、高龄老年人(80岁及以上)。

《中国人口和就业统计年鉴》的统计数据显示,2000—2018年,低龄老年人口、中龄老年人口和高龄老年人口占总人口的比重分别从6.16%、3.34%、0.96%左右上升到10.73%、5.03%、2.08%左右。其中高龄老年人口的平均增速最快。随着三次生育高峰的出生人口相继进入高龄期,未来老年人口年龄结构中"高龄化"现象将逐渐凸显。

(二)根据老年人的生活自理能力分类

所谓生活自理能力(Activities of Daily Living,ADL)是以国际通行的包括"吃饭、穿衣、上下床、上厕所、室内走动和洗澡"六项指标的日常生活活动能力量表测量计算得出的。一到两项"做不了"的,定义为"轻度失能",三到四项"做不了"的,定义为"中度失能",五到六项"做不了"的,定义为"重度失能"。根据老年人的生活自理能力状况,可以将老年人分为自理老年人、半自理(部分失能)老年人和完全不能自理(完全失能)老年人。老年人随着自理能力的降低,其需要他人照料的程度将上升。

1. 自理老年人

即日常生活行为完全自理,不需要他人照料的老年人。

2. 半自理(部分失能)老年人

即丧失部分生活自理能力,部分生活需要人照料的老年人。

3. 完全不能自理(完全失能)老年人

即完全丧失生活自理能力,必须完全依靠他人照料的老年人。

我国自1999年进入老龄化社会以来,人口老龄化、高龄化、失能化问题日益突出。2018年末,我国60岁及以上人口达24949万人,在全国人口占比17.9%。其中失能老人(包括完全失能和部分失能老人)约4100万人,约占老年人口的16.4%。据预测,到2050年我

---

[50] 姚蕾.老年人服务与管理[M].北京:清华大学出版社,2018:3-5.

国失能老人的数量将高达9700万人[51]。大力发展养老服务业，对失能老人进行社会支持，解决失能老人照护问题将是一项长期而重要的工作。

（三）根据老年人的居住地点分类

根据老年人的居住地点，可以将老年人分为机构老年人和居家老年人。

1. 机构老年人

即全日制居住在敬老院、托老所、养老院、老年公寓、福利院等各种养老机构以及社区养老服务设施中的老年人。

2. 居家老年人

即居住在自己、子女或其他亲属、朋友家中的老年人。目前我国绝大多数的老年人为居家老年人。

（四）根据老年人的居住方式分类

根据居家老年人的居住方式，可以将居家老年人细分为独居老年人、只与配偶同住的老年人、与子女同住的老年人、三代同住的老年人、隔代同住的老年人、与其他人同住的老年人。

1. 独居老年人

即一个人单独生活的老年人。

2. 只与配偶同住的老年人

即仅与其配偶一起生活的老年人。

3. 与子女同住的老年人

即与子女同住，以及与其高龄父母同住的老年人。

4. 三代同住的老年人

即与子女、（外）孙子女同住，以及与其父母、子女三代同住的老年人。

5. 隔代同住的老年人

即与（外）孙子女同住的老年人。

6. 与其他人同住的老年人

即与除了以上情况之外的其他亲属、朋友或照料者同住的老年人。

其中独居老年人和只与配偶同住的老年人也被统称为"空巢老人"。国家卫生和计划生育委员会发布的《中国家庭发展报告（2015年）》显示：空巢老人占老年人总数的一半，其中10.0%为独居状态，41.9%仅与配偶同住。随着空巢老人数量的增加，如何将空巢老人妥善安置已成为一个紧迫的社会问题。

（五）根据老年人的消费类型分类

根据老年人的消费类型，可以将老年人分为温饱型老年人、小康型老年人、发展型老年

---

[51] 中国未来失能老年人口及慢性病患者将大幅增加[EB/OL]. [2020-01-12]. http://www.chyxx.com/industry/201701/490638.html.

人和享受型老年人[52]。

1. 温饱型老年人
这类老年人消费谨慎，以满足生存需求为目的。

2. 小康型老年人
这类老年人消费观具有补偿性，注重自身生活质量的改善。

3. 发展型老年人
这类老年人容易受到市场、厂商的消费引导，成为老年消费市场的新生力量。

4. 享受型老年人
这类老年人经济条件优越，其生活追求健康、舒适与享受。

其中，发展型老年人拥有良好的经济基础，其消费欲望易于被激发与实现，是今后老年消费市场的主力军。

老年人的分类标准还有很多，比如按户籍性质可以分为城市老年人、农村老年人；按居住地与户口所在地关系可以分为本地老年人、异地老年人。

三、老年人的价值

所谓老年人的价值是指处于人生暮年的老年人本身所具有的价值，或者说是老年人所具有的特殊的作用和意义[53]。对老年人价值的科学界定，是解决人口老龄化问题，保障老年人合法权益的认识论基础，更是制定和施行老龄政策、推动老龄事业发展的重要前提。

对于人口老龄化这一急需政府和社会面对和解决的重大社会问题，有些人缺乏明确的认识，更缺乏科学的态度。有人将人口老龄化趋势看作是"一种沉重、一种压力和一种艰难"。老年人被视为负担和包袱，"对人口老龄化社会影响的认识似有悲观化的趋向"。而由此引发的对老年人合法权益的侵犯、对老年人参与社会的歧视时有发生。这种非理性的认识和悲观化的趋向，其根源在于对老年人价值的漠视和误解。因而可以说，只有具备了科学而全面的老年人价值观，对老年人形成高度的价值认同，才能使人们正确而理性地看待老年人的社会地位，进而尊重他们的合法权益，并努力采取措施，满足老年人物质和文化生活上的需求。或者说，只有（老年人自己和社会）形成了科学的老年人价值观，才能对人口老龄化有理性的认识和态度，进而促进社会的可持续发展。解决社会的老龄化问题，应该以树立正确的老年人价值观为切入点[54]。老年人的价值主要体现在以下三个方面。

（一）历史价值

从历史的角度来看，老年人具有历史价值。老年人的历史价值主要体现在他们一生为社会所做的贡献上。老年人是过去的年轻人。他们创造了丰富的物质财富和精神财富，辛勤哺育下一代，为社会的发展提供了新的劳动力；同时也通过保持家庭的和睦来维护社会的稳定，使社会能持续发展。老年人作为家庭的尊长和社会的资深公民，他们曾在劳动年龄阶段

---

[52] 陈茗，刘素青.老年人消费类型分析——二、三线城市个案研究[J].老龄科学研究，2015（1）：11-18.

[53] 曾小五，朱尧耿.老年人的价值及其价值实现[J].人口研究.2008（2）：87-90.

[54] 胡建成，钟平.对老年人价值的思考[J].浙江社会科学，2001（3）：110-112.

完成了国家、社会和家庭赋予的生产和抚育的责任。尽管人到老年，由于劳动能力衰退而使大多数老年人退出了劳动力队伍，不再直接参加生产，但是他们在劳动阶段所创造的物质财富、知识和精神财富，仍然在社会进步和经济发展中继续发挥作用。所以，老年人的贡献已经体现在历史发展之中，今天的社会是老一代人历史贡献的结晶和延续。如果老年人在年老时得不到相应的回报，满足不了自己的需要，也会影响到中青年的生活态度，进而影响到整个社会能否协调发展。

（二）经济价值

从经济学的角度看，老年群体的人力资源经济价值仍然是存在的，甚至是十分巨大的。随着老年人健康水平的提高、寿命的延长以及积极心态的形成，越来越多的老年人不甘心赋闲在家，而是继续为改革开放和国家建设贡献一己之力。现在，一部分老年人在退休之后选择继续工作、参与社会劳动，例如再就业或者为社会公益事业服务。老年人的再就业能直接增加劳动力的供给，有效缓解现在及未来可能出现的劳动力短缺问题。当部分老年人继续活跃在生产建设第一线时，还有很多老年人退居在家，在家庭中扮演着照顾者的角色。老年人的家务劳动（看孩子、看家、做饭、料理家务等）也是一种可贵的社会经济价值。因为，老年人从事家务劳动可以为其他家人的社会劳动创造必要的条件，使之全身心地投入工作。例如，老年人照顾孙子孙女等可以直接减轻成年子女的家务负担，有助于成年子女全力做好工作。虽然家务劳动不具有直接的社会经济价值，不能用价格来衡量，也不被算作国内生产总值，但是可以看作一种间接的社会经济价值，因为它是社会经济发展所不可缺少的。如果用经济价值来衡量，老年家务劳动者应得到比较可观的报酬。虽然有人认为可以用雇用保姆的价格来衡量家务劳动的报酬，但是保姆的作用并不能完全替代家人的贡献，不能替代老年人对家务的管理及对家人精神、心理各方面的照顾，保姆也不能完全替代老年人对家庭安全的价值[55]。

经济价值不仅体现在物质劳动中，也体现在脑力劳动中。有专业技术特长的老教师、老医生、老工程师等老年人从事科学文化活动，如著书立说、教书育人、科技咨询等工作也可以产生经济效益。但是由于这种效益在经济上不容易衡量，所以往往被忽视。老年人智力劳动的社会经济效益应该得到社会的承认，因为这种效益具有更深远和范围更广的影响[56]。

此外，老年人的相互照料活动也具有一定的社会经济价值。老年人之间的相互照顾是比较普遍的情况。因此，提供照料的老年人的作用也具有很重要的价值，或者说是一种间接的社会价值。根据我国的一项调查资料，女性老年人照料配偶的比重，城市为74%，农村为64%，超过子女给予的照料[57]。老年人照顾家人的价值还体现在对其高龄父母的照顾上。高龄化是全世界的普遍趋势，在老年人口中，80岁以上高龄老人比重将会越来越大。相当一部分高龄老年人是由其子女照顾的，而其子女很多也是老年人。

（三）精神价值

精神价值是老年人的主要价值。当前，中国正处于社会转型过程当中，整个社会愈来愈强调各生产要素在经济中所起的作用，但这并不是说老年人的社会价值首先体现为经济价

---

[55] 姚蕾.老年人服务与管理[M].北京：清华大学出版社，2018：8.

[56] 杨淑芹.论老年人的机制、需求及老年人的社会参与[D].大连：辽宁师范大学，2003.

[57] 曾小五，朱尧耿.老年人的价值及其价值实现[J].人口研究.2008（2）：87-90.

值。老年人由于其生理方面的变化，其直接的经济价值已呈下降趋势，但精神价值依然存在，甚至有所提高。这主要体现在以下四个方面[58]。

1. 老年人为社会经济发展提供智力支持和道德维护力量

老年人在为社会做贡献的过程中，身上凝结着由"历史"而产生的知识、经验和技能，这对社会发展和下一代的成长具有重要的指导或影响作用，即老年人以自己的知识和经验直接贡献于社会。老年人的精神道德力量也不可小觑，这一点往往被人们所忽视。道德是维护社会和人际关系的行为规范和准则，对人类社会的存在和发展是必不可少的，也是人类区别于其它动物的重要文化范畴。老年人群体经历了生活的考验和磨炼，绝大多数人在道德规范方面更臻于成熟，在调整人际关系方面运用得更加娴熟，更多地表现出谦和、忍让。例如，在我国基层社会工作中，很多离退休的老年人担任了维护社会秩序和调解的工作，农村老年人作为德高望重的长者在社会和家庭中具有较高的地位，在调解民事纠纷、开展邻里互助、维护家庭和睦等方面发挥着积极作用。另外，老年人所具有的对国家的忠诚、对人民的责任、自我牺牲的精神、坚忍不拔的毅力、必胜的信念以及超越生命的勇气，都是建设现代化国家的必要条件。

2. 老年人具有文化传递的价值

老年人除了以自己的文化优势直接贡献于社会，更重要的在于他们起着文化传递的作用，即把人类优秀的文化成果传给下一代人，这一点可以说是老年人精神价值的突出部分；同时，老年人由于经历了人生的大部分时间，对社会和生活的发展有了较深刻的体验，大多懂得什么是人类文化中有价值的东西。他们在日常生活中言传身教、耳濡目染，以多种方式将文化传递给下一代。当然，代际之间的文化交替作用在不同时代的表现也有所不同，但是任何社会都离不开这种作用。在传统社会，上一代人对后辈人的文化以及引导是一种直观的过程，大多是口传身授，以感性的方式，以家庭教育为主，采取经验性的教化方式，这样可以很直观地看出来上一代人的文化传递作用。而现代社会的文化传播方式是多种多样的，如教师利用书本、各种文化载体等传播知识，这样看去，仿佛上一代人对文化传播的作用消失或减小了，其实不然，代际之间的文化传承作用依然存在，只不过方式有所不同。

3. 老年人具有示范社会的价值

老年人以其一生的经历示范世人应该如何生活，其成功可以启发后人，其失败可以警示后人。老年人的经历不仅使后人知道哪些应该做，哪些不应该做，而且知道如何做、怎样做。老年人的命运是后人未来命运的缩影。老年人的贡献和价值得到承认，老年人受到社会的关注，后人也就无后顾之忧，能够感激社会，为社会作贡献；老年人受到不公正的对待，晚景凄凉，也就会造成后人扭曲的社会心理。所以，老年人的示范作用是对后人的教育，也是保持社会继承和推动社会发展的重要条件。

4. 老年人是家庭的联络中心和子女的心理支持

多项调查显示，父母健在时，兄弟姐妹的交往频率大大高于父母双亡时兄弟姐妹的交往频率，前者较后者见面次数和聚会次数、频率都多出1倍以上。有人讲，家庭是人生最后的避风港，这话非常正确。当子女在工作或生活中遇到困难时，最先想到的就是父母，因为父母的帮助和开导是无私的、真挚的、富于情感的。随着社会经济的发展，人们生活节奏的加快，人们所面对的生活压力越来越大，父母的心理支持作用也将日益显现。

---

[58] 杨淑芹.论老年人的机制、需求及老年人的社会参与[D].大连：辽宁师范大学，2003.

四、老年人的特点

熟悉和了解老年人在生理上、心理上和社会上等方面的特点，对于做好养老服务工作有着重要的意义。

（一）老年人的生理特点

老年人的典型特点就是"老"，即老化、衰老。人的衰老一般是从性成熟以后开始的，也就是说大约从20岁开始，直到60岁以后，才会表现出比较明显的衰老特征，可以说衰老是随着时间流逝而表现出来的生命过程。

老年人整体水平的衰老变化，首先体现在外观形态上，通过外表一目了然。具体表现为以下四个方面。一是头发，随着人体的衰老，老年人毛囊中的色素细胞逐渐停止产生黑色素，头发开始变白；随着年岁的增加，白发的数量也越来越多。很多老年人会同时伴随脱发甚至秃顶的情况。二是皮肤，随着年龄的增加，人的皮肤开始萎缩、变软、变薄、光泽减退、弹性降低、干燥起皱，甚至出现老年性的色素斑等。这些皮肤的变化主要是因为老年人体内的细胞水分减少，细胞萎缩，体积变小，新陈代谢速率减慢。三是身高，人到老年时，脊柱椎间盘萎缩、变薄，脊柱渐渐变短并且弯曲，使老年人的身高渐渐降低。伴随这一变化，老年人会出现弯腰驼背等体征。四是体重，老年人体重的变化因人而异，有些老年人随年龄增长体重逐渐减轻，变得消瘦，这是因为老年人的细胞内的液体含量逐渐减少；但也有老年人体重逐渐增加，这是因为脂肪代谢功能减退导致脂肪沉积增加。除上述表现外，老年人也会出现牙齿松动脱落、语言缓慢、耳聋眼花、手哆嗦等显著特点。这些变化的个体差异较大，与个人的健康状况、生活方式、营养条件、精神状态和意外事件等因素都有密切关系。

老年人的衰老具有以下五个特点。一是普遍性。人在大致相同的时间内都能出现衰老表现。二是渐进性。人的衰老不是突然发生的，而是持续渐进的演变过程。三是内在性。衰老是人固有的特性，受环境的影响，但不是环境造成的。四是不可逆性。已经表现出来的衰老变化，是不会消失和恢复的。五是危害性。不断地衰老，使组织器官功能逐渐下降，直到消失，机体越来越容易感染疾病，最终死亡[59]。

虽然老年人由于个体差异的不同，身体机能衰退的情况也各不相同，但总的来说，生理功能随年龄增长而发生的变化是有规律的，各个组织、器官系统将会出现一系列慢性的衰老变化，并呈现出各自的特点。

1. 运动系统

人在中年以后，骨质中的有机成分和蛋白质就会逐渐减少，出现骨质疏松。骨质疏松的常见症状有腰背、四肢疼痛和身高降低。骨质疏松最常见和最严重的并发症是骨折。即使是在不大的外力作用下，也可悄然发生腰椎压迫性骨折、桡骨远端骨折、股骨近端和肢骨上端骨折。发病率为27.5%～32.6%，许多患者因此致残，50%的患者需全天候生活护理，20%的患者需长年照顾。此外，尚有15%左右患者会因各种并发症而死亡，存活者也会因残疾致使生活质量降低，给家庭和社会带来沉重的负担。骨骼的衰老还会造成胸廓畸形，使老年人肺活量和换气量明显降低，出现胸闷、气短、呼吸困难等症状。

---

[59] 李宝库. 爱心护理员护士手册[M]. 北京：北京大学医学出版社，2014：37-38.

在衰老过程中，骨骼肌会发生显著的退行性变化，骨骼肌逐渐萎缩，肌纤维的体积和数量减少，弹性下降，收缩力减弱。伴随着肌肉体积的减小，肌肉力量也下降，不但造成老年人手握力降低，背部肌无力，老人的动作灵活性、协调性及动作速度都会下降，很容易发生腰肌扭伤。

随着年龄增长，关节的稳定性和灵活性逐渐变差。衰老常伴有胶原纤维降解，关节软骨厚度减小及钙化、弹性丧失，滑膜面纤维化，关节面退化。骨关节的变性会使关节僵硬，活动范围受限制。关节发生衰老性退化后，会诱发骨关节病，以膝关节、髋关节、脊柱、手指关节最多见，其主要症状是有不同程度的疼痛，疼痛的特点是：活动开始时明显，活动后减轻，负重和活动过多时又会加重。

2. 神经系统

老年人神经系统生理机能随年龄增加会发生许多变化，包括感受器退化、中枢处理信息的能力降低、平衡能力和神经系统的工作能力下降，表现为视力、听力下降，记忆力减退，对刺激反应迟钝，容易疲劳，恢复速度减慢，等等。中枢处理信息能力下降的主要原因是大量神经细胞萎缩和死亡。老年人脊髓运动神经元数目减少37%，神经冲动的传导速度减慢10%，因而使神经肌肉活动能力受影响，表现为单纯反应时和复杂反应时变慢，运动时延长。65岁的老年人反应时比20岁年轻人延长了50%。老年人由于脑干和小脑中细胞数量减少，中枢肾上腺素系统发生退行性变化，神经系统内的去甲肾上腺素水平逐渐降低，小脑皮质β肾上腺素能受体密度降低，加上外周本体感受器机能下降，限制了精确地控制身体运动的能力，导致平衡能力和运动协调性减退，容易跌倒。由于脑动脉硬化和椎动脉血流受阻，老年人中有15%～24%的人会出现直立性低血压。

3. 内分泌系统

衰老使老年人的脑垂体实质细胞减少，结缔组织增生，对甲状腺、肾上腺、性腺的负反馈受体敏感性降低。衰老使甲状腺功能减退，甲状腺素合成分泌减少，导致机体的整体基础代谢率下降，使老年人常出现便秘、倦怠、怕冷、心跳缓慢、皮肤干燥等症状，还会使血中胆固醇含量增高，加重动脉硬化。衰老使甲状旁腺素分泌减少，引起血钙降低，影响骨的代谢，使老年人容易发生骨质疏松症。

胸腺衰老使老年人的免疫功能降低，容易患自身免疫性疾病。如甲状腺功能亢进、糖尿病、重症肌无力、慢性溃疡性结肠炎、恶性贫血伴慢性萎缩性胃炎、肺出血、肾炎综合征、天疱疮、胆汁性肝硬化、多发性脑脊髓硬化症、系统性红斑狼疮、口眼干燥综合征、类风湿关节炎、强直性脊柱炎、硬皮病等。

随着年龄增长，肾上腺皮质激素的分泌逐渐减少，使老年人对有害刺激的应激能力减弱，对细菌毒素的耐受能力下降，发生外伤或感染时，机体的抗炎、抗毒、抗休克的能力均降低。

随着年龄增长，胰岛β细胞功能降低，胰岛素分泌减少，造成老年人葡萄糖耐量降低，血糖水平增高，易发生糖尿病，还能引起脂肪代谢紊乱，出现血脂升高，动脉硬化，引起心血管系统发生严重病变。

4. 循环系统

衰老使老年人的心肌顺应性降低，心输出量储备能力下降，心脏代偿功能减弱，耐受负荷的能力降低，突然过重的心脏负荷，很容易引起心力衰竭。心肌和心脏瓣膜出现退行性改变，使心肌自律性和传导性降低，容易发生心律失常，如房性期前收缩、室性期前收缩、心房纤颤等。65岁老年人的心输出量仅为青年人的60%～70%。由于心搏出量减少，易导致全身各组织器官血液供应不足，如发生脑缺血，出现眩晕、嗜睡、无力等症状。

衰老使老年人的血管硬化。冠状动脉硬化使冠状动脉管腔变窄，易发生冠心病。大动脉管壁硬化，弹性减退，使老年人收缩压增高，若同时伴有小动脉硬化，舒张压也会增高。无论收缩压增高还是舒张压增高都是高血压病的表现。脑动脉硬化随年龄增长而加重，资料显示，65岁以上的老年人约有50%发生脑缺血病灶。血管的衰老还表现为静脉血管壁弹性减退，使血液回流缓慢，导致老年人容易发生静脉淤血，表现为皮下淤血、褥疮、下肢水肿、血栓等。由于老年人颈动脉窦、主动脉弓压力感受器敏感性降低，血压易受体位改变的影响，从卧位突然转变为直立位时，可发生直立性低血压，出现站立不稳、视力模糊、头晕目眩、软弱无力、大小便失禁，严重时发生晕厥等。

5. 呼吸系统

伴随着衰老，呼吸系统的结构和机能会产生不良的变化。这些变化表现为肺泡壁变薄、肺泡增大、肺毛细血管数目减少、肺组织的弹性下降、呼吸肌无力等，从而导致肺泡扩散的有效面积减小，肺残气量增加和肺活量下降。

静态和动态的肺功能指标随着年龄的增长而衰退。肺活量、最大通气量、时间肺活量等机能指标呈现进行性下降。有资料表明，老年男女的一秒钟用力呼气量分别以每年大约32毫升和25毫升的速度下降。老年男性的一秒钟肺活量从正常的82%下降到75%左右，女性则从86%下降至略少于80%。虽然随着衰老的产生，呼吸系统机能下降，但65岁的健康老人仍具有相当程度的肺通气储备。

6. 消化系统

口腔的衰老表现为老年人的牙齿松动甚至脱落，骨骼的结构和咀嚼肌退化，导致咀嚼功能减弱，食物不易嚼烂，出现吞咽困难。舌上味蕾减少、萎缩，造成味觉减退，出现食之无味。唾液腺萎缩，分泌唾液的能力下降，造成口干。很多老人因此在食物的选择上受到限制，只能进软食、精食，结果造成相应的营养素缺乏。

食管和胃的衰老表现为消化道平滑肌萎缩。导致胃的运动和紧张性减弱，使老年人食管和胃输送食物的能力均下降。食物在胃内停留时间延长，易发酵产气导致腹胀。胃的黏液细胞分泌减少，使胃的屏障保护能力下降，胃黏膜很容易受到胃酸和胃蛋白酶的侵蚀，导致胃黏膜发生溃烂、溃疡、出血。胃的腺细胞分泌减少，使胃的蛋白质消化作用和胃酸的灭菌作用均降低，易发生胃肠炎症。

小肠的衰老表现为肠上皮细胞减少，肠壁黏膜萎缩，各种消化酶分泌减少，老年人易发生消化不良。小肠平滑肌变薄，肠蠕动减退，肠道血管硬化，肠壁血流量下降，老年人易发生吸收功能不良。

吸收功能不良主要表现在小肠对木糖、钙、铁、维生素 B_1、维生素 B_{12}、维生素 A、胡萝卜素、叶酸以及脂肪的吸收减少。因为脂肪吸收减少，老年人进食油腻食品后易发生腹泻。

大肠的衰老表现为蠕动逐渐减弱，对扩张的感觉不敏感，对内容物的压力感觉降低，导致食物残渣在肠道内停留时间延长，老年人常出现排便无力或便秘。

衰老使肝发生增龄性缩小，肝血流量也减少，60岁时的肝内血流量比20岁时减少

40%～50%。血流量的减少使肝吸收营养、代谢和清除毒素的能力也相应减退，和青年人相比，老年人的代谢和解毒功能平均要下降40%以上，所以老年人的饮食和服药要严格控制，过量会发生代谢紊乱或中毒。

衰老使胆囊收缩功能减弱，胆汁在胆囊内过度浓缩，使胆固醇沉积，易引起胆石症和胆囊炎。

衰老使老年人膜腺细胞萎缩，胰岛细胞变性，如果胰岛素分泌减少，影响血液中葡萄糖的分解利用，易发生糖尿病。

7. 泌尿系统

衰老使肾小动脉硬化，肾血流量减少，肾单位减少，肾萎缩，导致肾小球滤过率、肾小管和集合管的重吸收降低，使老年人容易发生脱水和电解质紊乱，以致影响心脏功能，导致心力衰竭。并且，肾对尿的浓缩能力也减退，所以老年人易出现多尿、夜尿增多等症状。

衰老使膀胱肌萎缩、变薄，尿道纤维组织增生、变硬，括约肌萎缩，膀胱容量减小及神经调控功能改变，老年人膀胱常发生不自主收缩，出现尿急、尿频、尿失禁等现象。

衰老使尿道肌肉萎缩、变硬，出现排尿无力，尿流变细。

衰老使男性老人伴前列腺肥大，还会出现排尿淋漓不断，或者排尿困难，甚至尿潴留。尿潴留是泌尿道感染的重要因素。

衰老使女性老人因为尿道短而括约肌收缩不良，容易发生尿失禁和尿路感染。

8. 生殖系统

男性在50岁以后，睾丸逐渐发生退行性变化，使精子生成减少，活力降低，性功能逐渐减退。60岁时睾丸明显缩小，70岁时已经缩小到12岁的水平，性功能明显减弱或完全停止，并伴有不同程度的前列腺肥大或增生。男性在55～65岁之间进入"更年期"，会有头晕、耳鸣、眼花、失眠、焦虑、易激动、记忆力减退、心悸、出汗、血压波动、肥胖、关节肌肉疼痛等表现，但是，症状没有同期女性明显。

女性一般在40岁后内分泌功能发生变化，由于性腺功能减退，卵巢排卵不规则，月经不调，直至排卵停止、闭经，失去生育能力。从壮年期到老年期之间有一个过渡期称为绝经期（更年期）。女性的绝经期在45～50岁之间，此期会有一系列生理功能改变，如头晕、耳鸣、眼花、失眠、焦虑、易激动、记忆力减退、心悸、出汗、血压波动、肥胖、关节肌肉疼痛等表现。女性性腺功能减退后，雌激素降低会使骨骼的骨胶原、钙盐含量降低，导致骨质疏松，出现全身酸痛、乏力，易骨折。雌激素缺乏还降低了对冠状动脉硬化的抑制作用，增加了罹患冠心病的机会。

9. 免疫系统

骨髓、胸腺、脾、淋巴是免疫系统的主要器官。人到老年，骨髓含量减少，60岁时仅为年轻人的一半。胸腺萎缩，40岁时仅余6%～7%。免疫器官发生萎缩，使老年人的免疫防御功能、免疫稳定功能、免疫监护功能均降低，这是老年人容易发生感染性疾病和肿瘤的原因之一。资料证明，有99%的疾病是免疫力的减退造成的，而疾病会严重影响人的健康，导致死亡。

此外，老年人对异源性抗原的抗体反应下降，但对自体组织成分的抗体反应增强，会导致各种自身免疫性疾病，如甲状腺功能亢进、糖尿病、重症肌无力、慢性溃疡性结肠炎、恶性贫血伴慢性萎缩性胃炎、肺出血、肾炎综合征、天疱疮、胆汁性肝硬化、多发性脑脊髓硬化症、系统性红斑狼疮、口眼干燥综合征、类风湿关节炎、强直性脊柱炎、硬皮病等[60]。

10. 感觉系统

感觉系统是神经系统中处理感觉信息的一部分,包括感受器、神经通路以及大脑中和感觉知觉有关的部分。通常而言,感觉系统包括那些和视觉、听觉、味觉、嗅觉及触觉相关的系统。

随着年龄的不断增长,老年人的感觉器官也在不断衰退。在视觉上,老年人会出现不同程度的视力障碍,比较常见的是远视(即老花眼)、老年性白内障等。而在听觉上表现出听力的减退甚至不同程度的耳聋。味觉上由于舌乳头和味蕾的味觉神经末梢的萎缩,造成很多老年人常感到饮食无味。嗅觉则随着老年人鼻内感觉细胞逐渐衰竭,导致嗅觉变得不灵敏,而且对从鼻孔吸入的冷空气的加热能力减弱,因此老年人容易对冷空气过敏或患上伤风感冒。而由于皮肤内的细胞退化,老年人的触觉和温度觉减退,容易造成烫伤或冻伤。另外,痛觉也会变得相对迟钝,以致难以及时避开伤害性刺激的危害[61]。

以上老年人的机体衰老,虽属自然万物生长法则,但如果平时不注意保养,各种疾病会明显增多。根据对中国城市65岁以上老年人进行的健康调查,老年人的疾病状况是很普遍的。老年人几乎没有完全健康的,他们几乎都受一种或几种疾病缠身的困扰。因此,作为护理员需要充分了解每一位老年人的疾病状况和特征,通过服务为老年人进行健康咨询或健康理疗。老年人常见疾病包括糖尿病、关节炎、眼疾(白内障、青光眼、老花眼)、失禁、冠心病、脑血管病(中风)、阿尔茨海默病、帕金森病等。老年人的疾病具有以下四个主要特征。一是对老年人来说,疾病很少是单一的,也就是说,往往是不同生理系统的疾病同时存在。比如由高血压引起的脑卒中,有肺气肿、冠心病,还有胃溃疡等。所以,老年人在医院被诊断出5～6种疾病的情况是很多见的。二是潜在性疾病众多而其症状却不稳定、不明显。由于潜在性疾病的存在,往往在发现一种疾病的同时,也可以把潜在性疾病诊断出来。三是在老年人中,某些疾病的症状极不典型。例如中年人经常会出现伴有剧烈胸痛发作的心肌梗死,但老年人几乎就没有这种症状,常常只是轻度的胸前不适感,这往往容易使疾病在不被察觉中而渐渐地严重和恶化。四是老年人的疾病多是慢性疾病,在治疗上也比较困难。一种疾病的出现,可以合并其他系统的疾病,例如,糖尿病的存在,容易引起动脉硬化和高血压等疾病[62]。

(二)老年人的心理特点

关注老年人健康,实现积极健康老龄化,不仅要关注老年人的生理特点和生理健康,还需要关注老年人的心理特点和心理健康,努力维护和促进老年人心理健康,才能更好地提高老年人生活质量。

进入老年期,人的各种生理功能都逐渐进入衰退阶段,老年人机体组织器官的退行性变化引起生理机能的衰退,特别是脑功能的衰退导致机体调节功能减退,并且面临生活、工作、经济等条件以及社会角色、社会地位的改变,丧偶等生活事件,老年人必须努力面对和适应这些事件。在面对和适应过程中,老年人常会出现一些特殊的心理变化,影响着其老化过程、健康状况、老年病的防治和预后。掌握老年人的心理活动特点及其影响因素,正确评

---

[60] 李宝库. 爱心护理员护士手册 [M]. 北京:北京大学医学出版社,2014:38-42.

[61] 姚蕾. 老年人服务与管理 [M]. 北京:清华大学出版社,2018:18.

[62] 王建民,谈玲芳. 老年服务沟通实务 [M]. 北京:中国人民大学出版社,2015:166.

估老年人的心理健康状况，采取有的放矢的措施维护和促进老年人的心理健康，对促进健康老龄化和积极老龄化有重要意义。

1. 老年人的心理变化特点

老年人的心理变化是指心理能力和心理特征的改变，包括感觉、知觉、智力、记忆、思维、人格和情绪情感等。大量研究表明，老年期的心理变化伴随生理功能的减退而出现老化，使某些心理功能或心理功能的某些方面出现下降、衰退，而另一些心理功能或心理功能的某些方面仍趋于稳定，甚至产生新的适应代偿功能。老年人的心理变化特点主要表现在以下几方面。

（1）智力的变化。智力是综合的心理特征，是学习能力或实践经验获得的能力。它由观察力、注意力、记忆力、理解力、判断力、计算力、想象力、推理和概括能力等因素构成。人的智力与个体因素（如遗传、身体状况等）、社会环境因素（文化水平、职业等）有密切关系。

卡特尔把智力分为流体智力和晶体智力：流体智力是指人们获得新观念，洞察复杂关系的能力；晶体智力是指人们运用语言、文字、观念、逻辑推理等抽象思维能力。研究者围绕智力随年龄如何变化做了大量深入的研究，已有研究结果显示，不同智力的老化模式不同，表现出以下两个特征。一是流体智力较早开始下降，并且随着年龄的增加持续下降，这表现为老年人在限定时间内学习速度比年轻人慢，老年人学习新东西、新事物不如年轻人，其学习也易受干扰。但是老年人的晶体智力下降缓慢甚至出现上升。二是老年人在需要复杂性技能的任务上，加工能力有所下降，但是在依赖长期形成的习惯和知识的任务上表现得更好。目前研究者多采用成熟智力量表测量老年人智力，然而拥有智力的目的并不是参加测验并取得高分，而是处理日常生活中的各种挑战。令人欣喜的是，与测验得出结果不同，很多研究发现老年人实际日常问题解决能力并未如流体智力那样较早就出现下降，而是并无明显变化。

（2）记忆的变化。记忆是指个体获取、储存和使用（提取）信息的能力。许多老年人都报告自己在记忆事物上存在不同程度的困难，比如记忆日常活动、将要买的物品等，记忆衰退通常也被视为衰老的标志之一。

记忆与人的生理因素、健康、精神状况、记忆的训练、社会环境都有关系。个体记忆变化的总趋势是随着年龄的增加而减退，记忆困难严重地影响老年人的生活，在老年晚期更为明显。然而，不是所有老年人都存在记忆困难，也不是所有类型的记忆任务都导致老年人的记忆困难。其减退主要表现为：与需要重组或精细化的任务相比只需要复述或重复的任务，随着年龄增长而下降得较少；长时记忆较之短时记忆随年龄增长下降更少。不同类型的长时记忆老化程度也不尽相同，与运动技能、习惯和过程有关的程序记忆相对来说不易受年龄影响，与某个特定情境相关的情境记忆则是最易随年龄增长而衰退的，涉及历史事实、地理位置、文字意义及类似知识的语义记忆衰退程度则居于两者之间。

（3）思维的变化。思维是人类认识过程的最高形式，是更为复杂的心理过程，随着年龄的增长，老年人脑组织质量和脑细胞数量减少、萎缩，记忆力减退，思维变得迟缓，无论在概念形成、解决问题的思维过程还是创造性思维和逻辑推理方面都受到影响，但思维的个体差异是很大的。虽然思维速度逐渐变慢，但可以用经验、技能或专业知识来弥补。

（4）人格的变化。人格是个体心理特征中较为稳定的部分，它是指人的特性或个性，包括性格、兴趣、爱好、倾向性、价值观、才能和特长等。老年人的人格特征与其他年龄阶段个体一样,既呈现稳定性,又存在变化性。遗传因素、童年期经验的持续影响及环境的稳定性都促使个体的人格特征在其生命的整个周期都呈现出一定的持续性和稳定性,然而内化环境因素的改变及个体与环境的适应程度则可能会导致人格特征的变化。如由"亨廷顿病"引起神经系统的退化,有可能使患者变得喜怒无常、易怒。由于各种因素的影响,老年人人格特征变化表现出以下特点。一是不安全感增加,主要表现在对健康和经济两个方面过分关注与担心产生的不安、担忧。二是孤独感增加,约有1/3的老年人有较为明显的孤独感。社会活动的减少、社会角色的变化及老年人在家庭中的失落感,使得老年人孤独感增加。三是适应性差,老年人心理不容易适应新环境和新情境,对周围环境的态度也逐渐趋于被动,依赖已有的习惯,较少主动地体验和接受新的方式。四是保守、固执,老年人表现出更多的"刻板"行为,喜欢依赖"经验"解决问题。五是爱回忆往事,老年人的心理世界逐渐从外部世界转向内部世界,社会活动的减少也使得老年人更喜欢回忆往事,越是高龄,这种回忆往事的趋势越明显。然而尽管老年人的人格特征出现以上变化,但人格的基本特质是持续稳定的。

(5) 情绪情感的变化。情绪情感是一种复杂的心理现象,它是指人对客观事物是否符合个人需要而产生的态度体验及相应的行为反应。情绪情感的产生变化取决于机体内外刺激及个体主观的需要。老年人情绪情感具有以下特征:一是生理、心理的退行性变化及社会交往、角色地位的变化,使老年人渴望被社会接纳、认可的主观需要难以得到满足,老年人比较容易产生消极的情绪,如孤独感、抑郁感、自卑等;二是老年人的情绪情感体验深刻而持久,老年人形成了比较稳固的价值观及较强的自我控制能力,他们的情绪情感一般不容易因外界因素的影响而发生起伏波动,但老年人的情绪一旦被激发,通常需要花费较长时间才能恢复平静。另外,对于老年人而言,各种"丧失"是情绪体验最重要的诱发事件,各种"丧失"包括经济地位、配偶、朋友、亲人、健康等的丧失,这些都会成为激发老年人深刻情绪情感体验的事件。

总之,老年期心理变化不仅包括衰退,同时也包括生长。心理发展总是由衰退和生长两个方面结合而成并贯穿个体的一生。不同心理功能发展的形态和变化速率具有特异性,如感知觉最先发展成熟,也较早开始衰退;而抽象思维较晚开始发展,随着年龄的增长而不断增强。个体的心理发展是多因素综合作用的结果,年龄是影响心理发展的主要因素之一,但是不能将其看成唯一的影响因素[63]。

2. 老年人常见的心理问题

老年人退休后,伴随角色、经济变化,生活圈子改变,与家人关系转变,生活目标转移,老年人的心理变化明显,尤其当躯体遭到疾病的折磨需要医治及他人照料时,情绪波动更为突出,容易产生失落、孤独、抑郁、焦虑、自卑等常见的心理问题。

(1) 失落。青壮年时期正是一个人为社会作贡献、为家庭忙碌的黄金时期。在单位里,他们肩负着生产或管理等岗位的重任;在家庭中,他们担当着维持生计、照顾亲人、教育子女的责任。这一阶段正值人生重要时期,他们生活目标明确、社会角色鲜明,充满着希望与乐趣。但是随着岁月流逝、生活节奏与模式的改变,步入老年期就极容易产生失落感。

易导致老年人社会心理问题的失落感,成为老年人晚年生活中常见的社会心理现象。这主要表现在三个方面的失落:

一是社会角色的失落。从一种紧张的、团体的、节奏快的社会工作转入平缓的、松弛

---

[63] 张红菱,徐蓉. 老年护理[M]. 北京:高等教育出版社,2017:90-91.

的、节奏慢的家庭生活。在这种情况下,最容易产生角色冲突,出现挫折感、空虚感、失落感。

二是社会关系的失落。随着退休后时间的推移,社交范围越来越小,往往会在内心产生一种被社会遗弃的感觉。社会地位高、社会关系广泛的人,受到家庭的尊重。当步入老年后,家庭成了他们的活动中心,与原来的社会地位相比,深深感到在家庭中地位的失落。

三是价值观的失落。退休离休后的老年人因工作目标的失落是一种最直接现实的价值观的失落[64]。

失落感一般表现为:焦虑、抑郁、沉默寡言、表情冷淡、情绪低落,甚至急躁易怒,易发脾气,对周围的事物看不惯,为一点点小事与人争执。失落感可能使老年人产生一些心理障碍,干扰和损害其生理功能和抵抗疾病的能力,影响神经、免疫、内分泌系统及其他系统的功能,从而引发和加重各种心理疾病,有人称之为"离退休综合征"。据统计,约有24.6%的退休老人患有"离退休综合征"[65]。

加强学习,积极参与社会生活,树立积极的人生态度是降低失落感的有效方法。老年人应明确自己的生活目标,发现自己的优势,继续发挥自身的价值。

(2)孤独。孤独是一种心灵的隔膜,它是指个体由于社会交往需求未得到满足而产生的一种内心体验,它往往给人带来寂寞、被冷落甚至被遗弃的感受。人到老年,常会在不经意间不同程度地感到"孤独",某机构对一社区老年人孤独感的研究表明,虽然只有一小部分(7%~9%)老年人有严重的孤独感,但不少于1/3的老年人在生活中有某种程度的孤独感[66]。研究还表明老年人孤独感的产生也受性别、年龄、健康状况、受教育程度、家庭经济状况和社会支持等方面的影响。

孤独对老年人危害较大,直接影响老年人的身心健康,也给老年人的晚年生活蒙上了阴影[67]。美国医学家詹姆斯等通过对老年人进行长达14年的调查研究,得出结论:独自隐居者得病的机会为正常人的1.6倍,死亡的可能性是爱交往者的两倍。他对7000名美国居民做了长达9年的调查研究发现,在排除其他原因的情况下,那些孤独老年人的死亡率和癌症发病率比正常人高出2倍。因此,解除老年人孤独感是个不容忽视的社会问题。

老年孤独心理主要包含三方面的内容:第一,孤独心理是一种主观体验和心理感受,而非客观的社交孤立状态,一个老人可能在漫长的独处中毫无孤独感,也可能在众人环绕中深感孤独;第二,孤独体验是消极的,令人难以承受;第三,孤独感源自社会交往不足或人际关系的缺陷[68]。

离退休后远离社会生活、无子女或因子女独立成家后成为空巢家庭、体弱多病、行动不便、降低了与亲朋来往的频率、性格孤僻、丧偶等都可能使老年人产生孤独感,表现为精神萎靡不振、常偷偷哭泣、顾影自怜,如出现体弱多病、行动不便时,上述消极感会加重,久之,身体免疫功能降低,为疾病敞开大门。孤独也会使老年人选择更多的不良生活方式,如吸烟、酗酒、不爱活动等,不良的生活方式与心脑血管疾病、糖尿病等慢性疾病的发生和发展密切相关。有的老年人会因孤独而转化为抑郁症,有自杀倾向。老年人最怕的就是这种精

---

[64] 秦谱德.试谈老年人的失落感与调适[J].晋阳学刊,1993(4).

[65] 退休后有失落感怎么办[J].天风,2014(3):64.

[66] 赖运成.老年人孤独感的研究进展[J].中国老年学杂志,2012(11):2429-2432.

[67] 钱国宏.如何预防老年"孤独症"[J].新农村,2011(1):44.

[68] 陈新国,张芳,徐理.老年孤独心理问题及其防治对策研究[J].心理技术与应用,2014(3):37-40.

神上的孤独和寂寞。因此他们盼望着能归属于一定的群体，能继续参与一定群体的活动，同时也盼望得到人们的关爱，希望能够与他人增加交流，以排解寂寞、解除孤独。

（3）抑郁。抑郁是由于对事情的演绎过于悲观所引起的一种情绪状态。它是老年人群中常见的一种情绪和心理失调的症状，其特征是存在抑郁情绪、内疚感和自杀念头，同时伴随躯体症状，如睡眠-觉醒节律改变、体重减轻或增加、疲劳增加等。根据抑郁发病的年龄，老年抑郁可分为晚发型老年抑郁（60岁后第一次出现的老年抑郁性疾病）和早发型老年抑郁（老年抑郁首次出现在60岁之前，在老年期复发或持续至老年期）。老年人抑郁的可能原因主要有：增龄引起的生理、心理功能退化；慢性疾病如高血压病、冠心病、糖尿病及癌症等与躯体功能障碍和因病致残导致自理能力下降或丧失；较多的应激事件，如离退休、丧偶、经济窘迫、家庭关系不和等；低血压症；孤独；消极的认知应对方式；等等。

老年抑郁是导致全球疾病负担的重要原因，并伴有情绪和功能障碍。老年抑郁会加速认知功能的下降，而且这种现象还跨越多个认知领域，包括执行功能、信息加工速度、工作记忆等认知功能的下降。此外，老年抑郁还与更为严重的认知障碍（轻度认知障碍、痴呆）的发作及病程发展密切相关。不仅如此，老年抑郁作为一种异质性障碍，它的子类型以及临床特征不仅会造成认知功能的不同，其伴随的躯体共病、心理症状以及老年人自身的个体特质与生活方式都会导致其与认知功能下降之间的关系变得愈加复杂[69]。

值得特别注意的是，对患有极严重抑郁症的老年人，如果有自杀倾向，紧急之时要马上叫救护车，送去医院进行监视和治疗。

（4）焦虑。焦虑是个体由于达不到目标或者不能克服障碍的威胁，导致自尊心、自信心受挫，失败感、内疚感增加，所形成的一种紧张不安带有恐惧心理的情绪状态。焦虑是一种很普遍的现象，几乎人人都有过焦虑的体验。适度的焦虑有益于个体更好适应变化，通过自我调节保持身心平衡，但持久过度的焦虑则会严重影响个体的身心健康。

日常生活中，我们经常看到有些老年人容易心烦意乱，坐立不安，遇到一点小事情有时就会神经紧绷。这种发生在老年人群中的焦虑称为老年焦虑，发展到严重程度称为老年焦虑症，它本身比较容易治疗，但却易被忽视，从而导致老年人精神致残甚至出现自杀行为，成为老年健康的一大杀手。造成老年人焦虑的可能原因包括：第一，体弱多病，行动不便，力不从心；第二，疑病性神经症；第三，各种应激事件，如离退休、丧偶、丧子、经济窘迫、家庭关系不和睦、搬迁、社会治安以及日常生活常规的打乱等；第四，某些疾病如抑郁症、痴呆、甲状腺功能亢进、低血糖、直立性低血压等，以及某些药物的副作用，如抗胆碱能药物、咖啡因、β-阻滞剂、皮质类固醇、麻黄素等均可引起焦虑反应。

焦虑包括指向未来的害怕不安和痛苦的内心体验、精神运动性不安以及伴有自主神经功能失调表现等三方面症状，分为急性焦虑和慢性焦虑两类。急性焦虑主要表现为急性惊恐发作。老年人发作时突然感到不明原因的惊慌、紧张不安、心烦意乱、坐卧不安、失眠，或激动、哭泣，常伴有潮热、大汗、口渴、心悸、气促、脉搏加快、血压升高、尿频尿急等躯体症状。严重时，可以出现阵发性气喘、胸闷，甚至有濒死感，并产生妄想和幻觉。急性焦虑发作一般持续几分钟到几小时，之后症状缓解或消失。慢性焦虑表现为持续性精神紧张。慢性焦虑老年人表现为经常提心吊胆，有不安的预感，平时比较敏感，处于高度的警觉状态，容易激怒，生活中稍有不如意就心烦意乱，易与他人发生冲突，注意力不集中，健忘，等

---

[69] 张静，余林.老年抑郁与认知功能下降[J].中国健康心理学杂志，2020（11）：1754-1760.

等。持久过度的焦虑可严重损害老年人的身心健康，加速衰老，增加失控感，损害自信心，并可诱发高血压、冠心病；急性焦虑发作还可导致脑卒中、心肌梗死、青光眼、高压性头痛、失明等疾病，以及跌伤等意外发生。

作为养老服务人员，要大力推进老年人抑郁护理工作，要经常主动与老年人交流和沟通，鼓励老年人积极参加文娱活动，组织指导老年人加强身心锻炼，不断教给老年人情绪调控方法，高度重视、关心和体贴老年人，了解老年人抑郁发生情况并探讨其形成原因，以便提出相应对策，不断促进老年人身心健康发展[70]。

（5）自卑。自卑即自我评价偏低，就是自己瞧不起自己，是一种消极的情感体验。当人的自尊需要得不到满足，又不能恰如其分、实事求是地分析自己时，就容易产生自卑心理。老年人产生自卑的原因有：第一，老化引起的生活能力下降；第二，疾病引起的部分或全部生活自理能力和适应环境的能力的丧失；第三，离退休后，角色转换障碍；第四，家庭矛盾。

一个人形成自卑心理后，往往从怀疑自己的能力到不能表现自己的能力，从而怯于与人交往，孤独地自我封闭。本来经过努力可以达到的目标，也会因认为"我不行"而放弃追求。看不到人生的希望，领略不到生活的乐趣，也不敢去憧憬美好的明天。

应为老年人创造良好、健康、尊老敬老的社会心理环境。鼓励老年人参与社会，做力所能及的事情，挖掘潜能，得到一些自我实现，增加生活的价值感和自尊。对生活完全不能自理的老年人，应注意保护，在不影响健康的前提下，尊重他们原来的生活习惯，使老年人对尊重的需要得到满足。

（三）老年人的社会特点

1. 社会地位弱化

社会地位是人们在社会等级制度或社会分层中的排列位置，是人们在社会结构以及在一定的社会关系体系中所处的位置。社会地位反映了个体与社会整体的关系。社会地位分为客观社会地位和主观社会地位，前者一般指根据财富、声望、受教育程度或权力高低而被社会大众作出的社会排列，后者是个体对自己在社会地位秩序中所处位置的感知，是个体对自身所处位置的看法及主观评价。客观社会地位与主观社会地位均为影响人类健康水平的重要变量，但主观社会地位在预测人们的健康水平方面比客观社会地位表现更好，主观社会地位越高，人们的心理健康等健康状况越好[71]。人们对自身社会地位的感知与主观评价会受到物质资源的影响，物质资源越丰富，人们也会认为自己的社会地位越高。

总体看来，一个人的社会角色越重要，他所承担的社会责任就越大，所获得的社会尊严就越高；反之，一个人的社会角色越轻微，他所承担的社会责任就越小，所获得的社会尊严就越低。当今社会，老年人社会地位弱化主要表现在以下四个方面。

（1）在制度上，依年龄而退休。老年人退休制度始于1889年的德国。这一年德国颁布《老年残废保险法》，成为世界上首个建成老年退休制度的国家。此后许多国家都效仿德国，老年退休制度在全世界得到迅速发展。老年退休制度的建立，是对老年人的一种保护和照顾，也是人类文明与社会进步的标志和成果。然而从另外一个角度而言，老年退休制度也可

---

[70] 魏家琴. 社区老年抑郁个案分析 [J]. 新西部, 2016（23）: 31-32.
[71] 徐雷, 余龙. 社会经济地位与老年健康——基于（CGSS）2013数据的实证分析 [J]. 统计与信息论, 2016（3）: 52-59.

理解为老年人无法承担社会角色所赋予的责任，因而让其退出岗位，为年轻人提供更多就业机会。退休将社会角色赋予年龄标志，并以年龄而非身体健康作为衡量个体能否胜任社会角色的唯一尺度，本身就反映出老年人的无足轻重甚至有碍大局，也是老年人社会地位削弱的体现[72]。

（2）在经济上，收入明显减少。随着老年人退休，其社会角色中断，老年人的实际收入明显减少，收入来源主要是退休金，且仅为原工资的60%～70%；除此以外，当前我国正处于经济转型的重要时期，物价的波动成为社会上不可忽视的重大问题。虽然我国已有退休金和社会经济发展挂钩的新机制，但老人的生活水平仍受到一定影响。

（3）在社会上，漠视老年人合法权益的现象时有发生。与中青年人一样，老人也拥有自己的合法权益，但是现在社会上仍有部分老人的合法权益受到漠视和侵犯。

（4）在思想上，忽视老年人的社会作用和社会价值。人在步入老年时，难免会出现生理老化、心理老化和社会功能与社会角色的退化，创造财富的能力下降，对经济供养、生活照料、心理慰藉等方面的需求增多。虽然社会中大多数人能正确地认识老人的特殊性，能够给予老人足够的关爱，但是存在这样一些人，他们将老人视为家庭和社会的负担，认为其没有价值和作用。他们把老人看作是包袱而不是潜在的人力资源，而对于这一部分资源，"用它是宝贝，不用它是包袱"。实际上，老年人有"资深公民"和"活的图书馆"之称，其不仅可以帮助子女照顾孙辈、照料家庭，还可以帮助子女教育下一代使其社会化，将自己一生的经验教训毫无保留地奉献给他们。因此，老年人是家庭系统和社会系统中不可或缺的组成部分，对家庭和社会都有着巨大的价值和意义[73]。不用他们不仅是对社会资源的浪费，而且也使想继续工作的老人产生无用感，终日无所事事，精神空虚。个别老人甚至会酗酒赌博，既破坏了家庭和睦，也给社会带来不良影响，倒真成了社会的"包袱"[74]。

2. 家庭地位削弱

随着经济社会的发展，农业社会逐渐向工业社会转变，作为社会细胞的家庭也从传统过渡到现代，老年人的家庭地位也发生了很大变化。老年人家庭地位的削弱主要表现在老年人在家庭中从主导角色转变为非主导角色，从中心角色转变为边缘化角色。在传统社会，老年人是家庭的主导者，承担着抚养和教育下一代的责任，同时也掌握着家庭经济支配权和家庭重大事务决策权，在家庭中占据着较高的地位。传统社会老人之所以会有如此高的权力，是因为他们具有高出晚辈的大量生产生活经验。但随着社会的发展，互联网的普及，那些原本只掌握在老人手中的经验方法已经广泛普及到年轻人。此外，社会中已有专门普及这些知识的机构——学校，这就使得老人逐渐失去了家庭中的地位。加之在现代社会，随着女性地位的提高，亲子关系开始从属于夫妻关系，因此在现代的家庭中，老年人与子女的关系发生了很大变化，老年人一般只是帮助照料孙辈或从事家务劳动，不再掌握家庭经济支配权，也不再参与子女家庭内重大事务的决策，老年人由家庭的主导角色转变为非主导角色，在家庭中逐渐被边缘化。从主导角色到非主导角色的转变，从中心角色到边缘角色的转变，反映了现代化过程中老年人在家庭中从主角到配角的变化，老年人的

---

[72] 孙丽，虞满华. 现代化进程中老年人地位的弱化及原因探析 [J]. 齐齐哈尔大学学报：哲学社会科学版，2017（8）：8-11，37.

[73] 邬沧萍. 社会老年学 [M]. 北京：中国人民大学出版社，1999：107-108.

[74] 张雯琪. 探讨老人概念的产生及其伦理演变 [J]. 中国集体经济，2019（12）：94-95.

家庭地位有所削弱[75]。

3. 社会活动参与度降低

老年人的社会参与既是社会发展的需要，也是自身安度幸福晚年的需要，还是老年人的权利。老年人的社会参与包括：参与社会经济发展活动、社会文化活动、家务劳动、人际交往、旅游活动和家庭范围内的文化娱乐活动[76]。但是目前来看，老年人的社会参与度普遍偏低，造成这种情况的原因主要有如下四点。一是性格。对于任何人来说，性格都是决定其一生的重要因素，因此要重视性格对退休老年人的影响。性格会使得其对于相应的行为产生习惯化的特点，因此我们能够发现，一些性格较为外向的老年人在参与社会活动的过程中具备更高的积极性，但是一些性格较为内向的老年人却很少参与到相关的活动中，因此性格和其社会活动的参与是有着非常密切的联系的。二是健康状况。身体健康等问题同时是影响老年人社会活动以及生活质量的重要因素。如果老年人自身的身体较为健壮，那么就会参与更多的社会活动，但是如果其身体健康存在问题，出于对身体情况的顾虑，参加的社会活动就会比健康的退休老人少很多。三是经济收入。根据调查发现，老年人退休后的经济收入也会影响到其社会活动的参与状况。比如对于一些退休金较高的老年人来说，其更容易参与到社会活动中去，但是对于一些退休金较低的老年人则更少地参与其中。四是社区的组织与支持。社区是否有专门的居民活动中心、完备的器材，是否定期组织活动，社区场地是否满足老年人活动的需求，此外，在老年社区，如果有效地组织相关的活动并且做好宣传工作，那么也会增加老年人社会活动参与度。

针对老年人的社会活动参与度低的状况，首先在个人层面，老年人要转变思想观念，明白退休并不意味着个人能力的终结或是个人从此失去价值，而是要正确认识退休，退休是国家为了让公民享受社会福利的一种制度，并坦然接受这一现实。而且要对社会参与树立正确的参与观念，积极参加社会活动，增加人际交往，有利于尽快调整心态。其次，在社区层面，社区要更好地为老年人提供良好的社会活动机会。应当加强在社区内部的活动设施建设，比如健身器材或者是专门的老年人活动室，这样就能够从基本的硬件上予以保障。同时也应该加强社区文化建设，这样才能够不断丰富老年人的精神文化生活。通过在整个社区内构建一个更加优质的人文环境，才能够让老年人参与其中，并且要结合当前老年阶段人群自身的兴趣与爱好来更好地开展各项活动，以此来提升其生活质量。最后在社会层面，整个社会应当认识到提升老年人社会活动参与度的重要性。要能够改变观念，摒弃传统观念的桎梏，更好地将老年人的价值展现出来，这样才能够为当下和谐社会的构建提供内生动力。在大部分社会大众的印象中，老年人是脆弱的群体，应该被很好地保护起来而不是积极地参与社会活动。当下一些老年人本身参与社会活动的意愿就比较低，并且相关的意识也是较为淡薄的，这和社会环境也有很大的联系。因此要能够从社会层面来提升老年人参与社会活动的积极性，并且要能够消除大众对于老年活动的误解，重视老年人的退休生活。要能够积极倡导老年人参与到社会活动中，并且也应该通过社会活动的参与来不断发挥其自身的价值[77]。

---

[75] 孙丽，虞满华.现代化进程中老年人地位的弱化及原因探析[J].齐齐哈尔大学学报：哲学社会科学版，2017（8）：8-11，37.

[76] 姚蕾.老年人服务与管理概论[M].北京：清华大学出版社，2018：23.

[77] 李晓政.退休老人社会活动参与度及影响因素研究[J].智库时代，2018（7）：62-53.

第二节　认识养老服务

党的十九大提出新时代社会主义现代化强国建设"两个十五年"战略构想，在2020年实现第一个百年目标的基础上乘势而上，再奋斗十五年，到2035年基本实现社会主义现代化；进而向第二个百年目标进军，再奋斗十五年，到21世纪中叶实现社会主义现代化强国。"两个十五年"恰逢我国人口老龄化加速期。遵循人口发展规律，1962—1975年我国第二个生育高峰出生人口队列（年均出生人口2583万人）在2022—2035年步入老龄行列，形成人口老龄化第二次冲击波。《国家应对人口老龄化战略研究总报告》预测，60岁及以上老年人口将在2019年2.54亿的基础上快速扩张，2025年超过3亿，2033年超过4亿，2035年为4.18亿左右；老龄化水平从2019年的18.1%升至2024年的20.3%，进入深度老龄社会，2035年达28.7%，直逼重度老龄社会。21世纪中叶，老年人口规模达峰值5亿左右，老龄化水平稳居35%上下，迈进重度老龄社会。如此快速深化的老龄社会，必然使社会主义现代化强国建设受到严峻挑战，保障包括老年人在内的全体人民共同富裕和共同发展的任务将更加艰巨。老龄社会是全球的共同挑战，更是中国未来发展必须长期直面的重大考验[78]。

人口老龄化的发展态势给我国养老保障工作带来极大挑战。养老保障不仅需要养老金保障，更需要养老服务保障[79]。2019年5月，国务院办公厅发布《关于推进养老服务发展的意见》，提出确保到2022年在保障人人享有基本养老服务的基础上，切实满足老年人多样化、多层次的养老服务需求，确保老年人及其子女获得感、幸福感、安全感显著提高。这不仅指出了当前我国社会养老服务发展的重要目标，更是明确了政府对亿万城乡居民养老问题的承诺和责任。

大力推进我国养老服务创新发展，构建完善的社会养老服务体系已经成为关系国计民生的重要战略性问题。

一、养老服务发展历程及内涵

（一）我国养老服务的发展历程

新中国成立以来，我国养老服务大体经历了以下四个发展阶段。

1. 计划经济时期的补缺型养老服务发展阶段（1949—1984年）

新中国成立直至整个计划经济时期，我国的养老服务发展基本处于补缺状态，政府将有限的养老服务资源分配给最需要帮助和救济的老年人，为其提供基本的经济保障和必要的养老服务，其他广大城乡居民的养老服务需求全部由家庭内部满足。

---

[78]　原新. 积极推进新时代养老服务政策落地[J]. 中国社会工作，2020（6）：26-27.

[79]　杨翠迎. 我国社会养老服务发展转变与质量提升——基于新中国成立70年的回顾[J]. 社会科学辑刊，2020（5）：111-118.

2. 改革开放后的社会化养老服务探索阶段（1985—2000年）

改革开放后，我国从计划经济体制开始向社会主义市场经济体制转型，"社会化""市场化"的观念逐步深入社会发展的各个领域，国家开始探索社会化的保障及福利体系。1984年11月，民政部召开全国城市社会福利事业单位经验交流会，首次提出社会福利社会办，成为养老服务社会化的契机[80]。此后，养老服务发展进入了第二阶段，即探索建立社会化养老服务体系阶段。

3. 新世纪以来的社会养老服务体系形成阶段（2001—2011年）

1999年，我国迈入人口老龄化社会，人口老龄化形势日益严峻，对社会养老服务的需求急剧上升。而以保障困难老人为主的养老服务体系无法适应人口老龄化带来的规模性养老服务需求，迫切需要加大社会养老服务供给。另外，新时期受新公共管理、福利多元主义思潮的影响，国家愈加重视社会化养老服务体系建设和地方探索，由此养老服务发展进入第三阶段，即全面开启老龄事业的发展，加快社会养老服务体系建设的阶段。

4. 新时期的养老服务高质量发展阶段（2012年以后）

这一阶段以党的十八大强调"积极应对人口老龄化，大力发展老龄服务事业和产业"为起点，我国全面步入政府和市场双轮驱动和内涵式发展道路，进入养老服务高质量发展时代。这一时期，我国养老服务发展的特点是：养老服务体系内涵不断深化、高质量发展成为主旋律、政府与市场双轮驱动格局基本形成[81]。

（二）养老服务的内涵

2014年9月3日财政部等四部门下发《关于做好政府购买养老服务工作的通知》（财社〔2014〕105号），部署加快推进政府购买养老服务工作。通知明确指出，到2020年，我国将基本建立比较完善的政府购买养老服务制度，推动建成功能完善、规模适度、覆盖城乡的养老服务体系。该文件关于"确定购买内容"的表述是："要根据养老服务的性质、对象、特点和地方实际情况，重点选取生活照料、康复护理等方面开展政府购买服务工作。在购买居家养老服务方面，主要包括为符合政府资助条件的老年人购买助餐、助浴、助洁、助急、助医、护理等上门服务，以及养老服务网络信息建设；在购买社区养老服务方面，主要包括为老年人购买社区日间照料、老年康复文体活动等服务；在购买机构养老服务方面，主要为'三无'（无劳动能力，无生活来源，无赡养人和扶养人或者其赡养人和扶养人确无赡养和扶养能力）老人、低收入老人、经济困难的失能半失能老人购买机构供养、护理服务……"由此可以看出养老服务大体涵盖的种类和服务内容。

养老服务是指国家和社会以发扬敬老爱老美德、安定老年人基本生活、维护老年人生理健康、充实老年人精神文化生活为目的而采取的政策措施和提供的设施服务的总称[82]。养老服务有广义和狭义之分。从狭义上讲，养老服务仅指为老年人提供的生活照顾、康复护理和精神慰藉等服务。从广义上讲，养老服务则是一个大服务的概念，几乎涵盖了老年人衣食住行、生活照料、医疗服务、文化健身娱乐等多个行业领域，包括一切有利于老年人更好生活的正式、非正式的养老服务。

---

[80] 董红亚.新中国养老服务60年[C].新中国人口60年——回顾与展望全国学术研讨会,杭州,2009（11）：4.

[81] 杨翠迎.我国社会养老服务发展转变与质量提升——基于新中国成立70年的回顾[J].社会科学辑刊,2020（5）：111-118.

[82] 席恒.分层分类：提高养老服务目标瞄准率[J].学海,2015（1）：80-87.

二、养老服务要素分析

全面的养老服务体系包括养老服务的内容、形式、制度、管理、经济、技术、文化七个基本要素,如图2-1所示。

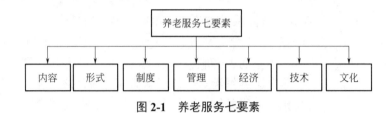

图 2-1　养老服务七要素

养老服务的七个基本要素互相联系,各要素同时包含着若干方面的具体内容,这些内容构成了养老服务体系的整体框架。要对养老服务进行准确定位,就需要全面了解养老服务要素的具体内容,深入探究养老服务创新工作的出发点与落脚点。

通过对养老服务各要素的整合,形成了养老服务的体系建设框架。养老服务体系是以政府主导、政策支持、社会参与、市场参与为原则,以社会化养老服务为支撑,以提高老年人物质文化生活为目标,对居家养老、社区养老和机构养老所提供的基本养老服务与社会组织提供的非基本养老服务进行有效整合而最终形成的养老服务有机体。

当前,我国推行"以居家养老为基础,以社区养老为依托,以机构养老为支撑"的总体养老服务体系,由养老服务需求体系、养老服务供给体系、养老服务管理体系、养老服务支持体系等子系统组成,如表2-2所示[82]。

表 2-2　养老服务要素的具体内容

养老服务内容	生活照护	对老年人日常生活饮食起居的照护,年龄越大需要的内容越多
	医疗护理	主要包括定期常规体检、慢性病常规治疗、慢性病急性期入院治疗、突发疾病的抢救及相关药品、医疗用具、食宿等
	心理慰藉	老年人需要更多的关怀、理解、认同、尊重、沟通和陪伴,以达到身心健康
	临终关怀	对生存时间有限的患者提供护理,减轻其生理痛苦和心理恐惧,以改善患者余寿质量,体现社会的人文关怀
养老服务形式	居家养老	以家庭为核心,使老年人在家里接受生活照护、医疗服务和心理慰藉等各种养老服务的养老形式
	机构养老	以养老机构为核心,老年人离开家庭到养老机构接受养老服务的养老形式
	社区养老	以社区为依托,以家庭为基础,结合社会养老机构,由社区承担养老服务责任的养老形式
养老服务制度安排	管理体制	整合管理部门,明确职能定位,建立统一、集中管理、多部门合作的养老服务管理体系
	运行机制	建立多元化的资金投入机制、多主体参与的养老服务供给机制、养老服务人才培养机制及养老服务责任共担机制
	法治建设	要求政府制定完善的法律法规,保证公民基本养老权益的实现,并实现养老服务的规范性和统一性

续表

老年服务管理	资源整合	对家庭、社区、政府、市场和志愿组织的养老服务资源进行整合，以扬长避短，发挥不同资源的最大优势	
	流程设计	根据养老服务需求确定养老服务供给流程，包括家庭和社区的基本服务、市场的多元服务、志愿组织的稳定服务等	
	质量控制	建立养老服务量化评估标准，并由政府实施监督与评估，以提升养老服务水平	
养老服务经济支持	筹资渠道	主要包括个人（家庭）供给、政府供给和志愿供给，应在个人（家庭）、政府和志愿供给中形成合理的责任共担机制	
	筹资模式	合理的筹资规模需要达到养老服务需求水平与供给水平的均衡，并以满足老年人养老服务需求的基本水平为依据	
	筹资方式	合理采取强制征收、自愿缴纳与补差筹资相结合的方式，实现养老服务资金支持的可持续性	
养老服务技术支持	物流配送技术	运用现代化信息技术和机械设备完成商品和服务配送的全部技术，能够使老年人对商品和服务的获得更加快捷便利	
	远程诊疗技术	是网络通信技术与医疗技术相结合的一项新技术，能够解决老年人医疗服务获取困难的问题	
	物联网技术	通过各种信息传感设备，把任何物品与互联网相连接，进行信息交换和通信，以实现养老服务的智能化	
养老文化	敬老爱老传统、养老习俗	养老文化是指社会对养老服务的价值选择，对人们的养老行为具有引导、监督和强化的作用	

三、养老服务需求分析

养老服务需求分析，有助于有针对性地开展养老服务工作，提升养老服务工作的水平。在现实生活中，老年人在身体状况、精神状况、经济条件等方面存在的较大差别，决定了他们对养老服务需求的不同。根据老年人自身的状况和条件，可以将老年人的养老服务需求分为生产型服务需求、基础型服务需求和提升型服务需求三个类型，如图2-2所示。

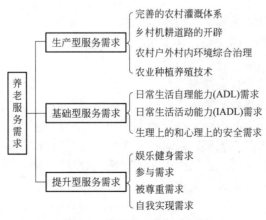

图2-2 养老服务需求的类型

（一）生产型服务需求

生产型服务需求一般是农村老年人所具有的一项需求。当前，在我国农村约有70%以上的耕地，仍然由农户家庭耕种，这其中的绝大多数是由农户家庭中的老年人来耕种的，因而在我国农村呈现出所谓的"老人农业"形态。据对农村老年人的调查，他们种田有3条理由：一是现在农村农业生产条件大大改善了，种田不像过去那样拼体力，是重体力活，现在种田劳动较轻松，年纪大了也做得了；二是他们觉得种田有收获，能体会到丰收的喜悦，很有成就感；三是种田的同时，还可以活动筋骨，锻炼身体。的确，农村老年人与土地天然紧密地结合，使其从土地上获得了可观的收益：一定的经济收入、实现了老有所为的"就业"、生活更有意义的心理满足以及自我肯定的积极评价等。因而在当今中国社会，农村老年人参与农业生产的比例一直保持在较高的水平，与城镇老年人不同，他们在需求上就多了生产型服务需求，这理应纳入农村养老服务需求之中。所谓生产型服务需求（亦称生产性服务需求），是指根据农村老年人参与农业生产的实际状况，而为他们提供的有偿性或公益性的服务。这包括农村灌溉体系的完善、乡村机耕道路的开辟、农村"户外村内"环境综合整治以及种植养殖技术等农技推广服务等。从积极老龄化的角度看，适度参与农业生产劳动为农村老年人实现了赋权增能，对于老年人的经济独立和自由全面发展是十分有益的。因此，在乡村振兴战略背景下，应积极为农村老年人以及准老年人提供必要的生产型服务。

（二）基础型服务需求

基础型服务需求，是指老年人的基本养老需求。它由老年人的日常生活自理能力（ADL）需求、日常生活活动能力（IADL）需求和安全需求构成。日常生活自理能力（ADL）需求是人的最基本的需求，包括进食、穿衣、洗澡（室内）、移动、如厕和排泄六类生活能力，失能、半失能老年人不同程度地丧失了这些能力。日常生活活动能力（IADL）需求是获取生活资料，保障老年人基本生活的需求，包括买菜、做饭、洗衣、打扫房间、使用电话、出行和理财七类活动能力。安全需求可以分为生理上的安全需求和心理上的安全需求，生理上的安全需求是指老年人就诊、治疗、康复、取药、吃药等生病就医的医疗服务方面的需求，此外，还包括出行安全以及生活和物质安全的保障；心理上的安全需求是指来自于诸如物质保障、亲人关爱、未来自我生活预期等方面的自我安全感的满足[83]。

（三）提升型服务需求

老年人的提升型服务需求是充实晚年生活、提升自我价值的养老需求。具体包括娱乐健身需求、参与需求、被尊重需求和自我实现需求。娱乐健身需求是指老年人步入老龄后，参加旅游、下棋、跳舞、书画、合唱、体育活动等的需求。参与需求是指老年人对于爱和归属的需要，体现在人际交往和社会参与两个方面。在我国熟人社会里，老年人的活动范围比较封闭，他们需要聚在一起打牌、聊天或者参加跳广场舞等集体活动，一起热闹热闹，以消除孤独寂寞感。此类较为频繁的人际交往、较多的邻里互动，使人际交往体现出血缘性和地缘性的特点，提高了老年人的归属感。对老年人而言，社会参与需求较多地体现为一种权利和情感的满足，通过参与社会活动，与他人保持联系，通过社会参与与他人互动，从而拓展自身的交际面。被尊重需求是指老年人渴望得到他人的尊重和爱戴。我国自古就有尊老、敬老

---

[83] 张岩松. 老年服务与管理人才队伍建设的研究与实践[M]. 北京：清华大学出版社，2014：13-18.

的传统，老年人被尊重的需求更为突出。自我实现需求是一种精神追求，一种价值方面的体现，在其他需求都基本得到满足后，才会出现这类更高层次的需求。一些老年人想从自身的兴趣出发学习各类新知识、掌握新技能或者完成年轻时未能完成的事情，从中得到自我的满足和他人的认可，满足自身自我实现的需要。

随着年龄的增长，老年人身体生理机能逐渐下降和衰退，以上各类型的服务需求会出现不同程度的变化，一般的生产型服务需求、提升型服务需求会下降，基础型服务需求会上升，最终进入到日常生活自理能力需求领域，从而需要他人的照护或社会的帮助。满足老年人基础型服务需求的供给侧主要来自社会支持和家庭支持。社会支持主要来源于两方面：一方面是老年人入住敬老院、养老院等养老机构集中养老，在那里得到养老服务人员的照护服务；另一方面是分散式的居家服务，即居家的老年人定时接受养老服务人员上门的照护服务。家庭支持主要是家庭成员给予老年人的照护服务，或者是家庭聘用养老服务人员为老年人提供一对一的照护服务。

四、养老服务模式分析

养老，就是在老人达到一定年龄，失去或部分失去劳动能力的时候，使老人获得物质上和经济上的必要的生活条件，并在生活上和精神上获得关心、照顾和帮助，受到经济上的供养、日常生活上的照料以及精神方面的慰藉。

当前，我国人口老龄化表现出速度快、老年人口规模大的特征，并出现了高龄化的趋势。由于计划生育政策的实施，我国"421"（一对独生子女结婚后，要承担四位老人的赡养和一个小孩的抚养）家庭增多，并且成为家庭结构的主流。这种家庭结构使养老面临很大的压力，家庭养老资源的供给在逐渐减少，而需求却在不断增长，这对我国传统的以家庭为核心支持力的养老模式提出了严峻的挑战。另外，机构养老模式又因为传统观念问题、收费问题、服务质量问题等难以在我国全面推行，这种矛盾导致我国家庭养老模式面临严峻的挑战，家庭养老被迫向社会化过渡，从而产生了社区居家养老模式。

采用怎样的养老服务模式应对未来日益严峻的人口老龄化形势是我国当前面临的一个重大现实问题。现就几种主要的养老服务模式进行介绍。

（一）家庭养老模式

家庭养老，即老年人居住在家庭中，主要由具有血缘关系的家庭成员对老人提供赡养服务的养老模式。

中华民族历来奉行尊老、养老的美德，这种优良传统与华夏文化已融为一体，成为文化传统的主要内容之一，并著称于世界。1982年，联合国大会批准《维也纳养老问题国际行动计划》时，秘书长瓦尔德海姆就提出"以中国为代表的家庭养老的亚洲方式，是全世界解决老年问题的榜样"。同时，尽管发达国家都建有一定数量条件良好的养老机构，但是居家养老仍然是绝大多数老年人首选的生活方式，即主流方式。据统计，各国选择居家养老的老年人占其总数的比例，英国为95.15%，美国为96.13%，瑞典为95.12%，日本为98.16%，菲律宾为83%，新加坡为94%，泰国为87%，越南为94%，印度尼西亚为84%，马来西亚为88%[84]。

---

[84] 李辉. 长春市城乡人口老龄化与老年社会保障问题研究[J]. 人口学刊，2006（4）：9-13.

我国是奉行家庭养老的国家，不仅历史上将"养儿防老"视为天经地义，即使进入现代社会，除少数无依无靠的孤寡老人依靠国家或者乡村集体供养外，家庭养老几乎仍然是所有中国人的自觉选择。在中国，90%的老人期望在家养老，在家养老的这种养老观念的主流地位至今仍未改变。家庭养老不仅体现在代际之间经济上和生活上的互惠互动，更重要的是体现了精神上的互相慰藉。然而，在生活节奏日益加快、工作竞争更加激烈的今天，随着人口老龄化的加剧，年轻人可用于照顾老人的时间和精力愈来愈少。同时，在传统观念更新的冲击下，年轻人照料老人的意识在逐渐淡化，传统的居家养老模式正经受着时代考验。

（二）机构养老模式

随着工业化进程的加快，社会结构的不断变迁，家庭的类型、规模、结构也发生了变化，家庭养老的传统养老模式开始受到挑战，而机构养老也日渐进入老年人养老的选择视野。

机构养老包括养老院和养老公寓。养老院模式提供住宿、用餐、医疗、活动、设施为一体的集中供养模式。养老院及养老公寓一方面节约子女照顾老年人的时间，另一方面，众多老年人一起生活，在很大程度上减少了他们的孤独感和无助感。生产力水平的不断提高、社会财富的不断累积，为建设社会养老保障体系提供了诸多的有利条件。而近年来养老院和养老公寓也得到了改善和增加，社会养老能力得到增强。然而，国家和政府办的养老院及养老公寓一般都远在郊区，交通十分不便。资源单一、数额有限又造成了机构数量少、规模小、收养人数有限的问题，服务和基础设施也并不令人满意。条件相对较好的收费又极高，做不到让每个老人都能住进养老院，只有自身条件较好或者子女条件较好的老年人才有机会和可能住进好的养老院，所以根本无法满足庞大的老年人群的需要[85]。

为解决未来人口老龄化时代一般性老人的养老需求，必须引入产业化发展观念，大力发展养老产业是解决养老问题的治本之策。养老产业是涵盖多个领域的综合体系，是由老年消费市场需求带动的新兴产业，是一项大有可为的新型社会事业。发展养老产业是解决社会养老需求的有效途径，是缓解老人养老的当务之急。中国养老产业起步晚，总体上看落后于老龄化的形势，现实中还存在着若干显性或隐性的问题。为推动养老产业在中国的新发展，就要在坚持养老产业基本理念的前提下，在创新和规范两个方面做出努力：创新就是要遵循市场规律，从老人的需求出发，做好市场开发，针对老年人群的特点，整合和开发养老产业的资源，为老年人提供特色化的产品和服务[86]；规范就是政府要从政策和制度上加大对养老产业的扶持和管理力度，保证老年用品和服务的质量，提高养老产业从业人员的职业化、专业化水平，使养老产业良性发展。

现阶段中国的养老产业面临着发展的最佳时机，国民经济的持续健康发展，城乡居民经济状况的改善，不断扩大的老年消费需求，为老年市场的发展提供了良好的社会、经济环境和无限的潜力。目前，中国许多省、市都不同程度地实现了养老产业化。

早在2001年，辽宁省政府就提出了"养老产业化"概念，鼓励社会力量投资到养老产业中来。为此，大连市民政局先行一步，率先向社会、国外招商引资，与大连现有的养老机构

---

[85] 刘彤. 我国养老模式探析 [J]. 经济研究导刊, 2012 (35)：46-47.

[86] 柴效武. 养老资源探析 [J]. 人口学刊, 2005 (2)：26-29.

联合建立了几个大型中高档养老院。北京东方太阳城高档社区代表着国内养老社区的崭新发展方向。杭州的金色年华退休生活社区创造了一种全新的养老生活模式。重庆市新增12家民营养老机构，加快了民营养老机构发展的步伐。苏州市把老年服务业作为"朝阳产业"积极扶持。产业化的引入为机构养老模式的发展注入了强劲的动力，成为解决家庭养老难等问题的一条比较有效的途径，这一点也得到了越来越多的人的认同。但是，它毕竟还是个新生事物，还存在着养老职能不完善、服务质量难尽人意等问题；同时养老机构自身也面临着资金和费用的困扰，而收费标准又使一些希望养老的老人望而却步，这些还需要全社会的共同努力来加以解决。

目前，我国存在养老机构地区发展不均衡，布局设置不合理，经营运作模式陈旧，服务水平参差不齐，养老服务设施、内容、质量和收费标准偏离社会及市场要求，入住率及投资回报率较低等问题。社会养老的功能和作用没有得到应有发挥和体现。

（三）社区居家养老模式

社区居家养老，是指老年人在自己家养老的同时，社会提供帮助，以居家照顾为主，以社区养老机构照顾为辅，以社区弥补家庭照顾的不足，支持和减轻家人照顾的压力的一种新型养老模式。这种养老模式的服务内容既能满足老年人的各种需求，实现老有所养、老有所医、老有所乐、老有所学、老有所教，使老年人在自己熟悉的社区环境里生活，不会产生陌生感、孤独感和被抛弃感，还能减轻儿女负担，又有利于老年人的身心健康，是新型的适应老龄化社会的养老模式，是适合我国国情的社会化养老模式。虽然传统的家庭养老模式和机构养老模式在我国社会养老事业中都发挥着非常重要的作用，但随着我国市场经济的不断发展，这两种养老模式作用的发挥越来越受到其自身运行机制以及其他的社会因素的制约。而社区居家养老则是取其两者的优势，将其完美结合，充分利用社会资源来弥补家庭养老及社会养老的不足，更好地解决养老这一社会性问题[87]。

国际组织和学术界极力主张大力发展社区助老福利服务事业，为居家养老的老年人提供全方位的服务。早在1982年，《维也纳养老问题国际行动计划》强调："社会福利服务应以社区为基础，向老年人提供预防性、补救性和发展方面的服务。"中国的人口及社会学专家也认为，在家庭养老功能不断弱化的形势下，应大力发展机构养老，但现阶段机构养老还存在资金不足、技术缺乏、管理不完善、人们的认可度低等问题。而且中国作为发展中国家骤然进入老龄化社会，以经济社会发展水平决定的社会保障、服务系统不可能很快接纳和解决几亿老人的生活服务、护理乃至赡养问题。为此，解决家庭养老助老的职能问题最好的办法就是依靠社区。即让老人留在他所熟悉的环境里，在继续得到家人照顾的同时，由社区来提供家庭力所不能及的帮助以及各种服务。实践证明，将社区福利服务引入居家养老模式是一种非常适合中国现阶段国情的居家养老模式的新补充和新发展。

从1997年开始，上海市民政局与信息港办公室合作，共同建设名为"88547"（拨拨我社区）的社区服务网，为老人提供全方位社区服务信息，支撑它的是市区街道居委会各级社区服务中心和各种老年活动室、老年茶室、敬老院、老年医疗咨询室、老年法律和托老所、家庭病床、老年互助组、老年食堂、老年浴室等。北京的潘家园街道，从1997年起在全国率先建立了具有家政服务、医疗救护和治安报警三大功能的社区综合服务呼叫网络。当老人

---

[87] 刘彤. 我国养老模式探析[J]. 经济研究导刊，2012（35）：46-47.

们需要上门急诊、家电维修、送货送饭或是治安等方面的帮助时，只需按一下终端电钮，就会享受到服务或紧急救助。

2002年，大连市沙河口区民权街道推出了"居家养老院"的社区养老福利服务形式。"居家养老院"立足社区，利用老人现有的住房，把养老院建立在老人家里，充分调动辖区内的下岗失业女工，对其进行相应培训，使其成为标准的养护员，在老人家里上岗，把养老服务送到老人家里[88]。这种社区养老模式一方面满足了大多数老人在家养老的需求，另一方面又提供了大龄下岗失业人员的就业岗位，是一项深得民心的德政工程，同时也是中国居家养老与社区福利服务形式结合上的一个新创举。这些养护员一般住在老人家附近，与老人之间有一种天然的亲和力，在实施照顾上有一种机构养老所无法比拟的优越性。

由于社区居家养老模式是一种新兴发展起来的模式，服务层次比较低端，各项服务还不完善。具体表现在以下五个方面[89]。

第一，作为新兴的模式，在宣传和推广上略显欠缺。受到中国传统观念的影响，很多老年人无法改变"养儿防老"的传统想法，无法接受这种新的养老方式。

第二，资金紧张，基础设施无法配备全面。社区很难争取到政府的资助，又无法利用社会力量募集资金。

第三，社会义工志愿者很难招募。对于这种不太具备社会影响力的模式，社会义工志愿者可能无法得到相关信息，从而提供服务。而且很多时候参与服务的人员没有经过专业的培训和学习，在服务上存在漏洞及误区。

第四，法律法规不健全、不完善。我国扶持民间养老组织发展的优惠政策、民间资本如何进入社区养老服务等相关规定明显缺失。

第五，服务内容单一，服务体系不健全。目前的社区养老服务实际提供的项目较单一，尤其是专业化服务项目较少，医疗护理、心理咨询、临终关怀等专业化服务迫切需要开展。

中国的家庭养老已经陷入困境，但又不可能彻底放弃这一传统；中国的老年人既对超越家庭之外的社会力量有日益强烈的需求，又不可能完全接受机构养老的方式。在人口老龄化加速的进程中，家庭规模急剧缩小、人口流动日益频繁及人们的家庭观、就业观的变化，共同弱化了对老年人生活的照料，它不仅在事实上已经降低了许多老年人的生活质量，而且在一些地方还出现了老年人因缺乏照料而自杀或者死在家中未被及时发现的极端个案。因此，经济保障虽然重要，但要解决老年人的后顾之忧，更应重视照顾他们的日常生活，并为其提供相关社会服务，大力发展网络服务、上门照料服务、日托服务、全托服务、活动中心服务、志愿者服务、时间储蓄等多种多样的社区居家养老服务是明智之举。

（四）医养结合养老模式

作为一种新型的健康养老服务模式，医养结合养老模式是我国养老服务的发展方向和老龄化的基本要求。它对满足老年人养老中的医疗需求，提升养老服务的整体水平，推进养老服务模式的创新都有着非常积极的意义。

---

[88] 刘晶. 城市社区生活不能自理老人居家养老生活质量评估指标体系探索 [J]. 人口学刊，2005（1）：22-27.

[89] 刘彤. 我国养老模式探析 [J]. 经济研究导刊，2012（35）：46-47.

1. 我国"医养结合"养老模式的政策发展沿革

不同于传统的养老模式,"医养结合"打破了原有养老服务体系管理制度的秩序,多元化的责任主体、复杂化的业务整合、深层次的产业融合都要求国家在顶层设计进行优化、统筹规划、加强统一领导,从全局上为"医养结合"模式发展指明发展方向。2013年9月,国务院颁布《关于加快发展养老服务业的若干意见》,文件要求推动医疗卫生与养老服务相结合,并作为贯彻落实我国基本养老服务业的重大任务之一。这一文件为我国养老服务体系发展注入新的活力,在我国"医养结合"政策发展史上具有重要的里程碑意义,也被誉为是"医养结合"政策的原点[90]。2014年6月,国家发展和改革委员会联合财政部、民政部等九部门联合发布《关于组织开展面向养老机构的远程医疗政策试点工作的通知》,正式提出"医养结合"的表述。2015年3月,国务院办公厅印发《全国医疗卫生服务体系规划纲要(2015—2020年)的通知》,正式明确"医养结合"的概念,在文件中单列出专门篇幅对发展社区健康养老服务、推动养老机构与医疗机构合作等方面提出要求,制定专项规划,重点统筹医疗服务和养老服务资源,打造集"养老、医疗、护理、保健"于一体的健康养老服务网络,推动"医养产业"向纵深化发展。2016年5月,国家卫计委办公厅联合民政部发布《关于遴选国家级医养结合试点单位的通知》,启动国家级医养结合试点工作。2017年11月,国家卫计委办公厅印发《"十三五"健康老龄化规划重点任务分工的通知》,将医养结合作为实施健康中国老龄化战略的重点项目,加快研究制定老年人健康分类、分级标准,大力建设一批符合要求的医养结合服务示范基地,进一步明确医养结合的工作重点、负责单位与协调机制。2019年9月5日,国家卫健委、财政部、国家中医药管理局联合发布《关于做好2019年基本公共卫生服务项目工作的通知》,将原属于重大公共卫生服务和计划生育项目中的医养结合、老年健康服务卫生应急等内容纳入基本公共卫生服务[91]。

2. 医养结合养老模式的内涵

"医养结合"中"养"的概念比较清晰,主要是指清洁、饮食、排泄、移动等生活照料服务,精神慰藉服务,文化娱乐活动服务,等等。"医养结合"中"医"的概念则比较模糊。一些人认为,"医养结合"中的"医"是指大病诊治、危急重症诊疗、简单的开药或者看"感冒、发烧、肚子疼"。大病诊治和危急重症诊疗虽然也是患病老年人的刚需,但是这两类医疗服务高度依赖于医护人力资源,有较强的技术壁垒,因此应该是大型医疗机构的服务内容。养老机构即使建起了大楼,没有专业的医护人员,也无法提供。而现有大型医疗机构的医疗资源接纳危急重症患者已经非常紧张,无暇再顾及养老。因此,大病诊治和危急重症诊疗不应该成为"医养结合"中"医"的重点。此外,简单的开药或者看"感冒、发烧、肚子疼"确实是医养结合应该提供的服务内容,参与主体是社区卫生服务中心或养老机构内设医务室等基层医疗机构。但是这只是医养结合服务中最基本的诊疗服务,也不应该成为"医养结合"中"医"的重点。基于医养结合相关政策及背景分析,医养结合的服务内容不仅限于传统的一般性生活照料,而是"医、养、护、康"四位一体。因此,从老年人需求出发,综合考虑构建医养结合服务模式的可行性,医养结合中的"医"关注的重点应该是现有的医疗卫生服务体系不愿意或者没时间做,而个人及其家庭做不了的院前预防以及院后康复及长期照护等健康服务内容。也就是说,医养结合本质是

---

[90] 张涛,张华玲,褚湜婧,等.我国医养结合政策发展历程分析[J].中国医院,2018(06):35-38.
[91] 黄茂盛.我国"医养结合"养老模式存在的问题及对策研究[J].就业与保障,2020(12):166-167.

健康服务与传统养老服务的结合,而健康不仅仅是单纯的医疗或诊疗,因此,医养结合中的"医"也不是单纯的医疗或诊疗,医养结合不是很多人理解的简单的医院加养老院的模式。总的来说,医养结合应该是包含院前的健康管理与预防保健、针对疾病的诊疗性医疗服务、急性期出院后的康复理疗、长期照护以及安宁疗护等内容的全方位综合性服务模式和服务体系。"医"与"养"二者,或者说健康服务与养老服务二者,应深度融合。尤其是鉴于祖国传统医学"天人合一"的整体观及"不治已病治未病"的理念,医养结合的健康服务,应该关注中医适宜技术(拔罐、刮痧、按摩、艾灸、砭术等适宜推广的技术)、中医体质评估调理、导引养生术等在预防、保健、养生、慢病管理以及康复理疗等老龄服务领域中的应用和推广[92]。

通过上述医养结合养老服务新模式,将"医""养"结合,将健康服务与养老服务深度融合,可极大地满足老年人对医、养、康、护一体化服务的需求,实现健康老龄化。

3. 医养结合养老服务的实践模式

为了确保通过医养结合养老服务模式为老年人提供全方位细致周到的服务,使老年人晚年生活更加舒心,目前,我国医养结合养老服务实践模式可以归纳为以下几种模式。

(1)医疗机构拓展养老服务模式。医疗机构拓展养老服务模式主要分为两类。一类是规模较小、医疗水平相对较低而空床率相对较高的医疗机构,通过拓展养老服务功能实现医养结合,逐步向康复医院或护理医院转变[93]。这类方式解决了相当一部分慢性病老年人拖占床位的问题,在一定程度上缓解了大型综合医院人满为患的压力。另一类是三甲医院和大型综合医院通过增设老年科室、养老病房等服务设施,开展医养结合服务,在强化医疗功能的基础上拓展养老服务功能,在提供医疗服务的基础上增加养老照护功能[94]。

(2)养老机构增设医疗服务模式。当下我国的养老机构还没有实现医疗资质的全覆盖,养老机构增设医疗服务,满足老年人的医疗需求,获得医疗资质是关键[95]。2014年,国家卫计委大幅度调整养老机构增设医务室、护理站、相关照护人员及设备的资质审批标准,以鼓励有条件的养老机构开展相关的医疗服务。以此为契机,一些养老机构设立了老年康复训练馆、诊室、输液室、CT室、检验科、疗区病房科室等,并定期聘请职业医师指导老年人康复,为新入院老年人进行全面体检,建立老年人健康档案,配备健身康复器材,以提高为老服务的针对性,提升医养结合的有效性。

(3)医疗机构与养老机构合作模式。医疗机构与养老机构建立合作关系是当前比较普遍的现象,也是国家鼓励和倡导的模式。这种模式主要由不具备养老条件的医疗机构和没有医疗资质的养老机构合作组建,二者之间通过相互购买服务的方式建立合作关系,实现资源有效配置。这种模式节省了投资成本,减少了审批时间,同时也降低了双方因合作而产生的风险。

(4)医疗机构与社区家庭合作模式。居家养老是我国最主要、最基本的养老方式,但居家养老所遇到的最大障碍是医疗问题。由于医疗的特殊性以及我国目前的医疗技术水平,针

---

[92] 臧少敏. 医养结合养老服务模式解析 [J]. 北京劳动保障职业学院, 2018 (2): 41-43.

[93] 刘清发, 孙瑞玲. 嵌入性视角下的医养结合养老模式初探 [J]. 西北人口, 2014 (6): 94-97.

[94] 严妮. 城镇化进程中空巢老人养老模式的选择: 城市社区医养结合 [J]. 华中农业大学学报: 社会科学版, 2015 (4): 22-28.

[95] 耿爱生. 养老模式的变革取向: "医养结合"及其实现 [J]. 贵州社会科学, 2015 (9): 101-107.

对家庭的医疗服务主要依靠社区和医院提供。一般城市社区设有医疗服务中心，单独或者与周边医疗机构合作，为居家养老者提供医疗和康复服务。社区医疗服务中心一般由政府和企业联合组建，委托专业团队进行管理，设有健康门诊、药房、康复室、心脏彩超室等，并配备大型综合性医院专家出诊，免费为社区老人提供医疗服务，定期进行健康检查指导。一些社区还通过推行家庭医生制度，为社区内的老人提供上门服务。[96]

以上述几种主要的养老服务模式为基础，根据老年人的养老意愿和需求，结合自身实际情况，近年来在我国还出现了旅游养老、互助养老、抱团养老、以房养老、异地养老、乡村养老等多种新型的养老模式，随着我国养老服务业的发展，更多的养老服务模式将会不断涌现，以更好地满足亿万老年人的养老服务需求。

---

[96] 于潇，包世荣. 健康中国背景下医养结合养老模式研究 [J]. 社会科学战线，2018（6）：271-275.

第三章　养老服务技术技能

无论哪一行，都需要职业的技能。天才总应该伴随着那种导向一个目标的有头脑的不间断的练习，没有这一点，甚至连最幸运的才能，也会无影无踪地消失。

——[法国] 德拉克洛瓦

用细心、爱心、耐心为老人构筑爱巢，用所知、所学、所能为老人营造温馨。

——全国首创大连职业技术学院老年服务与管理专业学生感言

老年人的各种基本服务技能在养老工作与实践中尤为重要。本章从老年人的生活照料技能、常用护理技术、康复护理技能、心理护理技能四方面展开，介绍各种实践操作方法与相关理论知识。

第一节　老年人生活照料技能

一、清洁照料

身体清洁能够促进老年人的生理及心理健康，是老年人护理中非常重要的一部分。清洁卫生能够使老年人身心愉悦，预防疾病的发生。本节将从口腔清洁、头发清洁、皮肤清洁三方面介绍为老年人进行身体清洁的方法及相关知识。

项目一 口腔清洁

（一）实践任务

实践任务一：协助老年人漱口。

操作步骤：

1. 工作准备

（1）环境准备：室内清洁、安静、舒适。

（2）护理员准备：服装整洁，摘除配饰，修剪指甲，洗净双手。

（3）老人准备：取坐位或卧位。

（4）物品准备：水杯、漱口水、吸管、弯盘、毛巾、润唇膏等。

2. 解释沟通

在老人进食后，向老人解释漱口目的和注意事项，取得配合。

3. 摆放体位

（1）健康老人可采取床旁坐位或床上坐位。

（2）不能自理的老人取侧卧位，抬高床头30°，头偏向护理员。将毛巾铺在老人颈下及胸前，弯盘放置口角旁。

4. 协助漱口

水杯内盛 2/3 满的漱口水，递至老人口角旁，嘱老人用吸管吸引漱口水至口腔后闭紧双唇，用一定力量鼓动双颊，使漱口水在牙缝内外来回流动冲刷。倾吐漱口水至口角边的弯盘中，反复多次直至口腔清爽。注意每次含漱口水的量不可过多，避免发生呛咳或误吸。用毛巾擦干口角的水痕，必要时涂抹润唇膏。

5. 整理用物

整理床单位，清理用物，放回原处。

实践任务二：协助老人刷牙。

操作步骤：

1. 工作准备

（1）环境准备：室内清洁、安静、舒适。

（2）护理员准备：服装整洁，摘除配饰，修剪指甲，洗净双手。

（3）老人准备：取坐位或卧位。

（4）物品准备：牙刷、牙膏、水杯、漱口水、毛巾、脸盆、润唇膏等。

2. 解释沟通

在老人进食后，向老人解释刷牙目的和注意事项，取得配合。

3. 摆放体位

老人取半卧位或坐位，将毛巾铺于老人胸前，放置脸盆。

4. 指导刷牙

在牙刷上挤好牙膏，水杯中盛 2/3 满的漱口水。递给老年人水杯及牙刷，嘱老人身体前倾，先漱口，刷牙齿的内、外面时上牙应从上向下刷，下牙应从下向上刷，咬合面应从里向外旋转着刷。刷牙时间不少于 3 分钟。嘱老人刷牙时动作轻柔，以免损伤牙龈。刷牙完毕协助老年人漱口。用毛巾擦净老年人口角水痕。必要时涂擦润唇膏。

5. 整理用物

撤去用物。协助老年人摆舒适体位。整理床单位，清理用物，放回原处。

任务三：为卧床老人进行口腔护理。

操作步骤：

1. 工作准备

（1）环境准备：室内清洁、安静、舒适。
（2）护理员准备：服装整洁，摘除配饰，修剪指甲，洗净双手。
（3）老人准备：取卧位。
（4）物品准备：治疗盘、无菌大棉签、水杯、漱口水、吸管、弯盘、毛巾、压舌板、润唇膏等。

2. 解释沟通

在老人进食后，向老人解释口腔护理的目的和注意事项，取得配合。

3. 摆放体位

老人取侧卧位，抬高床头 30°，头偏向护理员。将毛巾铺在老人颈下及胸前，弯盘放置口角旁。

4. 擦拭口腔

将棉棒用漱口液浸湿，一根棉棒擦拭口腔一个部位，不可反复使用。擦拭顺序：湿润口唇；嘱老年人牙齿咬合，擦拭牙齿外侧面（由内向外纵向擦拭至门齿）；嘱老年人张口，依次擦拭牙齿内侧面（由内向外纵向擦拭至门齿）、咬合面（由内向外螺旋擦拭）、两侧颊部（弧形擦拭）、上腭（由内向外"Z"形擦拭）、舌面（由内向外"Z"形擦拭）、舌下（"U"形擦拭）。注意每次张口时间不宜过长，以免导致老人疲劳；擦拭上腭及舌面时位置不宜过深，以免引起恶心。嘱老年人张口，检查是否擦拭干净。用毛巾擦干口角的水痕，必要时涂抹润唇膏。

5. 整理用物

撤去用物。协助老年人摆舒适体位。整理床单位，清理用物，放回原处。

（二）相关知识

1. 老年人口腔清洁的标准

世界卫生组织认为老年人口腔里应保证有 20 颗以上牙齿，才能够维持口腔健康功能的需要。世界卫生组织制定的牙齿健康标准是：①牙齿清洁；②没有龋齿；③没有疼痛感；④牙龈的颜色是正常的粉红色；⑤没有出血的现象。

2. 正确选择和使用口腔清洁的工具

牙刷是清洁口腔的必备工具，选择时应尽量选用刷头较小且表面平滑、刷柄扁平而直、刷毛质地柔软且疏密适宜的牙刷。不可使用已磨损的牙刷或硬毛牙刷，不仅清洁效果欠佳，且易导致牙齿磨损及牙龈损伤。牙刷在使用间隔应保持清洁和干燥，至少每隔三个月更换一次。牙膏可根据需要选择含氟或药物牙膏等无腐蚀性牙膏，以免损伤牙齿。漱口水可选用温开水、生理盐水、1%～3%过氧化氢溶液。

3. 义齿的清洁

牙齿缺失的老年人可通过佩戴义齿促进食物咀嚼，维持良好个人外观。日间佩戴义齿，会积聚食物碎屑，故应在餐后取下义齿进行清洗，其清洗方法与刷牙法相同。夜间休息时，应将义齿取下，使牙龈得到充分休息，防止细菌繁殖，并按摩牙龈。当老人不能自行清洁口腔时，护理员应协助老人完成义齿的清洁护理。取下的义齿应浸没于贴有标签的冷水杯中，每日换水一次，或放入含有义齿清洁剂的清洁杯中。注意勿将义齿浸于热水或乙醇中，以免变色、变形及老化。佩戴义齿前，应协助老人进行口腔清洁，并保持义齿湿润以减少摩擦。

项目二　头发清洁

（一）实践任务

实践任务一：为老人梳头。

操作步骤：

1. 工作准备

（1）环境准备：室内清洁、安静、舒适。
（2）护理员准备：服装整洁，摘除配饰，修剪指甲，洗净双手。
（3）老人准备：取坐位或卧位。
（4）物品准备：梳子、30%酒精、毛巾等。

2. 解释沟通

向老人解释梳头目的和注意事项，取得配合。

3. 摆放体位

坐位的老人将毛巾铺在肩上。卧位的老人把头偏向一侧，毛巾铺在枕头上。

4. 协助梳头

将头发从中间梳向两边，正常梳理时由头发根梳向发梢，但如遇长发或打结时，可用30%酒精湿润后，再小心梳顺，避免强行梳拉而造成疼痛，一侧头发梳理好之后，帮助老年人将头偏向另一侧，用同法梳理另一边。撤去毛巾。

5. 整理用物

撤去用物。协助老年人摆舒适体位。整理床单位，清理毛巾及梳子上脱落的头发，清洁后放回原处。

实践任务二：为老人床上洗头。

操作步骤：

1. 工作准备

（1）环境准备：室内清洁、安静、舒适，调节室温至24～26℃。

（2）护理员准备：服装整洁，摘除配饰，修剪指甲，洗净双手。

（3）老人准备：取卧位。

（4）物品准备：梳子、洗发液、无菌棉球、无菌纱布、脸盆、床上洗头器、毛巾、热水壶（内盛40～45℃温水）、污水桶、电吹风等。

2. 解释沟通

评估老人身体情况，向老人解释洗头目的和注意事项，取得配合。

3. 摆放体位

关闭门窗，去枕仰卧位，在老人颈部围上毛巾，防止打湿衣领。在头下放置床上洗头器，将排水管放于污水桶内。

4. 协助洗头

将棉球塞于老年人外耳道，防止洗发过程中水流入耳内；用纱布盖于老年人眼睛上，防止水溅入眼内［如图3-1（a）］。用水壶缓慢倾倒温水润湿老年人头发，询问老人水温是否合适并及时进行调节［如图3-1（b）］。将洗发液倒于手掌中揉搓至有泡沫后，涂于老年人头发上［如图3-1（c）］，双手十指指腹揉搓头发、按摩头皮，力量要适中，方向由发际向头顶部［见图3-1（d）］。

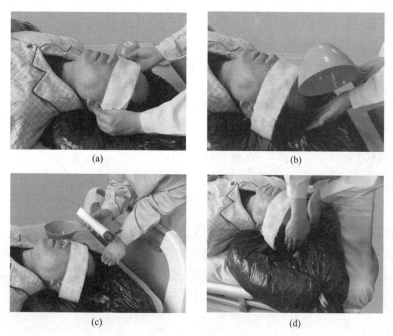

图3-1 床上洗头法

冲洗泡沫时一手持水壶缓慢倾倒温水,一手揉搓头发至洗发液全部冲净。取颈肩部毛巾包裹头部,摘掉纱布及棉球,撤去简易洗头器。擦干面部及头发,将枕头垫于老年人头下。必要时用吹风机吹干头发,防止老年人着凉。将头发梳理整齐。操作时动作应轻快,减少老年人疲劳,洗发过程中随时观察并询问老年人有无不适,遇到问题及时处理。

5. 整理用物

撤去用物。协助老年人至舒适体位。整理床单位,清理毛巾及梳子上脱落的头发,清洁后放回原处。

(二) 相关知识

1. 头发清洁的观察要点

为老人洗发时应注意观察老人头发的分布、疏密、长度、颜色、韧性与脆性及清洁状况;观察头发有无光泽、发质是否粗糙及尾端有无分叉;观察头皮有无头皮屑、抓痕、擦伤及皮疹等情况,并询问老人头皮有无瘙痒。健康的头发应清洁、有光泽、浓密适度、分布均匀;头皮应清洁、无头皮屑、无损伤。

2. 头发清洁的频率

干性发质的老年人在夏季可以4~5天洗发一次,在秋冬季可以7~10天洗发一次;油性发质的老年人在夏季1~2天洗发一次,春秋季可以2~3天洗发一次,在冬季可以每周洗发一次。

项目三 皮肤清洁

(一) 实践任务

实践任务一: 为老人洗脸、洗手。

操作步骤:

1. 工作准备

(1) 环境准备:室内清洁、安静、舒适。
(2) 护理员准备:服装整洁,摘除配饰,修剪指甲,洗净双手。
(3) 老人准备:取坐位或卧位。
(4) 物品准备:脸盆、毛巾、温水、香皂或洗面奶、面霜、护手霜、剃须刀等。

2. 解释沟通

向老人解释洗脸、洗手目的和注意事项,取得配合。

3. 摆放体位

坐位的老人将毛巾铺在胸前。卧位的老人将毛巾铺在胸前及枕头上。

4. 协助洗脸、洗手

将毛巾浸入装有温水的脸盆里(以前臂内侧测试温度,不烫为宜),拧至不滴水,用毛巾的四个角分别擦洗双眼的内眼角和外眼角,嘱老人闭眼,防止水流入老人眼中,依次擦

养老服务理论与实践

拭额部、鼻部、两颊、耳后、颈部（额部由中间分别向两侧擦洗，鼻部由上向下擦洗，面颊由鼻唇、下巴向左右面颊擦洗，颈部由中间分别向两侧擦洗），再用洗面奶或香皂擦洗脸部，用清水反复清洗毛巾后擦净面部。老年男性应协助其剃去胡须，注意不要刮伤老人皮肤。将老人面部擦干，涂抹面霜保湿。

将老人双手浸入脸盆温水中，涂抹香皂，逐一搓洗手掌、手背、手指、指缝、指甲，放入温水中洗净泡沫，用毛巾擦干，涂护手霜。必要时为老人修剪指甲。

5. 整理用物

撤去用物。协助老年人摆舒适体位。整理床单位，物品清洁后放回原处。

实践任务二：为老人洗脚。

操作步骤：

1. 工作准备

（1）环境准备：室内清洁、安静、舒适。
（2）护理员准备：服装整洁，摘除配饰，修剪指甲，洗净双手。
（3）老人准备：卧位。
（4）物品准备：脚盆、毛巾、温水、香皂、身体乳、橡胶单等。

2. 解释沟通

向老人解释洗脚目的和注意事项，取得配合。

3. 摆放体位

协助老人取屈膝仰卧位，将裤管向上拉至膝部，足下垫橡胶单，以防打湿床单。

4. 协助洗脚

一手抬起老人的小腿，一手将装有温水的脚盆放于橡胶单上，将老人的双足浸入温水中（水温40～45℃为宜），涂抹香皂，逐一搓洗脚掌、脚背、脚趾、趾缝、趾甲，放入温水中洗净泡沫，用毛巾擦干，涂身体乳。必要时为老人修剪脚趾甲。

5. 整理用物

撤去用物。协助老年人摆舒适体位。整理床单位，物品清洁后放回原处。

实践任务三：协助老人淋浴。

操作步骤：

1. 工作准备

（1）环境准备：室内清洁、安静、舒适，调节室温至24～26℃。
（2）护理员准备：服装整洁，摘除配饰，修剪指甲，洗净双手。
（3）老人准备：排泄完毕。
（4）物品准备：淋浴设施、毛巾、浴巾、香皂或浴液、洗发水、清洁衣裤、梳子、洗澡椅、防滑垫、面霜、身体乳、电吹风等。

2. 解释沟通

评估老人身体状况，向老人解释淋浴目的和注意事项，取得配合。

3. 摆放体位

地面铺防滑垫,搀扶老人至浴室,协助老人脱去衣裤,坐于洗澡椅上。

4. 协助洗浴

打开水龙头,先开冷水再开热水,用前臂内侧测试水温(水温 40～45℃为宜),从足部开始向老人身上淋水,询问水温是否适宜(见图3-2)。洗浴的顺序为头发、面部、耳后、颈部、双上肢、胸腹部、背臀部、双下肢、会阴、足部。涂抹浴液后用花洒将全身清洗干净,用毛巾包裹头发,用浴巾包裹身体。将老人身体擦干后涂抹身体乳,协助老人穿上干净衣裤,搀扶老人回到房间。

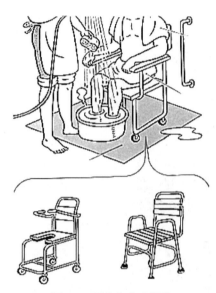

图3-2 帮助老人洗淋浴

5. 整理用物

撤去用物。协助老年人摆舒适体位。整理床单位,物品清洁后放回原处。

实践任务四:为卧床老人床上擦浴。

操作步骤:

1. 工作准备

(1)环境准备:室内清洁、安静、舒适,调节室温至 24～26℃。

(2)护理员准备:服装整洁,摘除配饰,修剪指甲,洗净双手。

(3)老人准备:排泄完毕。

(4)物品准备:水盆3个(身体、脚、会阴各用1个)、毛巾、方巾、浴巾、浴液、橡胶单、干净衣裤、热水壶、污水桶、身体乳、软垫等。

2. 解释沟通

评估老人身体状况,向老人解释床上擦浴目的和注意事项,取得配合。

3. 摆放体位

老人取仰卧位,关闭门窗,遮挡屏风。

4. 协助擦浴

（1）脸部：浴巾铺在胸前，方巾浸湿后拧干，嘱老人闭眼，擦拭内外眼角，方巾涂抹浴液，擦拭额头中央至两侧—鼻梁至鼻翼—面部中央至两颊侧—下颌中央至两侧—耳廓—耳后—颈前至两侧，将方巾清洗干净，同法擦净脸上浴液，用浴巾擦干水，涂面霜。注意动作轻柔，不要将浴液弄到老人眼睛里。

（2）上肢：脱去上衣，暴露近侧手臂，浴巾半铺半盖，方巾涂浴液，擦拭手背—前臂外侧—肘关节—上臂外侧—肩关节—掌心—前臂内侧—肘窝—上臂内侧—腋窝，将方巾清洗干净，同法擦净浴液，用浴巾擦干水。同法擦洗对侧上肢。

（3）胸部：被子折至腹部暴露胸部，用浴巾覆盖，由上至下擦拭胸部及两侧，注意腋窝及老年女性的乳房。擦拭过程中观察老人反应，如出现面色苍白、寒战等情况，立即停止操作，保暖，告知医生。

（4）腹部：被子折至大腿，用浴巾覆盖，擦拭腹壁至腹股沟及两侧。

（5）背部：协助老人翻身侧卧，被子折至暴露背臀部，盖浴巾，由腰骶部螺旋向上沿脊柱两侧擦拭，环形擦洗臀部。观察老人骶尾部皮肤是否完好，有无压疮，必要时可用50%酒精进行按摩。用浴巾擦干，上半身涂身体乳。穿干净衣服，双手抱住衣角。及时换水及调节水温。

（6）下肢：脱去裤子，暴露近侧下肢，铺浴巾，屈膝，擦拭外踝—小腿外侧—膝关节外侧—大腿外侧—髋关节—内踝—小腿内侧—膝关节内侧—大腿内侧—腹股沟—足跟—小腿下侧—腘窝—大腿下侧—臀下。用同法擦洗对侧下肢（见图3-3）。

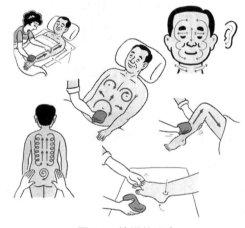

图3-3 擦浴的顺序

（7）足部：被子包裹下肢，膝下放置软垫，换水盆，双足放入水盆，用专用毛巾擦洗足部，注意清洁趾缝，用浴巾擦干。

（8）会阴：臀下垫护理垫，更换水盆，用专用毛巾由上向下清洗女性阴阜—尿道口—阴道口—肛门—两侧腹股沟；男性尿道外口—阴茎—包皮—阴囊—腹股沟—肛门。撤去护理垫，双腿、双足涂身体乳，更换新裤子。

5. 整理用物

撤去用物，拉开屏风。协助老年人至舒适体位，盖好被子。整理床单位，物品清洁后放回原处。

（二）相关知识

1. 皮肤清洁的原则

无论老人采取何种洗浴方式，均应遵循以下原则：

① 提供私密空间。关闭门窗或拉上屏风。若为老人擦浴时，只暴露正在擦洗的部位，注意适时遮盖身体其他部位，保护老人隐私。

② 保证安全。洗浴区域配备必要的安全措施，如防滑地面、扶手等；在离开老人床单位时，需安放床栏。

③ 注意保暖。关门窗，控制室温，避免空气对流。皮肤潮湿时，空气对流易导致热量大量散失。洗浴过程中尽量减少老人身体暴露，避免老人着凉。

④ 提高老人自理能力。鼓励老人尽可能参与洗浴过程，根据需要给予协助。

⑤ 预测老人需求。事先将换洗的清洁衣服和卫生用品置于老人床边或浴室内。

2. 洗浴的频率和时间

洗浴频率应根据体力活动强度、是否出汗、个人习惯以及季节和环境变化特点适当调整。老年人因代谢活动低下和皮肤干燥，洗浴频率不宜过频，每周 1～2 次为宜。出汗较多者，经常洗浴并保持皮肤干燥可防止因皮肤潮湿而致的皮肤破损；皮肤干燥者，应酌情减少洗浴次数，并涂抹润肤霜进行保湿。洗浴方式取决于老人的年龄、活动能力、健康状况及个人习惯等。

洗浴时间控制在 15 分钟左右，时间不宜过长。空腹、饱食、酒后以及长时间体力或脑力活动后不宜马上洗浴，以防意外发生。洗浴的过程中应密切观察老人的反应，如出现面色苍白、寒战、头晕等情况时应立即停止，协助老人休息，及时报告医护人员。

二、饮食照料

为了维持人体的健康，饮食和营养是最基本的需要。合理的饮食可以维持机体的各项生理功能，促进组织的修复，提高机体免疫能力。不合理的饮食可引起人体各类营养物质的失衡，容易导致疾病的发生。随着年龄的增加，老年人的消化及代谢能力都有所下降，如牙齿脱落、吞咽能力下降、消化液分泌减少、胃肠道蠕动减慢，使机体对营养的吸收利用率下降。因此，掌握饮食及营养的相关知识，正确评估老人的营养状况，采取适宜的方法给予饮食，对老人的身体健康维持及改善有极大的作用。

（一）实践任务

实践任务一：协助老年人饮水。

操作步骤：

1. 工作准备

（1）环境准备：室内清洁、安静、舒适、无异味。

（2）护理员准备：服装整洁，摘除配饰，修剪指甲，洗净双手。

（3）老人准备：取坐位或半卧位。

（4）物品准备：水杯、吸管或汤匙、毛巾、润唇膏等。

2. 解释沟通

提醒老人饮水,评估老人吞咽情况,解释进水时需要配合的动作,取得老人配合。

3. 摆放体位

老人可取坐位,不能自理老人取半卧位,抬高床头 30°,头偏向护理员。将毛巾铺在老人颈下及胸前。

4. 协助饮水

水杯内盛 2/3 满的温开水,用前臂内侧测试水温(以不烫为宜)。对有能力自己饮水的老人鼓励其手持水杯或借助吸管饮水,嘱其身体微向前倾,小口饮用,以免呛咳。不能自理的老人可将吸管递至其嘴角,嘱其小口饮用(见图 3-4);或用汤匙喂水,每次盛 1/2 满的水为宜,注意等待老人下咽之后再喂下一口,不要磕碰老人牙齿或对牙床造成损伤。

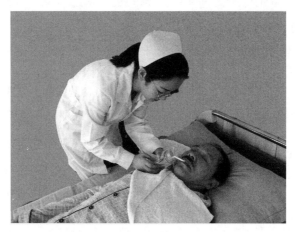

图 3-4　用吸管喂老人喝水

5. 整理用物

整理床单位,清理用物,放回原处。

实践任务二:协助老年人进食。

操作步骤:

1. 工作准备

(1)环境准备:室内清洁、安静、舒适、无异味。
(2)护理员准备:服装整洁,摘除配饰,修剪指甲,洗净双手。
(3)老人准备:取坐位或半卧位。
(4)物品准备:食物、餐具、水杯、吸管或汤匙、毛巾、餐巾纸、移动式餐桌等。

2. 解释沟通

向老人说明进食时间及食物种类,评估老人吞咽情况,询问有无特殊要求,取得配合。

3. 摆放体位

老人可取坐位,卧床老人取半卧位,抬高床头 30°～45°,头偏向护理员,背后及腿下用靠垫进行支撑。将毛巾铺在老人颈下及胸前。在老人身前摆移动式餐桌并固定稳妥。

4. 协助进食

将准备好的食物盛入老人的餐具，按顺序依次摆放在餐桌上（见图3-5）。

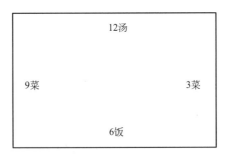

图 3-5　食物放置平面图

（1）上肢活动正常的老人。鼓励老人自行进餐，指导其身体前倾靠近餐桌，头稍下垂，叮嘱老人细嚼慢咽，以免呛咳。

（2）上肢活动障碍的老人。由护理员进行喂食，用前臂测试温度。进食前可先让老人用吸管喝一小口温水湿润口腔，促进胃液分泌。喂餐时使用汤匙，每次盛1/2满的食物为宜，主食副食交替喂，注意等待老人下咽之后再喂下一口，不要磕碰老人牙齿或牙床以免造成损伤。如出现呛咳、噎食情况应立即进行急救并通知医护人员。

（3）视力障碍的老人。将餐具放入老人手中，告知各种食物的种类及摆放位置，带有鱼刺和骨头的食物应帮助其去除，叮嘱老人缓慢进食。

（4）吞咽困难的老人。尽量选取容易咀嚼、方便吞咽的食物，帮助老人将食物切成小块或打成糊状，方便其吞咽，嘱老人进餐时身体前倾，细嚼慢咽。

5. 整理用物

协助老人漱口，用毛巾擦干口角水痕。叮嘱老人保持进餐体位30分钟再平卧，防止食物反流。整理床单位，清洗餐具并消毒，放回原处。

（二）相关知识

中国营养协会老年营养分会公布的膳食宝塔共分五层，包含我们每天应吃的主要食物种类（见图3-6）。膳食宝塔各层的位置和面积不同，这在一定程度上反映各类食物在膳食汇总的地位和应占的比重。谷类食物位居底层，老年人平均每天吃200～350g，其中粗粮：细粮：薯类=1：2：1（以重量比计）；蔬菜和水果居第二层，每天应吃400～500g蔬菜和200～400g水果；鱼、禽、肉、蛋等动物性食物位于第三层，每天应该吃150g（其中鱼虾、禽类50～100g，畜类50g，蛋类25～50g）；奶类和豆类食物合居第四层，每天应该吃相当于液态奶300g的奶类及奶制品，以及大豆类及坚果30～50g；第五层塔顶是烹调油和食盐，每天食用烹调油20～25g，食盐不超过5g。在膳食宝塔中特别强调，

图 3-6　老年人膳食宝塔

老年人每日至少喝1200mL水。老年人膳食宝塔为老年人进食照护提供了指南。

一般地，老人的进食照护要注意以下几个方面。

1. 老人进食体位的选择

（1）坐位。老人进餐时，最适宜采取的体位是坐位。可根据老人的身体情况，完全自理的老人可到餐厅就餐，采取餐厅坐位，选取有靠背及扶手的座椅，老人尽量向椅子里坐，将座椅拉近桌子，减少身体与餐桌间的距离。行走不便的老人可采取轮椅坐位，注意帮助老人系好安全带并固定好轮椅及餐桌，防止老人滑落。无法下地的老人可取床上坐位，用床上靠垫对老人的后背及膝下进行支撑。

（2）半卧位。对于完全不能自理的老年人，可将老年人床头摇起，抬高至与床具水平面成30°～45°角，使用靠垫支撑老年人背部使其身体向前倾。采用半卧位时，应在身体两侧及膝下垫软枕以保证体位稳定。

（3）侧卧位。适用于完全不能自理的老年人，将老年人床头摇起，抬高至与床具水平面成30°角。使老年人头部和整个上半身抬起，护理员双手分别扶住老年人的肩部和髋部，让老年人面向护理员侧卧。在肩背部垫软枕或楔形垫等物品支撑。如果老年人有能力自行进餐，可右手拿餐具，取左侧卧位。由护理员喂食一般宜采用右侧卧位，以防压迫胃部引起不适。

2. 老人饮食的种类

老年人饮食分为基本饮食、治疗饮食和试验饮食三种。

（1）基本饮食。根据老年人的咀嚼、消化能力及身体的需要，其基本饮食分为四类。

① 普通饮食。适合于咀嚼、消化功能好的老人，老人可以根据自己的喜好，选择可口、容易消化且营养素平衡的食物。

② 软质饮食。食物要求以软烂为主，如软米饭、面条。菜肉均应切碎，煮烂，容易咀嚼消化，适合咀嚼消化能力较差的老人。

③ 半流质饮食。食物呈半流质状态，如米粥、面条、馄饨、蛋羹等。此种饮食无刺激性，纤维素含量少，且营养丰富，适合于咀嚼消化能力较差、有疾病的老人。

④ 流质饮食。食物呈流质状态，如奶类、豆浆、米汤、果汁、菜汁等。此种饮食因所含热量及营养素不足，故不能长期使用。仅在老人进食困难或采用鼻管喂食时短期使用。

（2）治疗饮食。治疗饮食是在基本饮食的基础上，适当调整热能和营养素，以达到治疗或辅助治疗疾病的作用，从而促进老人的健康。如提供给患有心血管疾病、慢性肾炎、尿毒症、水肿、腹水的老人的低盐饮食，提供给患有胃溃疡、十二指肠溃疡、腹泻、痢疾、慢性肠炎老人的低纤维少渣饮食，提供给骨质疏松、骨折的老人的高钙饮食，等等。

（3）试验饮食。试验饮食是在特定时间内，通过对饮食内容的调整来协助诊断疾病和确保实验室检查结果正确性的一种饮食。如葡萄糖耐量试验饮食、胆囊B超检查饮食、肌酐试验饮食等。

3. 老年人进食的观察

（1）进食时间。根据老年人生活习惯，合理安排进餐时间。一般早餐时间为上午6～7点，午餐时间为中午12点，晚餐时间为下午5～7点。老年人除了应保证一日三餐正常摄食外，为了适应其肝糖原储备减少及消化吸收能力降低等特点，可适当在晨起、餐间或睡前补充一些糕点、牛奶、饮料等。

（2）进食速度。老年人进食速度宜慢，有利于食物的消化和吸收，同时预防在进食时发生呛咳或噎食。

（3）进食温度。老年人进食的温度以温热不烫嘴为宜。这是因为老年人唾液分泌减少，口腔黏膜抵抗力低，因此不宜进食过热食物，同时也不宜进食过冷的食物，凉的食物容易伤脾胃，影响食物的消化吸收。

（4）进食的总量。老人每天进食量应根据上午、下午、晚上的活动量均衡地分配到一日三餐中。主食"宜粗不宜细"，老年人每日进食谷类200g左右，并适当地增加粗粮的比例。蛋白质宜"精"，每日由蛋白质供给的热量，应占总热量的13%~15%，可按每千克体重1~1.5g供给。脂肪宜"少"，老年人应将由脂肪供给的热量控制在20%~25%，每日用烹调油20g左右，而且以植物油为主。但是，脂肪也不能过少，否则会影响脂溶性维生素的吸收。维生素和无机盐应"充足"，老年人要多吃新鲜瓜果、绿叶蔬菜，每天不少于300g。适宜的进食量有利于维持正常的代谢活动，增强机体的免疫力，提高防病抗病能力。

（5）保持口腔清洁。如果口腔不清洁，容易引起口腔疾病，也影响唾液的分泌。及时为老人进行口腔清洁，保持口腔干净、清爽能使老人心情舒畅，也增强食欲。

三、睡眠照料

睡眠是一种昼夜规律性的生理活动，是人类生存的必要条件。睡眠也是休息的一种形式，任何人都需要睡眠，通过睡眠使人的精力和体力都得到恢复，这样才能精力充沛地从事其他活动。睡眠时间不足、质量下降甚至睡眠障碍，会影响老年人的身心健康，增加老年人的患病风险。为老年人做好睡眠照料，需要掌握老年人睡眠的相关知识，为老年人布置良好的睡眠环境，观察睡眠障碍老年人的睡眠状况，从而找到影响老人睡眠的因素并提供改善老年人睡眠质量的方法。

（一）实践任务

实践任务一：为老年人布置睡眠环境。

操作步骤：

1. 工作准备
（1）环境准备：室内清洁、安静、舒适，提前30分钟开窗通风。
（2）护理员准备：服装整洁，摘除配饰，修剪指甲，洗净双手。
（3）老人准备：排泄、洗漱完毕。
（4）物品准备：根据气候备棉被、床褥、毛毯等。

2. 解释沟通
护理员轻敲房门后进入房间，告知老年人准备熄灯休息。询问老年人房间温湿度是否合适，有无需要帮助的地方。

3. 布置睡眠环境
（1）护理员协助关闭窗户，闭合窗帘，关闭电视。
（2）调节室内空调或暖气开关，调整温度、湿度。最适宜的室温为夏季25~28℃，冬季 20～22℃，湿度 50%～60%。

（3）检查老年人床铺有无渣屑，平整床铺，展开被褥，拍松枕头。要求被褥松软适中，枕头高度适宜。

（4）协助老年人上床就寝，取舒适卧位，盖好盖被。健康老人可取仰卧位或右侧卧位，偏瘫老人取健侧卧位并放置靠垫软枕。

（5）询问老人有无其他需求，及时满足。呼叫器放置于老人枕边，依据老人需求，床旁放置便器。

（6）调节光线，关闭大灯，开启地灯。

4. 关门退出

轻声向老人道别，退出房间，轻轻关门。

实践任务二：老年人睡眠状况观察记录。

操作步骤：

1. 工作准备

（1）环境准备：室内清洁、安静、舒适。

（2）护理员准备：服装整洁，摘除配饰，修剪指甲，洗净双手。查阅既往照料记录，了解老年人近期的睡眠状况。

（3）老人准备：平卧于床上。

（4）物品准备：记录单、笔。必要时准备棉被、床褥、毛毯等。

2. 协助入睡

为老年人布置舒适的睡眠环境，协助老年人入睡（参考实践任务一）。

3. 观察睡眠

护理员夜间每 2 小时查房一次。注意走路轻，关门轻，避免吵醒老年人。观察内容：一般睡眠状况包括入睡时间、觉醒时间及次数、总睡眠时间、睡眠深度等；异常睡眠状况包括入睡困难、不能维持睡眠、容易觉醒、睡眠呼吸暂停、夜间阵发性呼吸困难等。

4. 沟通与记录

老年人晨起后询问其睡眠情况，对夜间巡视观察状况及老人主诉进行整理并做好记录。

5. 评价睡眠效果

评价老人睡眠是否有改善，次日疲劳是否有减轻，是否需要采取助眠措施。

（二）相关知识

1. 老年人的睡眠特点

随着年龄的增长，肌体结构和功能会发生退化，老年人的睡眠功能也会退化。总体来说，老年人的睡眠有以下几个特点。

（1）睡眠时间缩短。60～80 岁的健康老年人，就寝时间平均为 7～8 小时，但睡眠时间平均为 6 小时。老年人睡眠时间的长短因人而异，觉醒后感觉精力充沛、情绪愉快即可，不必强求一律。但是由于老年人体力减弱，很容易感觉疲劳，因此合理和科学的睡眠对于老年人来说仍然十分重要。睡眠时相周期见图 3-7。

（2）老年人夜间容易觉醒，并且非常容易受到声、光、温度等外界因素以及自身老年病产生的症状干扰，使夜间睡眠变得断断续续。

（3）浅睡眠时大脑未充分休息，老年人浅睡眠期增多，而深睡眠期减少，老年人年龄越大，睡眠越浅。

（4）老年人容易早醒，睡眠趋向于早睡早起。

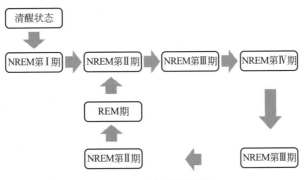

图 3-7　睡眠时相周期

2. 睡眠的评估

（1）对老年人睡眠影响因素的评估主要从以下几个影响老年人睡眠的因素入手。

① 年龄因素：通常睡眠时间与年龄成反比，随着年龄的增长，对睡眠的调节能力减弱，老年人的睡眠时间逐渐减少。一般情况下，老年人每日睡眠时间在 6～7 小时左右。

② 生理因素：疾病会影响原有的睡眠形态，如出现躯体不适、疼痛、呼吸困难、咳嗽、发热、瘙痒、尿频等症状，均会影响正常的睡眠。

③ 心理因素：任何强烈的情绪变化，如焦虑、紧张、愤怒、恐惧、抑郁、精神创伤等造成的不良情绪，均会引起昼夜节律失调，是影响睡眠的常见原因。

④ 环境因素：气候变化，如过热、过冷、过潮湿、过干燥均会影响到睡眠；室内噪声、强光的不良刺激会影响入睡；寝具舒适度等外界因素的变化，均会对睡眠产生影响。

⑤ 不良生活习惯：睡前喝浓茶、饮咖啡、抽烟、看惊险影片、剧烈地运动、饮食饮水过度，均会影响睡眠。

（2）老年人睡眠状况的评估。

① 评估的方法。老年人睡眠状况常用的评估方法包括观察、问诊、量表测量和辅助检查。

② 评估的内容。主要有：就寝时间；入睡的时间；睡眠持续的时间；睡眠深度；夜间醒来的时间、次数和原因；睡眠中是否有异常情况（失眠、打鼾、呼吸暂停、夜间阵发性呼吸困难等）；睡眠效果，次日的精神状态；睡眠习惯，包括对食物、饮料、个人卫生、放松形式（阅读、听音乐等）、药物、陪伴卧具、光线、声音及温度等的需要。

3. 促进睡眠的护理措施

（1）老年人的睡眠环境要求。

① 室内的温度、湿度：老年人体温调节能力差，一般来说人睡觉时室内温度在 20～24℃ 最为适宜。老年人在睡眠中应将温度控制在夏季 25～28℃，冬季 20～22℃。相对湿度控制在 50%～60%。

② 声音及光线：护理员在开、关门，走路，说话时，应控制音量，将室内噪声控制到最低限度。如严重打鼾的老人应与其他睡眠较轻的老人分室。老年人在夜间光线过暗时会出现视物不清而发生跌倒坠床等安全问题，但是强光会刺激大脑引起兴奋，使老人不易入睡。如果房间的吸顶灯太晃眼，夜间最好使用床头灯、壁灯或地灯。必要时也可以使用眼罩遮挡光源。

③ 通风：老年人睡前，卧室应适当通风换气，避免异味影响老人睡眠。通风可调节室温并可降低室内细菌数量，减少疾病发生概率。为避免室内温度降低，可在老人睡前30分钟开窗通风。

④ 位置：床宜放置在卧室的南北方向，居室中或靠一侧墙壁。床不要对着门，床头不应置于窗下。

⑤ 卫生间：卫生间应靠近卧室，叮嘱老年人上床前排空大小便，避免和减少起夜对睡眠的影响。对于不能自理的老年人，在睡前将所需物品放置于适宜位置，如水杯、痰桶、便器等。

⑥ 寝具及睡衣：被褥应选择柔软、吸汗、保暖的，并根据季节变化及时调整被褥的厚薄。枕头硬度和高度要适度。睡衣选用质地轻软、穿着舒适、宽松的面料。

⑦ 睡前清洁：入睡前应协助老人做好口腔的清洁，有义齿的老年人要在夜间睡眠时摘下；对于不能自理的老人，应协助其进行身体清洁。

（2）减轻老人的心理压力。轻松愉快的心情有助于睡眠，相反，焦虑、不安、恐惧、忧愁等情绪会影响睡眠。当老人感到焦虑、不安或失望时，不要强迫其入睡，这样会加重原有的失眠。如果老人入睡困难，应尽量转移病人对失眠问题的注意力，指导老人做一些放松活动来促进睡眠。

（3）纠正不良睡眠习惯。

① 最佳睡眠时间：老年人最佳的睡眠时间在晚上9点至第二天清晨5点。应培养老年人按时就寝的习惯。

② 减少白天睡眠时间：白天睡眠时间过多会影响夜间的睡眠质量，老年人可每日午睡30～60分钟，不宜过多。

③ 减少刺激：睡前应避免食用会使老人兴奋的食物及饮料，避免看情节刺激、激烈的电视节目。

④ 按时进餐：晚餐要按时吃，不宜过饱。避免大量饮水导致夜间频繁如厕。

⑤ 适当的身体活动：老年人不宜从事过于激烈的身体活动，可选择太极、气功、八段锦、静坐等放松活动，或帮助老年人采取有助于睡眠的推拿、按摩。

（4）镇静药物。对于有严重睡眠障碍的老年人，需在医生指导下，协助老年人服用镇静、安眠类药物，并密切观察老年人的身体状况及睡眠改善情况。

四、排泄照料

排泄是机体将新陈代谢所产生的终产物排出体外的生理过程，是人体的基本生理需要之一，也是维持生命的必要条件之一。人体排泄的途径有皮肤、呼吸道、消化道及泌尿道，其中消化道和泌尿道是主要的排泄途径。老年人自理能力下降或疾病等常常导致其排泄功能障碍，影响老人的自尊，造成严重的心理负担。因此，护理员应掌握与排泄有关的护理知识和技术，帮助或指导老人维持正常的排泄功能，满足其排泄的需要，使之获得最佳的健康和舒适状态。

(一)实践任务

实践任务一:协助老人如厕。

操作步骤:

1. 工作准备
(1)环境准备:室内清洁,地面干燥,无障碍物。
(2)护理员准备:服装整洁,摘除配饰,修剪指甲,洗净双手。
(3)老人准备:提出排泄需求。
(4)物品准备:手纸、洗手液、毛巾、移动式便器等。

2. 解释沟通
询问老人是否需要排泄,评估老人下肢活动能力。

3. 协助如厕
(1)护理员搀扶老人或使用轮椅将老人推至洗手间(离卫生间较远或行走不便时可使用移动式便器),协助其转身背对坐便器,双手扶住坐便器扶手。
(2)协助或鼓励老人脱下裤子,双手环抱老人,协助其坐在坐便器上,尽量向后坐,双手扶稳进行排泄。
(3)确认老人安全后,可退至门外等待老人排泄结束,不要催促老人以免影响其排泄。
(4)老人排泄结束后,嘱老人身体前倾,协助或鼓励其自行擦净肛门。
(5)搀扶老人或嘱其支撑扶手站起,将裤子提起,观察排泄物无异常后按坐便器冲水开关。

4. 收拾整理
协助老人洗手后搀扶或使用轮椅将老人推回房间休息。卫生间开启通风设备清除异味。使用移动式便器时应在倾倒排泄物后,洗净便盆并消毒,放回原处。

实践任务二:协助老人使用尿壶、便盆。

操作步骤:

1. 工作准备
(1)环境准备:室内清洁,温湿度适宜。关闭门窗,屏风遮挡。
(2)护理员准备:服装整洁,摘除配饰,修剪指甲,洗净双手。
(3)老人准备:提出排泄需求。
(4)物品准备:尿壶、便盆、一次性护理垫、手纸、温水、洗手液、毛巾。

2. 解释沟通
询问老人是否有尿意/便意,提醒其定时排泄。

3. 放置尿壶/便盆
协助老人取仰卧位,掀开下身盖被折向远侧,协助其脱下裤子至膝部。一只手托起老年人的臀部,另一只手将一次性护理垫垫于老年人臀下。
(1)使用尿壶:老年女性仰卧屈膝,双腿呈八字分开,护理员手持尿壶,将开口边缘贴紧会阴部,盖好被子。老年男性可取侧卧位,双膝并拢,将阴茎插入尿壶接尿口,用手提住尿壶把手固定，盖好被子。

（2）使用便盆：老人自己能抬起腰部时，嘱先让老人屈膝抬臀，护理员在老人的配合下，用一只手托起老人的腰部［见图3-8（a）］，另一只手将便器迅速放入臀下［见图3-8（b）］；老人无法自己抬起腰部时，扶住老人肩部及髋部转移至侧卧位，将便盆贴于老人的臀部［见图3-9（a）］，协助其转移回仰卧位［见图3-9（b）］。在其会阴部覆盖手纸，盖好被子。

将呼叫器放置于老人手旁，退出房间。

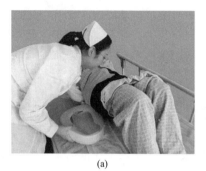 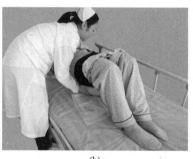

(a) (b)

图 3-8　排泄护理（老人能抬起腰部时）

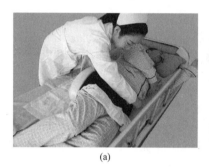 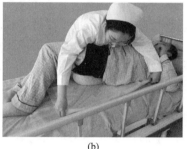

(a) (b)

图 3-9　排泄护理（老人不能抬起腰部时）

4. 收拾整理

老年人排泄后，护理员撤下尿壶／便盆。用卫生纸擦干老年人会阴部，必要时，为老年人擦拭会阴部及肛门。撤去一次性护理垫，协助老年人穿好裤子，整理床单位，必要时协助老年人洗手。

开窗通风，观察、倾倒排泄物，冲洗尿壶／便器并消毒，放回原处。

实践任务三：为老人更换纸尿裤。

操作步骤：

1. 工作准备

（1）环境准备：室内清洁，温湿度适宜。关闭门窗，屏风遮挡。

（2）护理员准备：服装整洁，摘除配饰，修剪指甲，洗净双手。

（3）老人准备：提出更换纸尿裤需求。

（4）物品准备：一次性纸尿裤、一次性护理垫、手纸、水盆、温水、洗手液、毛巾等。

2. 解释沟通

询问老人是否需要更换纸尿裤,取得配合。

3. 更换纸尿裤

将水盆、毛巾放在床旁座椅上。掀开老年人下身盖被折向远侧,协助老年人取平卧位。先把一次性护理垫铺在老人的臀下,嘱老人抬臀配合操作,让老人仰卧,脱裤子至膝下,解开脏的纸尿裤,把前面的脏尿布往里卷起后压在老人的臀部底下。协助老人侧卧,把脏的纸尿裤卷起后抽出,用手纸擦净排泄物后,取温湿毛巾擦拭会阴部,观察老年人会阴部及臀部皮肤情况(见图3-10)。将清洁纸尿裤平铺于老年人臀下,向下展开上片(见图3-11)。协助老年人翻转身体至平卧位,并拉平身下清洁纸尿裤,从两腿间向上兜起纸尿裤前片,整理纸尿裤大腿内侧边缘至服帖,将前片两翼向两侧拉紧,将后片粘扣粘贴于纸尿裤前片粘贴区。撤去一次性护理垫,协助老年人穿好裤子,盖好盖被。

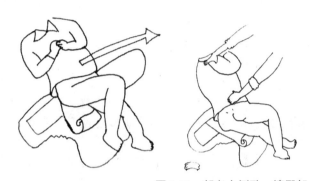

图 3-10 帮老人侧卧、擦臀部

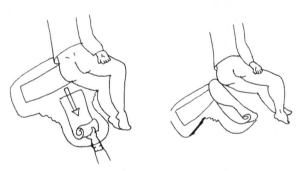

图 3-11 把脏尿布取下,垫干净尿布

4. 收拾整理

整理床单位,必要时协助老年人洗手。开窗通风,清洗毛巾并消毒,放回原处。

(二)相关知识

1. 尿的观察

(1)次数。一般成人白天排尿3~5次,夜间0~1次。

(2)尿量。尿量是反映肾脏功能的重要指标之一。正常情况下每次尿量约200~400mL,24小时的尿量约1000~2000mL,平均在1500mL左右。24小时尿量超过

2500mL 称为多尿，常见于糖尿病、尿崩症、急性肾功能不全（多尿期）等。24 小时尿量少于 400mL 或每小时尿量少于 17mL 为少尿，常见于发热、液体摄入过少、休克、心脏、肾脏、肝脏功能衰竭病人。24 小时尿量少于 100mL 或 12 小时内无尿液产生称为无尿，常见于严重休克、急性肾功能衰竭及药物中毒等病人。

（3）性状。包括尿液的颜色、透明度、酸碱性、相对密度、气味。

① 颜色。正常新鲜尿液呈淡黄色或深黄色，是尿胆原和尿色素所致。当尿液浓缩时可见量少色深。尿的颜色还受某些食物、药物的影响，如进食大量胡萝卜或服用维生素 B_2 后，尿的颜色呈深黄色。在病理情况下，尿的颜色可有以下变化：（a）血尿：血尿颜色的深浅与尿液中所含红细胞量的多少有关，血尿轻者尿色正常，仅显微镜下红细胞增多，称为镜下血尿；出血量多者尿色常呈洗肉水色、浓茶色、红色，称为肉眼血尿。血尿常见于急性肾小球肾炎、输尿管结石、泌尿系统肿瘤、结核及感染等。（b）血红蛋白尿：主要是各种原因导致大量红细胞在血管内被破坏，血红蛋白经肾脏排出形成血红蛋白尿，一般尿液呈浓茶色、油样色。常见于血型不合所致的溶血、恶性疟疾和阵发性睡眠性血红蛋白尿。（c）胆红素尿：尿液呈深黄色或黄褐色，振荡尿液后泡沫也呈黄色。见于阻塞性黄疸和肝细胞性黄疸。（d）乳糜尿：尿液中含有淋巴液，排出的尿液呈乳白色。见于丝虫病。

② 透明度。正常新鲜尿液清澈透明，放置后可出现微量絮状沉淀物。当泌尿系统感染时，尿液中含有大量的脓细胞、红细胞、上皮细胞、细菌或炎性渗出物，排出的新鲜尿液即呈白色絮状混浊。蛋白尿不影响尿液的透明度，但振荡时可产生较多且不易消失的泡沫。

③ 酸碱性。正常人尿液呈弱酸性，pH 为 4.5～7.5，平均为 6。饮食的种类可影响尿液的酸碱性，如进食大量蔬菜时，尿液可呈碱性，进食大量肉类时，尿液可呈酸性。酸中毒病人的尿液可呈强酸性，严重呕吐病人的尿液可呈强碱性。

④ 相对密度。成人在正常情况下，尿相对密度波动于 1.015～1.025 之间，一般尿相对密度与尿量成反比。若尿相对密度经常固定于 1.010 左右，提示肾功能严重障碍。

⑤ 气味。正常尿液气味来自尿内的挥发性酸。尿液久置后，因尿素分解产生氨，故有氨臭味。当泌尿道有感染时，新鲜尿液也有氨臭味。糖尿病酮症酸中毒时，因尿液中含有丙酮，故有烂苹果气味。

2. 粪便的观察

（1）次数。一般成人每天排便 1～3 次。每天排便超过 3 次或每周少于 3 次，应视为排便异常，如腹泻、便秘。

（2）排便量。每日排便量与膳食的种类、数量、摄入的液体量、大便次数及消化器官的功能有关。正常成人每天排便量约 100～300g。进食低纤维、高蛋白质等精细食物者便量少而细。进食大量蔬菜、水果等粗粮者粪便量较多。

（3）性状。包括粪便的性状与软硬度、颜色、内容物、气味。

① 形状与软硬度。正常人的便为成形软便。便秘时粪便坚硬，呈果子样；消化不良或急性肠炎时可为稀便或水样便；肠道部分梗阻或直肠狭窄，便常呈扁条形或带状。

② 颜色。正常成人的粪便颜色呈黄褐色或棕黄色。因摄入食物或药物种类的不同，粪便颜色会发生变化，如食用大量绿叶蔬菜，粪便可呈暗绿色；摄入动物血或铁制剂，粪便可呈无光样黑色。如果粪便颜色改变与食物及药物无关，表示消化系统有病理变化存在。如柏油样便提示上消化道出血；白陶土色便提示胆道梗阻；暗红色血便提示下消化道出血；果酱样便见于肠套叠、阿米巴痢疾；粪便表面有鲜红色血液见于痔疮或肛裂。

③ 内容物。粪便内容物主要为食物残渣、脱落的大量肠上皮细胞、细菌以及机体代谢后的产物。当消化道有感染或出血时便中可混有血液、脓液或肉眼可见的黏液。肠道寄生虫感染病人的粪便中可检出蛔虫、蛲虫、绦虫节片等。

④ 气味。正常时粪便气味因膳食种类而异。肉食者味重，素食者味轻。严重腹泻病人因未消化的蛋白质与腐败菌作用，气味极恶臭；下消化道溃疡、恶性肿瘤病人粪便呈腐败臭；上消化道出血的柏油样粪便呈腥臭味；消化不良的气味为酸败臭。

3. 影响老人排泄的因素

（1）生理因素。随着年龄的增长，老人的排泄器官也逐渐衰弱，容易出现尿频、尿失禁、排尿困难、便秘、腹泻等排泄障碍。这些排泄障碍经常困扰着老人，并给他们造成精神紧张，也给他们的社会生活带来很多不良影响。

（2）饮食。排泄与饮食有着密切的关系。饮食的内容不同，尿便的性状会发生变化。在发现老人二便异常时，应先了解老人进食的种类，以便进行辨别。

（3）运动。运动与排泄有很大关系。例如，下肢行走困难运动量少或长期卧床的老人，肠的蠕动会减缓，容易引起便秘。

（4）精神因素。排泄虽然是一种生理现象，但它与人的精神、心理状况有着密切的关系。生气、不安、紧张、过度担心，容易引起排泄运动的加快，导致腹泻或尿频；相反恐惧、惊吓、忧虑、沮丧、羞涩等，容易造成便秘或排尿困难。因此，护理人员应避免老人的情绪波动，缓解老人紧张的情绪，防止其排泄困难。

（5）环境因素。排泄还受到场所、器具、护理员的服务态度及护理水平等的影响。一般第一次在床上用便盆或导尿管来排泄时，老人往往会产生很多顾虑。另外如果使用不干净、不方便或冰冷的排泄器具，往往会抑制排尿感或排便感。还有护理员的言行以及服务态度也会影响排泄，会造成排泄障碍。因此，创造一个干净、舒适、安逸的环境，让老人无所顾虑地进行排泄，是排泄照料的最基本条件。

4. 便器的选择

（1）坐便器。适用于健康老人或能长时间坐立的老人。应选择高度合适、有扶手的坐便器（见图 3-12）。也可选用带加热、冲洗、烘干功能的智能马桶。膝关节活动不便的老人可采用可升降坐便架（见图 3-13）。瘦弱的老人可使用儿童坐便器。身高矮小的老人足下可放置脚踏板。

图 3-12　带支架的坐便器

图 3-13　可升降坐便架

（2）移动式便器。适用于离卫生间较远、行走不便或夜间起夜的老人。应选用质地结实、稳定性好的移动式便器。也可根据情况选择清洗方便、容易收纳的移动式便器（见图3-14）。

（3）尿壶、便盆。适用于卧床的老人。应选择结实、带盖的尿壶或便器（见图3-15）。也可根据老人需求选用功能型器具，如防洒尿壶、防压疮气垫便器等（见图3-16）。

图 3-14　不同种类的移动式便器

图 3-15　带盖尿壶（男用）、便器　　　　图 3-16　防洒尿壶（女用）、防压疮气垫便器

五、安全保护

老人的安全保护是以老人为中心，从多方面是否存在安全隐患进行考虑，采取必要的措施，防止老人发生一切意外。护理员在日常工作中，要时刻警惕，保护老人安全。尤其是对于肢体活动障碍的老人，主要从床上移动安全、轮椅及平车转运安全、步行安全等多方面对老人实施照护及安全保护。本部分从老人床上移动安全、轮椅及平车转运安全两方面进行讲述，步行安全请参考本章第三节。

（一）实践任务

实践任务一：协助老人移向床头。

操作步骤：

1. 工作准备

（1）环境准备：室内清洁、安静、舒适，无障碍物。

（2）护理员准备：服装整洁，摘除配饰，修剪指甲，洗净双手。

（3）老人准备：排泄、洗漱完毕。

（4）物品准备：枕头、被子、靠垫等。

2. 解释沟通

向老人解释操作目的与方法,取得配合。

3. 身体移动

（1）将老人头下枕头撤下,立于床头,防止老人磕碰头部。
（2）鼓励老人用健侧腿屈膝,健手支撑床面。
（3）护理员站在老人患侧,将老人患手放置于老人腹上。一手伸于老人肩下,一手伸于臀下。
（4）由护理员发号施令,两人一起抬起上身移向床头方向。
（5）将枕头放于老人头下,盖好被子。必要时可在老人患肢下垫靠垫进行支撑。

4. 收拾整理

整理床单位,拉上床挡,询问老人有无其他需求。

实践任务二：协助老人移向床边。

操作步骤：

1. 工作准备

（1）环境准备：室内清洁、安静、舒适,无障碍物。
（2）护理员准备：服装整洁,摘除配饰,修剪指甲,洗净双手。
（3）老人准备：排泄、洗漱完毕。
（4）物品准备：枕头、被子、靠垫等。

2. 解释沟通

向老人解释操作目的与方法,取得配合。

3. 身体移动

（1）护理员站在老人患侧,鼓励老人用健手握住患手放于腹上,健腿蹬于患腿下方。
（2）一手抬起老人头部,一手握住枕头一起抬向床边［见图3-17（a）］。

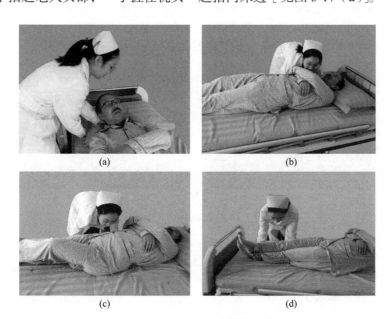

图3-17 将老人从床中间移向床边

（3）一手放于老人肩下，一手放于老人腰下，将老人上半身轻轻抬起移向床边（护理员侧）。注意不要在床面拖拽老人，避免皮肤损伤［见图 3-17（b）］。

（4）一手放于臀下，一手放于老人膝下，将老人下半身轻轻抬起移向床边［见图 3-17（c）］。老人下肢如果能够活动，可鼓励老人用健腿抬起患腿移向床边，护理员在床边进行协助［见图 3-17（d）］。

4. 收拾整理

整理床单位，拉上床挡，询问老人有无其他需求。

实践任务三：协助老人翻身。

操作步骤：

1. 工作准备

（1）环境准备：室内清洁、安静、舒适、无障碍物。

（2）护理员准备：服装整洁，摘除配饰，修剪指甲，洗净双手。

（3）老人准备：排泄、洗漱完毕。

（4）物品准备：枕头、被子、靠垫、三角枕等。

2. 解释沟通

向老人解释操作目的与方法，取得配合。

3. 身体移动

协助老人移向患侧床边，参考任务二。

方法一：护理员站在老人患侧，将对侧床挡拉上。嘱老人用健手握住患手放于腹上，双腿屈膝。护理员一手扶老人肩部，一手扶老人膝部，将老人推向对侧，使其背对护理员。必要时在老人身后及患肢下方垫靠垫或三角枕进行支撑。

方法二：护理员站在老人患侧，将对侧床挡拉上。嘱老人将健手放于枕侧，患手放于腹上，健腿蹬于患腿下方。护理员一手伸于老人肩下，另一手从患腿下方伸入，置于健腿上方［见图 3-18（a）］。利用杠杆原理，双手同时用力将老人翻向对侧，使其背对护理员［见图 3-18（b）］。必要时在老人身后及患肢下方垫靠垫或三角枕进行支撑。

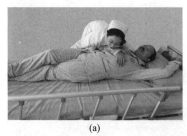
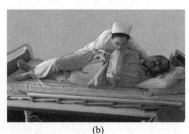

(a)   (b)

图 3-18 翻身法（方法二）

方法三：护理员站在老人健侧，将对侧床挡拉上。嘱老人用健手握住患手放于腹上，双腿屈膝。一手放于老人患侧肩部，一手放于患侧髋部［见图 3-19（a）］，将老人拉向同侧，使其面对护理员［见图 3-19（b）］。必要时在老人身后及患肢下方垫靠垫或三角枕进行支撑。

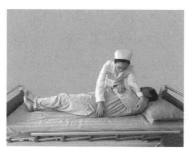 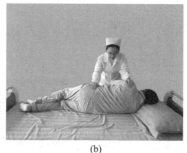

图 3-19 翻身法(方法三)

4. 收拾整理

整理床单位,拉上床挡,询问老人有无其他需求。

实践任务四:协助老人移到轮椅。

操作步骤:

1. 工作准备

(1)环境准备:室内清洁、安静、舒适、无障碍物。
(2)护理员准备:服装整洁,摘除配饰,修剪指甲,洗净双手。
(3)老人准备:排泄、洗漱完毕,坐于床边。
(4)物品准备:轮椅、毛毯、靠垫等。

2. 解释沟通

向老人解释操作目的与方法,取得配合。

3. 身体移动

(1)扶老人坐于床边,帮助老人将鞋子穿好,用健手扶住床缘防止跌倒。
(2)检查轮椅装置是否完好,保证老人使用安全。
(3)将轮椅推至老人健侧,开口面向老人,与床形成45°角,固定轮椅,收起脚踏板(见图3-20)。

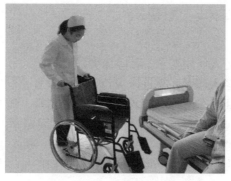

图 3-20 轮椅与床形成 45° 夹角

(4)嘱老人双手交叉环抱住护理员颈部,头部靠在轮椅侧的肩部。护理员用双腿夹住老人患侧膝盖,双手环抱老人腰部。由护理员发号施令,两人一起用力使老人站起。

(5)老人站稳后,嘱其健腿向轮椅方向迈一小步,以健足为轴,扶住老人旋转45°,使其背对轮椅(见图3-21)。

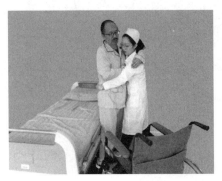

图 3-21 从床上移到轮椅

(6)嘱老人用健手扶住轮椅扶手,扶老人缓慢坐在轮椅上。护理员走到老人身后,将老人身体移向椅背,使其背部靠向轮椅后部。

(7)放下脚踏板,将老人双足放于脚踏板上,为老人系安全带,膝上盖毛毯。

4. 轮椅转移

确认老人安全后,解除轮椅固定,推老人离开。

实践任务五:协助老人移到平车。

操作步骤:

1. 工作准备

(1)环境准备:室内清洁、安静、舒适、无障碍物。
(2)护理员准备:服装整洁,摘除配饰,修剪指甲,洗净双手。
(3)老人准备:排泄、洗漱完毕。
(4)物品准备:平车、枕头、被子、靠垫等。

2. 解释沟通

向老人解释操作目的与方法,取得配合。

3. 身体移动

检查平车装置,确保老人使用安全。移除床旁障碍物。

方法一:将平车推至老人床旁,靠近床缘与床平行放置,固定平车。协助老人依次将上身、臀部、下肢依次移动到平车上。协助老人在平车上躺好,盖好被子。

方法二:将平车推至老人床旁,与床尾形成钝角,固定平车。掀开老人盖被,护理员一手从老人的腋下伸至远侧肩部,另一手伸入老人臀下,嘱咐老人双臂交叉环于护理员的颈后。护理员抱起老人,稳步移向平车将老人放于平车中央。协助老人在平车上躺好,盖好被子。

4. 收拾整理

确认老人安全后,解除平车固定,推老人离开。

（二）相关知识

1. 老人常用的体位

（1）仰卧位。又称平卧位，是一种自然的休息姿势，也是老人最常采用的床上卧位。老人仰卧，头下放置枕头，双臂放于身体两侧，双腿自然放置（见图 3-22）。

（2）侧卧位。老人侧卧，臀部稍后移，两臂屈肘，一手放在枕旁，一手放在胸前，下腿稍伸直，上腿弯曲。必要时在两膝之间、胸腹部、后背部放置软枕，以扩大支撑面，增加稳定性，使老人感到舒适与安全（见图 3-23）。

图 3-22　仰卧位

图 3-23　侧卧位

（3）半坐卧位。老人仰卧，摇起床头 30°～50°，再摇起膝下支架，以防老人下滑。必要时，床尾可置一软枕于老人的足底，增进老人舒适感，防止足底触及床尾栏杆。放平时，先摇平膝下支架，再摇平床头支架（见图 3-24）。

（4）端坐位。扶老人坐起，摇起床头或使用床上支架，背部垫靠垫，老人身体微向前倾，床上放过床桌，老人可用双上肢支撑于桌面休息（见图 3-25）。

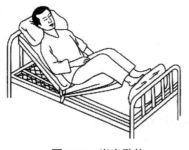

图 3-24　半坐卧位

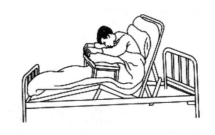

图 3-25　端坐位

2. 为老人变换体位的注意事项

（1）让老人充分了解变换体位的必要性。身体疼痛或虚弱的老人，往往不愿意活动。因此应给老人介绍体位变换的必要性，培养老人的自觉意识。

（2）先要确认是否安全后再进行体位变换。如果老人出现恶心、呕吐、眩晕、呼吸困难等症状，应暂时停止体位变换。

（3）老年人常发生骨质疏松，容易骨折。因此，给老人变换体位时，要特别小心谨慎，尽量不要采取拽、拉、拧、扭的动作，防止意外的发生。

（4）不能主动翻身的老人，应每隔 1～2 小时变换一次体位。

（5）偏瘫的患者在侧卧位时应选取健侧卧位。采用患侧卧位时应缩短时间。

（6）做每个动作时都要事先与老人打招呼。对于肢体还有一定活动能力的老人应鼓励其与护理员一起用力,提高其参与度,达到锻炼的目的。

3. 轮椅使用的注意事项

(1) 在使用轮椅前,注意检查轮椅的车轮、椅座、椅背、脚踏板、制动闸等零件的性能,保证使用安全。定期对轮椅进行维修、保养,使轮椅处于完好备用状态。

(2) 老人坐于轮椅上时,应使用安全带进行保护固定,防止老人从轮椅上滑落或跌倒造成摔伤。

(3) 推动轮椅时,应密切观察路面情况,进出门或遇到障碍物时,切勿发生撞击,避免导致老人骨折。

(4) 使用轮椅时要平稳移动,不要突然改变方向或加减速,应及时向老人说明前进方向。

(5) 护理员双手暂时离开轮椅把手时,应及时固定轮椅,防止意外发生。

(6) 推轮椅进出电梯时,护理员应先进入电梯,电梯上下移动时应固定轮椅,下电梯时应先将老人推出。

(7) 推轮椅上下坡时速度应缓慢,上坡时老人在前,嘱其身体向后靠,双手抓紧把手。下坡时应倒行,护理员及老人背向前进方向缓慢下坡。

(8) 天气寒冷时应注意保暖,用毛毯将老人上身围好,用毛毯将下肢和双足包裹好。

4. 平车使用的注意事项

(1) 在使用平车前,注意检查平车的车轮、车面、床挡、制动闸等零件的性能,保证使用安全。定期对平车进行维修、保养,使平车处于完好备用状态。

(2) 在移动的过程中应采取保护措施,使用床挡或保护带进行固定,防止老人坠床。

(3) 运送过程中避免剧烈震荡、突然加减速或突然改变方向。

(4) 转运过程中护理员应站于老人头侧,随时观察老人的情况。

(5) 上下坡时均应保持老人头部处于高位。

(6) 运送途中应注意保暖,为老人盖好被子。

第二节　老年人的护理技术

一、生命体征监测

生命体征包括体温、脉搏、呼吸、血压。为老年人测量生命体征是判断老年人是否健康的重要方法,护理员应熟练掌握四大生命体征的评估及测量方法。本节主要介绍体温、脉搏、呼吸、血压的正常及异常范围,以及监测方法。

(一) 体温的监测

体温是指机体内部的温度,是人体新陈代谢和骨骼肌运动等过程中不断产生热能的结果。相对恒定的体温是机体进行新陈代谢和生命活动的重要条件。

1. 正常体温

正常体温是一个相对恒定的值，在一定范围内波动，成人在安静状态下的体温范围是：口腔温度为 36.3～37.2℃，直肠温度为 36.5～37.3℃，腋窝温度为 36.0～37.0℃。

2. 异常体温

（1）发热。指致热源作用于体温调节中枢，或体温调节中枢功能障碍等原因导致体温超出正常范围，称为发热。引起发热的原因有很多，可分为感染性和非感染性两大类，以前者多见。

以口腔温度为标准：低热 37.3～38.0℃；中度热 38.1～39.0℃；高热 39.1～41.0℃；超高热 41.0℃以上。

（2）体温过低。体温在 35℃以下称为体温过低，常见于全身衰竭的危重老人，因末梢循环不良，尤其在外界温度较低时，机体散热大于产热导致体温下降。

3. 体温计的使用

（1）体温计的种类。

① 玻璃汞柱式体温计。是我国最常用的体温计，分为口表、肛表和腋表三种（见图 3-26）。体温表是一根外标有刻度的真空毛细玻璃管，另一端为汞柱槽，当汞柱槽受热后，汞会膨胀沿毛细管上升，其上升高度和受热程度成正比。毛细管下端与汞柱槽之间有一凹陷处，使汞遇冷时不致下降，口表和腋表的汞柱槽较细长，肛表则较粗短。

② 电脑数字式体温计。它采用电子感温探头测量体温，温度值由数字显示，使用方便，适合家庭备用（见图 3-27）。

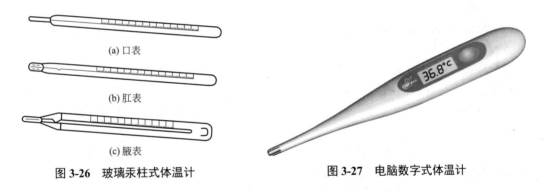

图 3-26　玻璃汞柱式体温计　　图 3-27　电脑数字式体温计

（2）体温计的清洁消毒法。

为了防止交叉感染，使用过的体温计应浸泡消毒。常用的消毒液有 1% 过氧乙酸、75% 乙醇等，消毒液每天更换一次，容器、离心机等每周消毒一次。

口表、腋表消毒法：使用后先浸泡于消毒液中，三十分钟后取出，用手或离心机将汞柱甩至 35℃以下，再放入另一消毒容器内浸泡三十分钟后取出，用冷开水冲洗，再用消毒纱布擦干，放于清洁盒内备用。

肛表消毒法：使用后先用消毒纱布将肛表擦净，再按口表腋表消毒法消毒。

（3）温度计的检查法。

为了保证测量的准确性，使用的体温计应定期进行检查，方法如下：将所有体温计的汞柱甩至 35℃以下；同时放入已测好的 40℃以下的温水中，三分钟后取出查看；如读数相差 0.2℃以上或汞柱有裂隙时，则不能使用。

4. 体温的测量方法

用物：体温测量盘、清洁干容器（放置清洁体温计）、消毒液容器（用于回收使用后的温度计）、消毒液、纱布、记录本、笔、秒表。

操作方法：检查体温计数目及有无破损，体温计汞柱是否在35℃以下，携用物至床旁，查对并解释。测量体温：①口温测量法，将汞端放入舌下热窝内（位于舌系带两侧）（见图3-28），此处温度略高于舌下其他部位，指导老人闭唇含住口表，用鼻呼吸，测量3分钟，取出口表用消毒液纱布擦净，读数值并记录；②腋温测量法，解开上衣，擦干腋下，指导老人将汞端放于腋窝，紧贴皮肤并夹好（见图3-29），测量10分钟，取出擦净，读数值并记录；③直肠温度测量法，协助老人取侧卧、俯卧或屈膝仰卧位，露出臀部，用润滑剂将体温计汞端润滑后轻轻插入肛门3~4厘米，测量3分钟，取出擦净，读数值并记录，整理用物，协助老人取舒适体位。

图3-28 口温测量部位

图3-29 腋温测量部位

5. 注意事项

（1）甩体温计使用腕部力量，不能触及其他物品，以防撞碎，禁把体温计放入热水中清洗或沸水中煮，以防爆裂。

（2）昏迷、精神异常、口鼻腔手术后或呼吸困难及不能合作的老人，不宜采用口腔测量。刚进食和面颊部做热敷后，应间隔30分钟后测量。

（3）直肠和肛门疾病手术、腹泻、心肌梗死者，不宜直肠测温；坐浴或灌肠后必须30分钟后再测量。

（4）若发现体温与病情不符时，应在床旁监测，必要时做口温及肛温对照。

（5）为偏瘫老人测量时应选择健侧。

（6）若老人不慎咬破体温计时应先立即清除玻璃碎屑，以免损伤舌、唇、口腔及消化道的黏膜，后口服大量蛋清液或牛奶以延缓汞的吸收。病情允许者可服膳食纤维丰富的食物，促进汞的排泄。

（二）脉搏的监测

随着心脏有节律性地收缩和舒张，动脉管壁相应地出现扩张和回缩，在浅表动脉处可触及动脉搏动，简称为脉搏。

1. 正常脉搏

（1）脉率。脉率指每分钟脉搏搏动的次数。正常成人安静时的脉搏为60~100次/分钟，可随性别、年龄、运动及情绪等因素而变化。一般同年龄女性略高于男性，婴幼儿比成人快，老人较慢，运动和情绪激动时较快，休息和睡眠时较慢。

（2）脉律。脉律指脉搏的节律性，正常脉搏搏动均匀规律，间隔时间相等。

（3）脉搏的强弱。脉搏的强弱主要取决于脉压的大小和动脉的充盈程度。

（4）血管弹性。正常的血管动脉管壁光滑柔软，有一定的弹性，而老年人的血管弹性较差。

2. 异常脉搏

（1）频率异常。

① 速脉。指成人脉率超过 100 次/分，常见于发热、甲亢等。

② 缓脉。指成人脉率低于 60 次/分，常见于房室传导阻滞、颅内压增高等。

（2）节律异常。

① 间歇脉。指在一系列均匀的脉搏中，出现一次提前较弱的脉搏，其后有一较长时间的间歇。见于有各种心脏病或洋地黄中毒等的老人；正常人在精神兴奋、体位改变、过度疲劳时偶尔出现此脉。

② 二联律、三联律。指每隔一个或两个正常搏动后出现一次过早搏动，前者称二联律，后者称三联律。

③ 绌脉。指在单位时间内脉率小于心率。表现为脉细速、不规则，心率快慢不一，心音强弱不等，常见于心房纤颤老人。

（3）脉搏强弱异常。

① 洪脉。指脉搏搏动时强大有力，常见于甲亢和高热等。

② 丝脉。指脉搏搏动时细弱无力，常见于休克等。

（4）血管弹性异常。

随着年龄增大，动脉管壁变硬失去弹性，呈迂曲状，触之有紧张条索感，如同按在琴弦上，常见于动脉硬化老人。

3. 脉搏的测量方法

（1）测量部位。常用的是桡动脉，其次为颞动脉、颈动脉、肱动脉、股动脉、足背动脉等（见图 3-30）。常用方法为触诊。

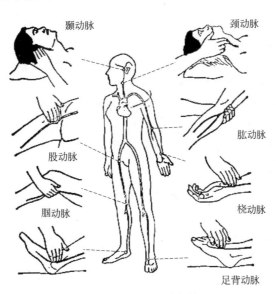

图 3-30　常用诊脉部位

（2）测量方法。

用物：秒表、记录本、笔。

桡动脉测量方法：①携用物至床旁，查对解释；②老人取坐位或卧位，将手臂放于舒适位置；③操作者用食指、中指、环指端按在桡动脉上，其轻重以能清楚测得脉搏搏动为宜；④一般测 30 秒，将所测数值乘以 2 即为脉率，异常脉搏者测 1 分钟；⑤如为细脉，应由两人同时测量，一人听心率，另一人测脉率。由听心率者发出"开始"和"停止"口令，测 1 分钟，记录方式为心律/（脉率·分钟$^{-1}$）。

4. 注意事项

（1）为偏瘫老人测脉时，应选择健侧肢体。

（2）若老人有剧烈活动或情绪激动时，应先休息二十分钟后再测量。

（3）禁用拇指诊脉，因拇指小动脉搏动较强，易与老人的脉搏相混淆。

（三）呼吸的监测

机体在新陈代谢过程中不断地从外界摄取氧气，排出二氧化碳，这种机体与环境之间的气体交换过程，称为呼吸。

1. 正常呼吸

正常成人安静时的呼吸频率约 16～20 次/分，节律规则。其频率和深浅，可随年龄、活动、性别及情绪等因素而改变。一般幼儿比成人快，老人较慢，运动和情绪激动时快，休息和睡眠时较慢，同龄女性比男性快。

2. 异常呼吸

（1）频率异常。

①呼吸增快。指成人呼吸超过 24 次/分，见于高热和缺氧等的老人。

②呼吸缓慢。指成人呼吸少于 10 次/分，见于颅内高压及安眠药中毒的老人。

（2）节律异常。

①潮式呼吸。是一种周期性的呼吸异常，其周期约 0.5～2 分钟。其特点是呼吸开始浅慢，逐渐加快加深，达高潮后又逐渐变浅变慢，暂停数秒后，又开始重复上述变化，如此周而复始，呼吸运动如潮水涨落，故称潮式呼吸（见图 3-31）。这是呼吸中枢兴奋性减弱和高度缺氧的表现，常见于颅内压增高、巴比妥中毒等的老人。

②间断呼吸。表现为呼吸与呼吸暂停现象的交替出现。其特点是有规律地呼吸几次后，突然停止呼吸，间隔一个短时间后又开始呼吸，如此周而复始（见图 3-32）。间断呼吸是呼吸中枢兴奋性显著降低的表现，但比潮式呼吸更严重，多在呼吸停止前出现，常见于呼吸中枢衰竭或颅内病变的老人。

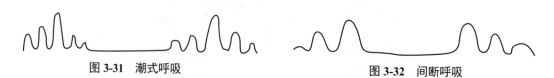

图 3-31　潮式呼吸　　　　　　　　图 3-32　间断呼吸

（3）深浅度异常。

①深度呼吸。是一种深沉而有规律的大呼吸，常见于糖尿病、尿毒症等引起的代谢性

酸中毒的老人。

② 浮浅性呼吸。是一种浅表而不规则的呼吸，有时呈叹息样。见于濒死老人。

（4）音响异常。

① 蝉鸣样呼吸。在吸气时有一种高音调的音响，多因声带附近有异物，使空气吸入困难所致。常见喉头异物、喉头水肿、喉头痉挛等老人。

② 鼾声呼吸。在呼气时，有一种粗大的鼾声，因支气管有较多的分泌物所致。见于深昏迷老人。

（5）呼吸困难。

指呼吸频率节律和深浅度的异常，主要是气体交换不足，机体缺氧所致。老人表现为胸闷、不能平卧、呼吸费力、烦躁、发绀等。根据临床表现可分为：

① 吸气性呼吸困难。吸气困难，其时间明显长于呼吸，出现三凹征（即胸骨上窝、锁骨上窝和肋间隙）。由上呼吸道部分梗阻，气流进入肺部不畅，吸气时辅助呼吸肌收缩增强所致。多见于喉头水肿、喉头异物等。

② 呼吸性呼吸困难。呼气费力，其时间明显长于吸气，由下呼吸道部分梗阻，气体呼出不畅所致。常见于哮喘老人。

③ 混合性呼吸困难。吸气和呼气均感费力，呼吸频率快而表浅，多见于肺部感染等的老人。

3. 呼吸的测量方法

用物：秒表、记录本、笔。

体位：测量脉搏后，操作者仍保持诊脉手势，以分散老人的注意力。

测量呼吸：观察老人胸部和腹部的起伏，男性多为腹式呼吸，女性多为胸式呼吸，一吸一呼为一次，一般测量 30 秒，将其测量值乘以 2 即为呼吸频率，如呼吸不规律者应测 1 分钟。若不易观察的老人，可用少许棉花置于老人鼻孔前，观察棉花被吹动的次数。

记录：记录每分钟多少次（次/分）。

（四）血压的监测

血压是指血液在血管内流动时对血管壁的侧压力。临床上所谓的血压一般指动脉血压，如无特别注明均指肱动脉血压。当血液射入主动脉，此时动脉管壁所承受的压力最高，称为收缩压（高压），当心脏舒张时动脉管壁弹性回缩，此时动脉管壁所承受的压力最低，称为舒张压（低压）。收缩压与舒张压之间的压力称为脉压，平均动脉压为舒张压加 1/3 脉压，它与各器官和组织的血流量直接相关。血压的计量单位有两种：毫米汞柱（mmHg）和千帕（kPa）。

1. 正常血压

正常成人在安静时，收缩压为 90～139mmHg，舒张压为 60～89mmHg，脉压为 30～40mmHg。

2. 异常血压

（1）高血压：收缩压≥140mmHg，和（或）舒张压≥90mmHg，即可诊断为高血压（见表3-1）。常见于动脉硬化、颅内高压等的老人。

表 3-1 血压水平的定义和分类

类别	收缩压 /mmHg	舒张压 /mmHg
正常血压	<120 和	<80
正常高值	120～139 和/或	80～89
高血压	≥140 和/或	≥90
1级高血压（轻度）	140～159 和/或	90～99
2级高血压（中度）	160～179 和/或	100～109
3级高血压（重度）	≥180 和/或	≥110
单纯收缩期高血压	≥140 和	<90

（2）低血压：收缩压 <90mmHg，舒张压 <60mmHg，即可诊断为低血压。常见于休克、大出血、心肌梗死等的老人。

（3）脉压：

①脉压增大，指脉压大于 40mmHg。常见于动脉硬化、甲亢等的老人。

②脉压减小，指脉压小于 30mmHg。常见于心包积液、休克等的老人。

3. 血压测量的方法

（1）目的：判断血压有无异常；动态监测血压的变化，间接了解循环系统的功能状态；协助诊断，为预防、治疗、康复、护理提供依据。

（2）操作前准备：

①评估老人并解释：评估老人的年龄、病情、治疗情况、心理状态及合作程度，向老人解释测量血压的目的、方法、注意事项及配合要点。

②老人准备：了解血压测量的目的、方法、注意事项及配合要点，体位舒适，情绪稳定，测量前若有吸烟、运动、情绪变化等，应休息 15～30 分钟后再测量。

③测量者自身准备：衣帽整洁、修剪指甲、洗手、戴口罩。

④用物准备：血压计、听诊器、记录本、笔。

⑤环境准备：室温适宜、光线充足、环境安静。

（3）操作步骤：

①准备用物：用物准备、自身准备。

②操作前准备：携用物至床旁，核对老人，嘱病人安静，保持舒适体位。

体位要求：手臂位置（肱动脉）与心脏同一水平。

坐位：平第四肋。

卧位：平腋中线。偏瘫病人应在健侧肢体测量。

③老人手臂：卷袖、露臂，手掌向上，肘部伸直，必要时脱袖（见图 3-33）。

④血压计：打开，垂直放妥，开启水银槽开关。

⑤缠袖带：驱尽袖带内空气，平整置于上臂中部，下缘距肘窝 2～3 厘米，松紧以能插入一指为宜。太松：充气后有效面积变窄，测得值偏高。太紧：未注气已受压，测得值偏低。

⑥注气：听诊器胸件置于肱动脉搏动最明显处，一手固定，一手握加压球，关闭气门，注气至肱动脉搏动消失再

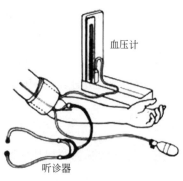

图 3-33 血压测量示意图

升高 20～30mmHg。

⑦ 放气：缓慢放气，速度以水银柱下降 4 mmHg/s 为宜，注意水银柱刻度和肱动脉声音的变化。放气太慢，使静脉充盈，舒张压偏高；放气太快，未注意到听诊间隔，出现猜测血压值现象。

⑧ 判断：听诊器出现的第一声搏动音，此时水银柱所指的刻度，即为收缩压；当搏动音消失时，水银柱所指的刻度即为舒张压。注意眼睛保持与水银柱弯月面水平。

⑨ 整理血压计：排尽袖带内余气，扪紧压力活门，整理后放入盒内；血压计盒盖倾斜45°，使水银全部流回槽内，关闭水银槽开关，盖上盒盖，平稳放置。恢复老人体位，必要时协助穿衣。

⑩ 记录：将所测血压值按收缩压/舒张压 mmHg（kPa）记录。

4. 注意事项

（1）定期检测、校对血压计。测量前，检查血压计玻璃管有无裂损，水银有无漏出，加压球、橡胶管有无老化、漏气，听诊器是否完好，等等。

（2）对需密切观察血压者应做到 4 定：定时间、定部位、定体位、定血压计。

（3）发现血压听不清或异常，应重测。重测时，待水银柱降至"0"点，稍等片刻再测，必要时，做双侧对照。

（4）注意测量装置（血压计、听诊器）、测量者、受检者、测量环境等因素引起血压测量的误差，以保证测量的准确性。

二、给药

给药，即药物治疗，是最常用的一种治疗方法。护理员既是给药的实施者，也是给药的监护者。护理员应掌握正确的给药方法，达到为老年人治疗疾病的目的。本节主要介绍口服给药、吸入给药、滴药法的操作方法及相关知识。

（一）实践任务

实践任务一：口服给药。

操作步骤：

1. 工作准备

（1）环境准备：室内清洁、安静、明亮。

（2）护理员准备：服装整洁，摘除配饰，修剪指甲，洗净双手。

（3）老人准备：取舒适体位。

（4）物品准备：根据医嘱准备药物、药杯、温开水、吸管、小毛巾、服药本等。

2. 核对、沟通

核对医嘱信息，包括床号、姓名、药名、剂量、浓度、方法、时间、药物有效期。向老人解释服药的方法、目的、注意事项。

3. 摆放体位

协助老人坐起，取舒适体位。

4. 协助服药

核对老人及药品信息无误后，让老人先喝一小口温开水，再将药杯递给老人，协助其服药。确认老人服药后饮水 100mL 左右，用小毛巾擦干口角。服用固体药物时，若药片大，难以下咽，可将药片碾碎后服用。服用液体药物时，用量杯量取药物，将药物倒入药杯后用少量凉开水冲洗量杯后倒入药杯。服用冲剂时，将药粉用温开水冲调后再服用。服用中药丸时，可将药丸分成若干小药丸，方便老人吞咽。

5. 整理记录

再次核对医嘱。协助老人取舒适体位，洗手、记录。

实践任务二：吸入给药。

操作步骤：

1. 工作准备

（1）环境准备：室内清洁、安静、明亮。
（2）护理员准备：服装整洁，摘除配饰，修剪指甲，洗净双手。
（3）老人准备：取舒适体位。
（4）物品准备：根据医嘱准备药液、雾化吸入器、蒸馏水、治疗巾、小毛巾、治疗单等。

2. 核对、沟通

核对医嘱信息，包括床号、姓名、药名、剂量、浓度、方法、时间、药物有效期。向老人解释雾化吸入的方法、目的、注意事项。

3. 摆放体位

协助老人坐起，取舒适体位。

4. 协助用药

核对老人及药品信息无误后，将雾化吸入器连接好。协助老人将口含嘴放入口中或戴好面罩。指导老人紧闭口唇，用嘴吸气，用鼻呼气，如此反复进行直至药液吸完。每次治疗时间一般需 15～20 分钟。治疗完毕，取下口含嘴或面罩，关闭电源，协助老人清洁口腔、擦干面部。

5. 整理记录

再次核对医嘱。协助老人取舒适体位，洗手、记录。将雾化吸入器进行消毒、备用。

实践任务三：滴眼药。

操作步骤：

1. 工作准备

（1）环境准备：室内清洁、安静、明亮。
（2）护理员准备：服装整洁，摘除配饰，修剪指甲，洗净双手。
（3）老人准备：取舒适体位。
（4）物品准备：根据医嘱准备眼药水或眼药膏、无菌棉签等。

2. 核对、沟通

核对医嘱信息，包括床号、姓名、药名、剂量、浓度、方法、时间、药物有效期。向老人解释滴眼药的方法、目的、注意事项。

3. 摆放体位

协助老人取仰卧位或坐位，头稍向后仰。

4. 协助滴药

核对老人及药品信息无误后，用无菌棉签拭去眼部分泌物，嘱老人向上看。一手轻轻将老人下眼睑向下拉，暴露结膜下穹窿部，另一手持滴眼液，滴管距眼睑1～2厘米处，将1～2滴药液滴入结膜囊内。嘱老人闭目转动眼球2～3分钟，使药液均匀扩散于眼球表面。使用眼药膏时，应将1厘米长的药膏挤于结膜下穹窿部，以旋转方式离断药膏。

5. 整理记录

再次核对医嘱。协助老人取舒适体位，洗手、记录。

（二）相关知识

1. 口服给药注意事项

（1）严格执行查对制度和无操作原则。

（2）需吞服的药物通常用40～60℃温开水送下，禁用茶水、牛奶服药。

（3）对牙齿有腐蚀作用的药物，如酸类和铁剂，应用吸水管吸服后漱口，以保护牙齿。健胃药宜在饭前服；助消化药及对胃黏膜有刺激性的药物宜在饭后服；催眠药在睡前服。缓释片、肠溶片、胶囊吞服时不可嚼碎。抗生素及磺胺类药物应准时服药，以保证有效的血药浓度。服用对呼吸道黏膜起安抚作用的药物，如止咳糖浆后不宜立即饮水。

（4）服药时，可采取站立位、坐位或半卧位，以免发生呛咳或窒息。

（5）增加或停用某种药物时，应及时告知老人。

（6）服药后注意观察老人的药物疗效及不良反应，及时报告医生。

2. 吸入给药的注意事项

（1）正确使用供氧装置，注意用氧安全，室内应避免火源。

（2）操作过程中，随时观察老年人的反应，若老年人感觉不适应及时停止。

（3）观察及协助排痰，注意观察病人痰液排出情况，如痰液仍未咳出，可予以拍背、吸痰等方法协助排痰。

（4）水槽及雾化罐内切忌加温水或热水，应有足够的冷蒸馏水，槽内水温勿超过60℃，以免损坏机件。调换冷蒸馏水时，要关闭机器后进行。

（5）若要连续使用机器，中间应间隔30分钟。

（6）每次使用后，应将雾化罐、口含嘴和螺纹管消毒、备用。

3. 滴眼药的注意事项

（1）若眼药水与眼药膏同用，应先滴眼药水再使用眼药膏，间隔2～3分钟。

（2）使用眼药前应检查药物的性质及保质期。

（3）为了防止漏滴，应按照顺序，先滴左眼，再滴右眼。

（4）滴眼药水或使用眼药膏时，为了防止交叉感染，滴管不能触碰老人眼球或结膜，以免污染。

(5) 操作动作应轻柔，以免刺激老人眼睛或引起不适。

三、消毒

消毒是指清除或杀灭传播媒介上病原微生物，使其达到无害化的处理。常用的消毒的方法分为物理消毒法与化学消毒法。能杀灭传播媒介上的微生物并达到消毒要求的制剂称为消毒剂。正规地进行消毒是防止院内感染及交叉感染，预防疾病发生的重要措施。

（一）实践任务

实践任务： 手部消毒——七步洗手法。

操作步骤：

1. 工作准备

（1）环境准备：室内清洁、安静、明亮。
（2）护理员准备：服装整洁，摘除配饰，修剪指甲，洗净双手。
（3）物品准备：流动洗手设施、手消毒剂、干手设备等。

2. 洗手

（1）打开水龙头，调节合适水流和水温（水龙头最好为感应式，水流不可太大，防止溅湿衣服，水温适当）。
（2）湿润双手，取适量手消毒剂均匀涂抹揉搓双手、手腕及腕上10厘米。
（3）七步洗手法：每个步骤至少揉搓五次。
① 掌心相对，手指并拢相互揉搓［见图3-34（a）］；
② 手心对手背沿指缝相互揉搓，两手交替进行［见图3-34（b）］；
③ 掌心相对，双手交叉沿指缝相互揉搓［见图3-34（c）］；
④ 弯曲各指关节在另一掌心旋转揉搓，两手交替进行［见图3-34（d）］；
⑤ 一手握另一手大拇指旋转揉搓，两手交替进行［见图3-34（e）］；
⑥ 指尖在掌心中转动揉搓，两手交替进行［见图3-34（f）］；
⑦ 螺旋式揉搓手腕至腕上10cm，两手交替进行［见图3-34（g）］。
（4）打开水龙头，用流水冲净双手。
（5）干手：关闭水龙头，以擦手纸或毛巾擦干双手。

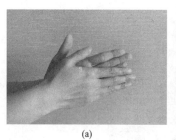

(a)

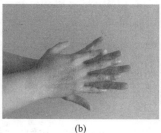

(b)

(c)

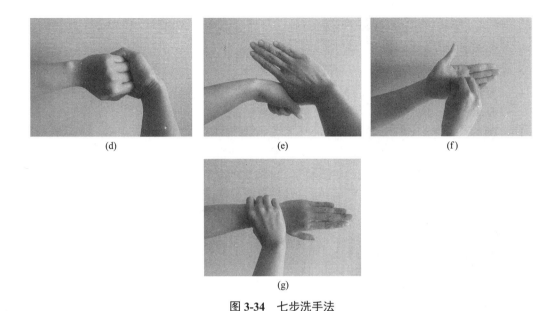

图 3-34 七步洗手法

（二）相关知识

1. 洗手的注意事项

（1）洗手方法正确，手的各个部位都需洗到、冲净。

（2）注意调节合适的水温、水流，避免污染周围环境。

（3）洗手后，手上不可检出致病微生物。

（4）护理员在下列情况下应认真洗手：进入和离开老人房间前；接触清洁物品前、处理污染物品后；无菌操作后；接触老人伤口前后；护理任何老人前后；上厕所前后。

2. 常用的物理消毒法

（1）煮沸消毒法：在1个标准大气压下，水的沸点是100℃，煮沸5～10分钟可杀灭细菌繁殖体，煮沸15分钟可杀灭多数细菌芽孢。煮沸消毒法简单方便、经济实用，适用于金属、搪瓷、玻璃和餐饮具或其他耐湿、耐热物品的消毒。

（2）压力蒸汽灭菌法：主要利用高压饱和蒸汽的高热所释放的潜热灭菌。适用于耐热、耐湿类诊疗器械、器具和物品的灭菌。

（3）日光曝晒法：利用日光的热、干燥和紫外线作用达到消毒效果。常用于床垫、被服、书籍等物品的消毒。将物品放在直射阳光下曝晒6小时，并定时翻动，使物品各面均能受到日光照射。

（4）紫外线消毒法：紫外线消毒使用的紫外线波长为250～270nm。紫外线可杀灭多种微生物，包括杆菌、病毒、真菌、细菌繁殖体、芽孢等。常用于空气消毒，照射时间不少于30分钟。或用于物品表面消毒，将物品摊开或挂起，用紫外线灯照射20～30分钟。

（5）臭氧消毒法：臭氧在常温下为强氧化性气体，是一种广谱杀菌剂。主要用于空气、水及物品表面的消毒。空气消毒时，封闭空间内、无人状态下，作用30分钟。消毒结束后20～30分钟人员方可进入。

（6）微波消毒法：微波是一种频率高、波长短、穿透力强的电磁波，能在较低的温度及较短的时间获得期望的消毒效果。常用于餐具的消毒,因其对人体有一定伤害,使用时应注意关闭好微波器具的门再开始操作。

3. 常用的化学消毒法

(1)浸泡法:将被消毒的物品清洗、擦干后浸没在规定浓度的消毒液内一定时间的消毒方法。浸泡前要打开物品的轴节或套盖,管腔内要灌满消毒液。浸泡法用于大多数物品。

(2)擦拭法:蘸取规定浓度的化学消毒剂擦拭被污染物品的表面或皮肤、黏膜的消毒方法。一般选用易溶于水、穿透力强、无显著刺激性的消毒剂。

(3)喷雾法:在规定时间内用喷雾器将一定浓度的化学消毒剂均匀地喷洒于空间或物品表面进行消毒的方法。常用于地面、墙壁、空气、物品表面的消毒。

(4)熏蒸法:在密闭空间内将一定浓度的消毒剂加热或加入氢化剂,使其产生气体,在规定的时间内进行消毒灭菌的方法。如换药室和房间的空气消毒以及精密贵重仪器,不能蒸煮、浸泡物品的消毒。

4. 常用的化学消毒剂

(1)高水平消毒剂:可杀灭一切细菌繁殖体、病毒、真菌及其孢子等,如含氯消毒剂(漂白粉、次氯酸钠)、臭氧等。

(2)中等水平消毒剂:仅可杀灭分枝杆菌、真菌、病毒及细菌繁殖体等除细菌芽孢外的微生物,如碘伏、碘酒、乙醇、高锰酸钾等。

(3)低水平消毒剂:仅可杀灭细菌繁殖体、亲脂病毒和某些真菌,如新洁尔灭、消毒净、洗必泰等。

四、冷热应用

冷、热疗法是利用低于或高于人体温度的物质作用于体表皮肤,通过引起皮肤和内脏器官血管的收缩或舒张,从而改变机体各系统体液循环和新陈代谢,达到治疗目的的方法。本节主要介绍热疗中热水袋的使用、湿热敷,以及冷疗中为高热老人使用冰袋、温水拭浴进行物理降温的操作方法及相关知识。

(一)实践任务

实践任务一:热水袋的使用。

操作步骤:

1. 工作准备

(1)环境准备:室内清洁、安静、明亮。

(2)护理员准备:服装整洁,摘除配饰,修剪指甲,洗净双手。

(3)老人准备:取舒适体位。

(4)物品准备:热水袋及布套、50℃热水、水温计、量杯、毛巾等。

2. 评估、沟通

了解老人的病情、肢体活动能力、局部循环状况、皮肤有无伤口及感觉障碍。解释热疗的目的,取得配合。

3. 放置热水袋

（1）放平热水袋，拿去塞子，一手持边缘，一手灌入热水至 1/2～2/3 满，提起热水袋，排尽空气，拧紧塞子。

（2）擦干热水袋外水迹，倒提检查无漏水后装入布套内。

（3）将套有布套或毛巾的热水袋放置于老人所需部位，袋口朝向身体外侧。

（4）30 分钟后，撤去热水袋。协助老人取舒适体位，整理床单位。

4. 整理记录

将热水袋内热水倒空，悬挂晾干，布套清洁后晾干备用。洗手、记录。

实践任务二：湿热敷。

操作步骤：

1. 工作准备

（1）环境准备：室内清洁、安静、明亮。

（2）护理员准备：服装整洁，摘除配饰，修剪指甲，洗净双手。

（3）老人准备：取舒适体位。

（4）物品准备：50～60℃热水、敷布 2 块、水温计、一次性手套、毛巾、凡士林、纱布、棉垫、治疗巾等。

2. 评估、沟通

了解老人的病情、意识、肢体活动能力、局部循环状况、皮肤有无伤口及感觉障碍。解释湿热敷的目的，取得配合。

3. 进行湿热敷

（1）暴露老人患处，垫一次性治疗巾于受敷部位下，保护皮肤及床单位。受敷部位涂凡士林，上盖一层纱布。

（2）戴上手套，将敷布浸入 50～60℃热水中，后拧至半干至不滴水，放在手腕内侧试温，以不烫手为宜。

（3）折叠敷布敷于患处，上盖棉垫。若热敷部位有伤口，须按无菌技术处理伤口。

（4）及时更换盆内热水维持水温，每 3～5 分钟更换一次敷布，维持 15～20 分钟。若老人感觉过热，可揭起敷布一角散热。

（5）热敷完毕，撤去敷布和纱布，拭去凡士林。观察皮肤颜色、全身情况，以防烫伤。协助老人取舒适体位，整理床单位。

4. 整理记录

清理用物，消毒后备用。洗手、记录。

实践任务三：冰袋的使用。

操作步骤：

1. 工作准备

（1）环境准备：室内清洁、安静、明亮。

（2）护理员准备：服装整洁，摘除配饰，修剪指甲，洗净双手。

（3）老人准备：取舒适体位。

（4）物品准备：冰袋及布套或化学制冷冰袋、冰块、帆布袋、毛巾、木槌、脸盆及冷水、勺等。

2. 评估、沟通

了解老人的病情、意识、肢体活动能力、局部循环状况、皮肤有无伤口及感觉障碍。解释使用冰袋的目的，取得配合。

3. 放置冰袋

（1）将冰块放入帆布袋内，用木槌敲碎成小块，放入盆中用冷水冲去棱角。

（2）将冰块装入冰袋至 1/2～2/3 满，排气后夹紧袋口。

（3）擦干冰袋外壁水迹，倒提冰袋，检查无漏水后装入布套。

（4）将冰袋放至老人所需部位（前额、头顶部、颈部两侧、腋窝或腹股沟）。在使用过程中注意观察局部皮肤变化，每 10 分钟查看一次局部皮肤颜色。

（5）30 分钟后，撤掉冰袋。协助老人取舒适体位，整理床单位。

4. 整理记录

将冰袋倒空，倒挂，晾于通风阴凉处，布套清洁后晾干备用。洗手，记录。

实践任务四：温水拭浴。

操作步骤：

1. 工作准备

（1）环境准备：室内清洁、明亮、温湿度适宜，关闭门窗、屏风遮挡。

（2）护理员准备：服装整洁，摘除配饰，修剪指甲，洗净双手。

（3）老人准备：取舒适体位。

（4）物品准备：32～34℃温水、30℃浓度 30% 的乙醇 200～300mL、脸盆、小毛巾、浴巾、热水袋（装入布套内，内含 5℃热水）、冰袋（装入布套内，内含冰块）、干净衣裤等。

2. 评估、沟通

了解老人的病情、意识、肢体活动能力、局部循环状况、皮肤有无伤口及感觉障碍，有无乙醇过敏史。解释温水（酒精）拭浴的目的，取得配合。

3. 进行拭浴

（1）将包有布套的冰袋置于老人头顶降温，热水袋置于老人足底保暖。

（2）掀开近侧盖被，脱去老人上衣，垫大毛巾/浴巾，拧干小毛巾缠于手上（水温 32～34℃），离心方向边按摩边擦拭，擦拭过程中注意保暖。

（3）擦拭顺序：

①上肢：颈部—肩关节—上臂外侧—肘关节—前臂外侧—手背—侧胸部—腋窝—上臂内侧—肘窝—前臂内侧—掌心（在腋窝、肘窝、腘窝部位可适当延长擦拭时间，促进降温）。同法擦拭对侧上肢。②背部：转移侧卧位，两侧颈下—肩胛骨—腰部，协助穿好上衣，转移仰卧位，脱掉裤子。③下肢：髋关节外侧—大腿外侧—膝关节外侧—小腿外侧—外踝—足背—腹股沟—大腿内侧—膝关节内侧—小腿内侧—内踝—股下—腘窝—小腿下方—足跟。同法擦拭对侧下肢。协助老人穿好裤子。

（4）擦拭过程中，及时观察老人全身情况，如出现寒战、面色苍白、脉搏呼吸异常，应立即停止操作，报告医生。

（5）移去热水袋及冰袋，协助老人取舒适卧位，盖好被子，拉开屏风。

4. 整理记录

清理用物，消毒后备用。洗手、记录。

（二）相关知识

1. 热疗的目的

（1）保暖与舒适。热疗可使局部血管扩张，促进血液循环，将热带至全身，使体温升高，并使老人感到舒适。

（2）促进炎症的消散和局限。热疗使局部血管扩张，血液循环速度加快，促进组织中毒素废物的排出；同时血量增多，白细胞数量增多，吞噬能力增强和新陈代谢增加，使机体局部或全身的抵抗力和修复力增强。因而炎症早期用热疗可促进炎性渗出物吸收与消散，炎症后期用热疗可促进白细胞释放蛋白溶解酶，使炎症局限。适用于急性扭伤48小时之后的老年人。

（3）减轻疼痛。热疗可降低痛觉神经兴奋性，又可改善血液循环，加速致痛物质排出和炎性渗出物吸收，解除对神经末梢的刺激和压迫，因而可减轻疼痛。同时热疗可使肌肉放松，增强结缔组织伸展性，增加关节的活动范围，减轻肌肉痉挛、僵硬、关节强直所致的疼痛。适用于腰肌劳损、肾绞痛、肠痉挛等的老人。

（4）减轻深部组织的充血。热疗使皮肤血管扩张，使平时大量呈闭锁状态的动静脉吻合支开放，皮肤血流量多。由于全身循环血量的重新分布，减轻深部组织的充血。

2. 热疗的注意事项

（1）热疗的禁忌部位：危险三角区，因该处血管丰富，面部静脉无静脉瓣，且与颅内海绵相通，热疗可使血管扩张，血流增多，导致细菌和毒素进入血液循环，促进炎症扩散，易造成颅内感染和败血症。

（2）热疗的禁忌证：未明确诊断的急性腹痛；各种脏器出血；软组织损伤或扭伤的初期（48小时内）；心、肝、肾功能不全者；皮肤湿疹；急性炎症如牙龈炎、中耳炎、结膜炎；金属移植物部位、人工关节。

（3）使用热疗的观察：使用热水袋时，温度不宜过高，热水袋外应使用布套或毛巾，避免直接接触老人皮肤，以免造成烫伤；热敷部位如有伤口，应进行无菌操作以免造成感染；观察老人受热部位的局部皮肤状况，如出现潮红，应立刻停止热疗，并在局部涂抹凡士林保护皮肤；热敷后应注意为老人保暖，以免着凉。

3. 冷疗的目的

（1）降低体温。冷疗直接与皮肤接触，通过传导与蒸发的物理作用，使体温降低。适用于高热、中暑的老人。

（2）减轻局部充血或出血。冷疗可使局部血管收缩，毛细血管通透性降低，减轻局部充血；同时冷疗还可使血流减慢，血液的黏稠度增加，有利于血液凝固，从而控制出血。适用于局部软组织损伤的初期的老人。

（3）减轻疼痛。冷疗可抑制细胞的活动，减慢神经冲动的传导，降低神经末梢的敏感性而减轻疼痛；同时冷疗使血管收缩，毛细血管的通透性降低，渗出液减少，从而减轻由于组织肿胀压迫神经末梢引起的疼痛。适用于急性损伤初期、牙痛、烫伤等老人。

（4）抑制炎症扩散。冷疗可使局部血管收缩，血流减少，细胞的新陈代谢和细胞的活力降低，从而限制炎症的扩散。适用于炎症早期的老人。

4. 冷疗的注意事项

（1）冷疗的禁忌部位：枕后、耳廓、阴囊处、心前区、腹部、足底。

（2）冷疗的禁忌证：血液循环障碍如休克、周围血管病变、动脉硬化、糖尿病、神经病变、水肿等；慢性炎症或深部化脓病灶；组织损伤、破裂或有开放性伤口；对冷过敏；昏迷、感觉异常、关节疼痛、心脏病等应慎用冷疗法。

（3）使用冷疗的观察：使用冰袋或进行温水拭浴物理降温时，应密切观察老人的局部血液循环状况，如出现寒战、面色苍白、皮肤麻木、脉搏呼吸异常，应立即停止冷疗；使用冰袋时间不宜过长，一般在30分钟之内，以防止发生继发效应；温水（酒精）拭浴时应避开禁忌部位，以免引起意外。

五、常见病护理

老年人随着年龄增长，逐渐出现多器官的功能衰退，容易发生多种急慢性疾病。本节根据老年人常见的症状，介绍呼吸系统疾病的老人吸氧护理、卧床老人压疮的预防、慢性疼痛的护理。

（一）氧气疗法

氧是生命活动所必需的物质，如果组织得不到足够的氧或不能充分利用氧，组织的代谢、功能甚至形态结构都可能发生异常改变，这一过程称为缺氧。氧气疗法指通过给氧，提高动脉血氧分压和动脉血氧饱和度，增加动脉血氧含量，纠正各种原因造成的缺氧状态，促进组织的新陈代谢，维持机体生命活动的一种治疗方法。

1. 缺氧程度的判断

（1）轻度低氧血症：动脉血氧分压 $PaO_2 > 667kPa$，血氧饱和度 $SaO_2 > 80\%$，无发绀，一般不需氧疗。如有呼吸困难，可给予低流量低浓度（氧流量1～2升/分）氧气。

（2）中度低氧血症：动脉血氧分压 $PaO_2 4 \sim 667kPa$，血氧饱和度 $SaO_2 60\% \sim 80\%$，有发绀、呼吸困难，需氧疗。

（3）重度低氧血症：动脉血氧分压 $PaO_2 < 4kPa$，血氧饱和度 $SaO_2 < 60\%$，有显著发绀、呼吸极度困难现象，出现"三凹征"，是氧疗的绝对适应证。

2. 氧疗的适应证

（1）呼吸系统疾患如哮喘、肺气肿、肺不张等。

（2）心功能不全，使肺部充血而致呼吸困难者，如心力衰竭时出现的呼吸困难。

（3）各种中毒引起的呼吸困难，使氧不能由毛细血管渗入组织而产生缺氧，如巴比妥类药物中毒、一氧化碳中毒等。

（4）昏迷的老人，如脑血管意外或颅脑损伤老人。

（5）某些外科手术后的老人、大出血休克的老人等。

3. 氧疗的方法

（1）鼻氧管给氧法。将鼻氧管前端插入鼻孔内约 1cm，导管环固定稳妥即可（见图 3-35）。此法比较简单，老人感觉比较舒适，容易接受，是目前最常用的给氧方法之一。

（2）面罩法。将面罩置于老人的口鼻部供氧，氧气自下端输入，呼出的气体从面罩两侧孔排出（见图 3-36）。由于口、鼻部都能吸入氧气，效果较好。适用于张口呼吸且病情较重的老人。

（3）氧气枕法。氧气枕是一长方形橡胶枕，上有调节器，可调节氧流量，接上湿化瓶即可使用（见图 3-37）。此法可用于家庭氧疗、危重老人的抢救或转运途中，以枕代替氧气装置。

图 3-35　鼻氧管

图 3-36　氧气面罩

图 3-37　氧气枕

（4）给氧方法。

用物：氧气筒、治疗盘、氧气表、弯盘、鼻氧管、湿化瓶、蒸馏水、纱布、棉签、胶布、笔、记录单。

操作方法：冲尘，安装氧气表、湿化瓶，连接导管，调节流量。携用物至老人床旁，核对姓名、床号，解释吸氧目的。清洁老人鼻腔，使其湿润。检查试管是否通畅，将导管插入老人一侧鼻腔（鼻尖至耳垂距离 2/3）。用胶布固定鼻翼及面颊部。记录用氧时间、流量并签名。随时观察用氧效果，询问老人感受。停用氧气时先取下鼻氧管，先关流量表，再关总开关，然后再打开小流量表开关，放出余气，再关好流量表。清洁口鼻，恢复舒适体位，整理床单位。

4. 用氧的注意事项

（1）用氧前，检查氧气装置有无漏气，是否通畅。

（2）严格遵守操作规程，注意用氧安全，切实做好"四防"，即防震、防火、防热、防油。氧气瓶搬运时要避免倾倒撞击。氧气筒应放阴凉处，周围严禁烟火及易燃品，距明火至少 5 米，距暖气至少 1 米，以防引起燃烧。氧气表及螺旋口勿上油，也不用带油的手装卸。

（3）使用氧气时，应先调节流量。停用氧气时，应先拔出导管，再关闭氧气开关。中途改变流量，先分离鼻氧管与湿化瓶连接处，调节好流量再接上。以免一旦开关出错，大量氧气进入呼吸道而损伤肺部组织。

（4）氧气筒内氧勿用尽，压力表至少要保留 0.5mPa，以免灰尘进入筒内，再充气时引起爆炸。

（5）对未用完或已用尽的氧气筒，应分别悬"满"或"空"的标志，既便于及时调换，也便于急用时搬运，提高抢救速度。

（6）用氧过程中，应加强监测，评价氧疗效果。

（二）压疮的预防

压疮是指身体局部组织长期受压，血液循环障碍，局部组织持续缺血、缺氧，营养缺乏，致使皮肤失去正常功能而引起的局限性组织破损和坏死，通常位于骨隆突处，由压力（包括压力联合剪切力）所致。

压疮是长期卧床老人或躯体移动障碍老人皮肤易出现的最严重问题，压疮本身并不是原发疾病，大多是由于其他原发病未能很好地护理而造成的皮肤损伤。一发生压疮，不仅给老人带来痛苦、加重病情及延长疾病康复的时间，严重时还会因继发感染引起败血症危及生命。因此，必须加强老人皮肤护理，预防和减少压疮发生。

1. 压疮发生的原因

（1）力学因素。包括压力、摩擦力与剪切力的共同作用。

① 压力。对局部组织持续性垂直压力是引起压疮的最直接原因。正常的毛细血管内压力为 12～30mmHg，当局部压力 >16mmHg，即可阻断毛细血管对组织的灌流。当局部压力 >30～35mmHg，持续 2～4h，即可引起压疮，肌肉及脂肪组织比皮肤对压力更敏感，最早出现（见图 3-38）。压力越大，持续时间越长，发生压疮的概率就越高。长时间垂直压力常见于卧位、坐位。

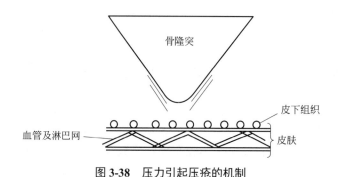

图 3-38 压力引起压疮的机制

② 摩擦力。两层相互接触的表面相对运动或有做相对运动趋势时，在两个接触面上就会产生阻碍物体运动的力。摩擦力作用于皮肤可损害皮肤的保护性角质层而使皮肤屏障作用受损，增加皮肤对压疮的敏感性。摩擦力主要来源于皮肤与衣裤或床单表面逆行的阻力摩擦，尤其当床面不平整（如床单或衣裤有皱褶或床单有渣屑）时，皮肤受到的摩擦力会加大（见图 3-39）。老人在床上活动或坐轮椅时，皮肤随时可受到床单和轮椅表面的逆行力摩擦。搬运老人时，拖拉动作也会产生摩擦力而使老人皮肤受到损伤。

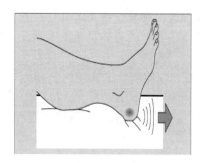

图 3-39 摩擦力引起压疮的机制

图 3-40 剪切力引起压疮的机制

③ 剪切力。是施加于相邻物体的表面，引起相反方向的进行性平行滑动的力量。剪切力作用于深层，引起组织的相对位移，由压力和摩擦力协同作用而成，与体位有密切关系。如半坐卧位时，骨及深层组织由于重力作用向下滑行，而皮肤及表层组织由于摩擦力的缘故仍停留在原位，从而导致两层组织间产生牵张而形成剪切力（见图 3-40）。

（2）局部潮湿或排泄物刺激。大小便失禁、汗液、尿液及各种渗出液等引起的潮湿刺激导致皮肤削弱其屏障作用，致使皮肤易受剪切力和摩擦力等损伤。尤其是尿液和粪便中化学物质的刺激使皮肤酸碱度发生改变，致使表皮角质层的保护能力下降，皮肤组织破溃，容易继发感染。

（3）年龄。老年人因老化过程导致皮肤在解剖结构、生理功能及免疫功能等方面均出现衰退现象，表现为皮肤松弛、干燥、缺乏弹性，皮下脂肪萎缩、变薄，皮肤抵抗力下降，对外部环境反应迟钝，皮肤血流速度下降且血管脆性增加，导致皮肤易损性增加。

（4）机体活动和（或）感觉活动障碍。自主活动能力减退或丧失使局部组织长期受压，血液循环出现障碍而发生压疮。感觉受损可造成机体对伤害性刺激反应障碍，保护性反应迟钝，长期受压导致压疮发生。

（5）体温升高。体温升高时，机体新陈代谢率增高，组织细胞对氧的需求量增加。加之局部组织受压，使已有的组织缺氧更加严重。

（6）营养状况。全身出现营养障碍时，营养摄入不足，蛋白质合成减少，出现负氮平衡，皮下脂肪减少，肌肉萎缩。一旦受压，骨隆突处皮肤要承受外界压力和骨隆突本身对皮肤的挤压力，受压处因缺乏肌肉和脂肪组织保护而容易引起血液循环障碍，出现压疮。

2. 压疮好发部位

压疮多发生在受压和缺乏脂肪组织保护、无肌肉包裹或肌层较薄的骨隆突及受压部位。根据卧位不同，受压点不同，好发部位亦不同。

（1）仰卧位：枕部、肩胛骨周围、肘部、脊椎体隆突处、骶尾骨部、足跟部（见图 3-41）。

（2）侧卧位：耳部、肩部、肘部、髋部、膝关节的内外侧、内外踝部（见图 3-42）。

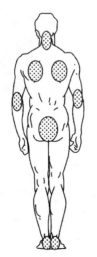
图 3-41　仰卧位压疮好发部位

图 3-42　侧卧位压疮好发部位

（3）俯卧位：头侧部、面颊部、肋缘突部、膝关节、脚趾（见图 3-43）。

（4）坐位：好发于肩胛部、肘部、坐骨结节（见图3-44）。

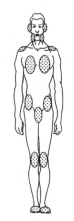

图3-43 俯卧位压疮好发部位

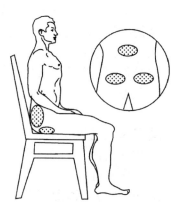

图3-44 坐位压疮好发部位

3. 压疮的分期

（1）怀疑深层组织损伤。局部皮肤完整但可出现颜色改变如紫色或褐红色，或有瘀伤，或充血水疱受损区域的软组织可能有疼痛、硬块、黏糊状渗出、潮湿、发热或冰冷（见图3-45）。

（2）第Ⅰ期，淤血红润期。此期为压疮初期，局部皮肤受压或潮湿后，出现红、肿、热、痛或麻木，短时间内不见消退。此期皮肤的完整性没被破坏，为可逆性改变，如及时去除致病原因，则可以阻止压疮的发展（见图3-46）。

（3）第Ⅱ期，炎性浸润期。红肿部位继续受压，血循环得不到改善，静脉回流受阻，局部静脉淤血。受压部位成紫红色，皮下产生硬结，皮肤因水肿而变薄，可出现水疱，此时极易破溃。破溃后，可显露出潮湿红润的疮面。此期如不采取积极措施，压疮则继续发展。此期会出现痛感（见图3-47）。

图3-45 深部组织损伤

图3-46 淤血红润期

图3-47 炎性浸润期

（4）第Ⅲ期，浅度溃疡期。表皮水疱逐渐扩大，破溃，真皮层疮面有黄色渗出液，感染后表面有脓液覆盖，致使浅层组织坏死，形成溃疡，疼痛会加重（见图3-48）。

（5）第Ⅳ期，坏死溃疡期。为压疮严重期。坏死组织侵入真皮下层和肌肉层，感染可向周边及深部扩展，可深达骨面。脓液较多，坏死组织发黑，脓性分泌物增多，有臭味，严重者造成败血病，造成全身感染（见图3-49）。

（6）无法界定阶段。此期全层组织缺失，溃疡底部有腐肉覆盖（黄色、黄褐色、灰色、绿色或褐色），或者伤口床有焦痂附着（炭色、褐色或黑色）（见图3-50）。

图 3-48　浅度溃疡期　　　　图 3-49　坏死溃疡期　　　　图 3-50　无法界定阶段

4. 好发人群及评估对象

（1）卧床，不能自主翻身或不能自主动作者。
（2）疾病晚期者。
（3）消瘦或水肿，重度营养不良者。
（4）意识障碍，自主动作受限者。
（5）手术后或医疗措施固定，体位或活动受限者。
（6）慢性疾病导致感知觉障碍或功能障碍者。
（7）大小便失禁，局部潮湿者。
（8）高龄老年人，反应迟缓、自主动作困难者。
（9）发热者。

5. 压疮的评估方法

老人入院时初次进行压疮风险评估（Braden 评分），Braden 评分总分 23 分，评分在 15～18 分提示轻度危险，评分在 13～14 分提示中度危险，评分在 10～12 分提示高度危险，评分≤9 分提示极度危险。根据病情决定评估频次，轻度危险宜每周评估 1 次；风险越高，评估周期越短。

6. 压疮的预防

预防压疮主要是延缓压力对局部组织作用的时间。具体措施如下。

（1）体位变换。解除压迫是预防压疮的主要原则，又是治疗压疮的先决条件，尽管各种床垫坐垫和支具已不断改进，各种翻身床、气垫床的应用已取得较好的效果，但是最基本的且最简单有效的预防措施还是护理人员或家属给老人翻身或是老人自己定时变换体位，变换体位可防止老人同一部位受到长时间的持续压力。一般交替地应用仰卧位、侧卧位。体位变换的间隔时间不应超过两小时，必要时每 30 分钟翻身一次，翻身动作应轻柔，不可拖、拉、拽。床铺应保持清洁、干燥、平整、无碎屑。对排泄物污染的床单，要及时更换清洗，保持皮肤清洁干燥，及时更换汗湿内衣。在骨隆突部位垫好软枕，避免压力过于集中。减少骨隆突部位的压迫：用软枕、海绵等物品架空骨隆突部位。

（2）避免外伤。缺乏神经支配或营养不良时，即使很轻的皮肤损伤，也会发生感染，演变成与压疮相似的创面。因此要特别注意清除床面、座椅、轮椅上的异物，还应及时修剪指（趾）甲和清洗甲缝。以免划伤感染皮肤。

（3）加强营养。营养不良的老人，因皮肤对压力损伤的耐受力下降，容易发生压疮，所以要注意增加高蛋白、高热量、高维生素饮食，防止老人出现贫血和低蛋白血症。

（4）鼓励老人活动。鼓励老人在不影响疾病治疗的情况下，积极活动，防止因长期卧床不动而导致的各种并发症，让老人参与自己力所能及的日常活动，采用动静结合的休息方式。

（三）疼痛

痛感常与躯体感觉、情绪、认知等因素有关，属于一种主观感受。疼痛是与现存或潜在的组织损伤有关的或可用损伤来描述的一种不愉快的感觉和情绪体验。从生理学角度看，包含痛觉和痛反应，痛觉是指存在躯体某一部位的厌恶和不愉快的感觉，属于个人的主观知觉体验，表现为痛苦、焦虑等；痛反应是指机体对疼痛刺激产生的一系列生理病理反应，如呼吸急促、血压升高、瞳孔扩大、心率加快以及出汗、骨骼肌收缩等。

1. 疼痛的分类

（1）急性疼痛。急性疼痛主要有明确的伤害性刺激，具有局限性特点，性质常为锐痛，如皮肤、深部组织、内脏的疾病和（或）损伤所致的疼痛，病程一般不超过3个月。当有害刺激被消除后，急性疼痛通常也能得到控制。

（2）慢性疼痛。慢性疼痛的界定意见不一，大多数学者将其定义为持续6个月以上的疼痛，也有学者以3个月为界。慢性疼痛可对老人生活的多方面产生影响，慢性持续的反复疼痛，可影响老人的睡眠，改变老人的情绪，特别表现为焦虑和抑郁，同时对疼痛的害怕引起行为的改变，使老人的生活活动能力降低，严重影响生活质量。

2. 疼痛的原因

（1）温度刺激。过高或过低的温度作用于体表，均会引起组织受损。受伤的组织释放组胺等化学物质，刺激神经末梢导致疼痛。

（2）化学刺激。化学物质如强酸、强碱，可直接刺激神经末梢，导致疼痛。化学灼伤还可使受损组织细胞释放化学物质，再次作用于痛觉感受器，使疼痛加剧。

（3）物理损伤。如刀切割、针刺、碰撞、身体组织受牵拉、肌肉受压等，均可使局部组织受损，刺激神经末梢而引起疼痛。大部分物理损伤引起的缺血、淤血、炎症等都促使组织释放化学物质，而使疼痛加剧、疼痛时间长。

（4）病理改变。疾病造成的体内某些管腔堵塞，组织缺血、缺氧，空腔脏器过度扩张，平滑肌痉挛或过度收缩，局部炎性浸润等均可引起疼痛。

（5）心理因素。心理状态不佳，如情绪紧张或低落、愤怒、悲痛、恐惧等都能引起局部血管收缩或扩张而导致疼痛。如神经性疼痛常因心理因素引起。此外，疲劳、睡眠不足、用脑过度等可导致功能性头痛。

3. 疼痛的评估方法

（1）视觉模拟评分法。视觉模拟评分法也称为目测类比评分法，是在白纸上画一条长10cm的线段，线段左端表示无痛（0），右端表示极痛（10）。目测后让老人根据自己所感受的疼痛程度，在线段上用手指出疼痛位置。从起点至记号处的距离长度也就是疼痛的强度（见图3-51）。一般重复两次，取两次的平均值。目测类比法是用来测定疼痛的幅度或强度，此法简单、快速、精确、易操作，具有较高的信度和效度，在临床上广泛应用于评价治疗的效果。缺点是不能做老人之间的比较，而只能对老人治疗前后做评价。

图3-51　0～10数字疼痛强度量表

（2）口述分级评分法。口述分级评分法是另一种评价疼痛强度和变化的方法。特点是列举一系列从轻到重依次排列的关于疼痛的描述性词语，让老人从中选择最适合于形容自身疼痛程度的词语。口述分级评分法是由简单的形容疼痛的字词组成，所以能迅速被医生和老人双方所接受。

口述分级评分法包括 4 级评分、5 级评分、6 级评分、12 级评分和 15 级评分，这些词通常按从疼痛最轻到最强的顺序排列（表 3-2）。最轻程度疼痛的描述常被评估为 0 分，以后每增加 1 级即增加 1 分，因此每个描述疼痛的形容词都有相应的评分，以便定量分析疼痛。这样，老人的总疼痛程度评分就是最适合其疼痛水平的形容词所代表的数字。

表 3-2　口述分级评分法

4 级评定法	5 级评定法	6 级评定法	12 级评定法	15 级评定法
1 无痛	1 无痛	1 无痛	1 不引人注意的痛	1 无痛
2 轻度痛	2 轻度痛	2 轻度痛	2 刚刚注意到的疼痛	2 极弱的痛
3 中度痛	3 中度痛	3 中度痛	3 很弱的痛	3 刚刚注意到的疼痛
4 严重痛	4 严重痛	4 严重痛	4 弱痛	4 很弱的痛
	5 剧烈痛	5 剧烈痛	5 轻度痛	5 弱痛
		6 难以忍受的痛	6 中度痛	6 轻度痛
			7 强痛	7 中度痛
			8 剧烈痛	8 不适性痛
			9 很强烈的痛	9 强痛
			10 严重痛	10 剧烈痛
			11 极剧烈痛	11 很强烈的痛
			12 难以忍受的痛	12 极剧烈痛
				13 很剧烈的痛
				14 不可忍受的痛
				15 难以忍受的痛

（3）面部表情疼痛评定法。用面部表情来表达疼痛程度，从左到右六张面部表情，最左边的脸表示无疼痛，向右依次表示疼痛越来越重，直至最右边的脸表示极度疼痛。请老人立即指出能反映他 / 她疼痛的那张面部表情图（见图 3-52）。

图 3-52　面部表情疼痛评定法

4. 镇痛的方法

（1）药物治疗。是疼痛治疗中较为基本的、常用的方法。

① 非阿片类药物。主要为非皮质类固醇消炎镇痛药物、皮质类固醇类药物。前者是临床首选的镇痛药物，具有解热、镇痛、抗炎、抗风湿的作用，对慢性疼痛有较好的镇痛效果，包括对乙酰氨基酚、柳酸盐（阿司匹林等）、丙酸类（布洛芬等）等。该类药物口服易于

吸收，但可致胃肠不适，有消化性溃疡病与肾功能低下者不宜使用。后者的不良反应相对较多，应用时应谨慎。

② 阿片类药物。镇痛作用强，常用于治疗顽固性疼痛，特别是治疗癌痛的主要手段，包括吗啡、哌替啶、可待因、芬太尼等。此类药物具有成瘾性，应尽量避免用于慢性疼痛老人。

③ 辅助性镇痛药物。慢性疼痛老人常伴有的焦虑、抑郁、烦躁、失眠等症状，需联合辅助药物治疗，包括抗抑郁药（丙咪嗪、阿咪替林、氟西汀、舍曲林等）、抗惊厥药（苯妥英钠、卡马西平等）、抗痉挛药（地西泮、巴氯芬等）等。

（2）物理因子治疗。在慢性疼痛老人功能恢复中具有重要作用。物理因子治疗可协助缓解疼痛、降低痛阈、缓解痉挛、减少疼痛介质的释放等。

① 电疗法。首选经皮神经电刺激疗法。其他可选用经皮脊髓电刺激疗法、间动电疗法、干扰电疗法、感应电疗法、音频电疗法、调制中频电疗法、高频电疗法、直流电药物离子导入疗法等。

② 热疗和冷疗。热疗包括电热垫、电光浴、热水袋、热水浴、中药熏蒸等，可以抑制疼痛反射，提高痛阈；可使肌梭兴奋性下降，减轻肌肉痉挛；可改善血液循环，促进炎症吸收。冷疗包括冷敷、冷喷、冰按摩、冰水浴等，可以降低肌张力，减慢肌肉内神经传导速度，从而减轻肌肉痉挛。

③ 光疗法。包括红外线、红外偏振光、激光、紫外线等。

④ 超声波疗法。特别适合神经肌肉、骨骼系统所引起的疼痛。

（3）心理治疗。慢性疼痛常伴有精神、心理的改变，大部分老人表现为抑郁或焦虑状态。可采用心理支持疗法、理性情绪疗法、集体心理疗法、认知行为疗法等方法进行心理治疗。学会控制自己的不良情绪及对压力的反应，适当宣泄。多从事一些休闲性活动如园艺活动、户外散步、观赏风景、听轻音乐等，以分散大脑对疼痛的注意力。要劳逸结合，确保睡眠的时间和质量，保持充沛的精力。热爱生活，充分享受生活的乐趣，使自己拥有愉快的心境。

（4）传统康复疗法。包括针灸、推拿、按摩、拔罐等。对关节或肌肉进行推拿、按摩治疗，有助于肌肉的放松，改善异常收缩，纠正关节的紊乱，减轻活动时的疼痛。拔罐可以逐寒祛湿、疏通经络、促进局部血液循环，达到消肿止痛、恢复机能的目的。

六、急救技术

急救的最基本目的就是挽救生命，当老年人发生危急状况时，护理员对常用急救技术掌握的程度可以直接影响老人生命挽救的成败。因此护理员必须掌握必要的急救知识与技能。本节主要介绍心肺复苏术和海姆立克手法两种常用的急救技术及相关知识。

（一）实践任务

实践任务一：心肺复苏术。

操作步骤：

1. 评估环境

评估现场是否安全、发生事件的原因和受伤人数等；评估急救者、伤病者及旁观者是否身处险境;判断现场可以应用的资源及需要何种支援,采取何种救护措施等。急救者要确保自己的安全,清楚明确自己的救护能力,应避开塔楼、火灾、毒气、电击等危险现场,如现场安全无危险因素存在时,应就地抢救。急救者应采用防护设备,防止病原体侵入。

2. 判断意识、呼吸

判断老人是否意识丧失:发现老人需要救助时,大声呼唤老人"××,你怎么了",并用一定力量拍打老人双侧肩部,观察老人是否有反应(见图3-53)。如果老人头颈部创伤或怀疑有颈部损伤时,切勿用力过大,也切勿轻易搬动,以防加重损伤。

图3-53 判断老人意识

快速判断老人有无呼吸:救护者将耳和面颊贴近老人口鼻,头偏向老人胸部,耳朵聆听老人有无呼气声,面部感觉有无气流,眼睛观察胸廓有无起伏,以判断老人有无自主呼吸。

注:意识、呼吸判断要快速准确,以免延误抢救,在10秒内完成。

3. 呼救、启动EMSS

现场只有1人时:一旦确认老人意识丧失,立刻向周围呼救,"快来人啊,救命啊",立刻拨打120寻求救护和帮助(见图3-54);就近寻找自动体外除颤仪(AED),无则放弃,立刻开始实施CPR。

图3-54 呼救、拨打120

现场有2人时:立即由"第一目击者"实施CPR,由现场第二人寻求救援。

(1)医院外现场,应当快速拨打急救电话120,通知急救机构;打电话者应尽可能简洁明了地报告完整信息——事发地点(街道名称)、发生了什么事件、多少人需要救治、发病者的情况、正在给予什么样的处置等。

(2)医院内的老人,应在救治的同时接通院内紧急呼叫系统,或大声呼救以寻求帮助。

（3）立即在周围寻找自动体外除颤仪。

4. 摆复苏体位

将老人仰卧于平底或硬板上，头、颈、躯干平直无扭曲，将双上肢放置于身体两侧，松开衣领和裤带，解开老人上衣，暴露胸壁。如老人为俯卧位或侧卧位，对头颈部创伤或疑有脊柱损伤者，应将老人躯体整体翻转，即颈、肩、躯干同时转动，三者始终保持在同一轴面上，翻转时一手托住颈部，一手扶住肩部，使老人平稳整体转动至仰卧位（见图3-55），避免躯干扭曲，加重损伤。

5. 判断循环征象（心搏）

触摸老人颈动脉判断心脏是否骤停。使老人仰头，急救者用一手的食、中指触及老人气管正中部位（男性可触及喉结），两指向旁滑移2～3cm，至甲状软骨和胸锁乳突肌之间的凹陷，稍加力度触摸颈动脉的搏动，判断时间不能超过10秒（见图3-56）。如10秒内不能确定是否有动脉搏动，应立即实施胸外心脏按压。检查动脉时，注意不可用力压迫，避免刺激颈动脉窦致迷走神经兴奋，反射性地引起心搏骤停。

图3-55 防止颈部损伤加重的翻转方法

图3-56 心脏停搏的判断

6. 心脏按压（Circulation）30次

胸外心脏按压是指间接或直接按压心脏，有效维持心脏的被动充盈和血液搏出，并诱发心脏的自律性搏动的方法。其目的是预防重要生命器官因长时间的缺血、缺氧而导致的不可逆损害，并最终恢复心脏的自主搏动及机体循环功能。

胸外心脏按压的原理：胸外心脏按压的机制是"胸泵"原理。按压胸骨下部，使胸内压增加或直接挤压心脏使血液流动，血液流向肺循环，配合人工呼吸，使重要器官如脑与心脏等获得氧气，有利于心脑复苏。

胸外心脏按压的方法：

（1）按压部位：按压部位为胸骨的中、下1/3交界处（见图3-57）。定位方法：①救护者用食指和中指确定老人的近侧肋弓下缘，然后沿肋弓下缘滑行至两侧肋弓的汇合点（即胸骨下切迹处），将食指及中指两横指放在胸骨下切迹上方，食指上方的胸骨正中区为按压区，即胸骨中、下1/3交界处；②胸骨正中两乳头连线中点。

（2）按压姿势：老人仰卧于地上或硬板床上，救护者站立或跪于老人右侧，左手掌根置于老人按压点，掌根部与老人胸骨纵轴方向一致，右手掌重叠放在左手背上，双手十指分开并相扣，外露的五指翘起，脱离胸壁（见图3-58）。救护者上半身前倾，腕、肘、肩关节伸直，双肩在老人胸骨上方正中，以髋关节作为支点，利用上半身重量垂直向下按压，按压至最低点时应有一明显停顿，随后放松，使胸廓自行复位，但手掌根部不要离开胸壁，确保定位准确（见图3-59）。按压应平稳、有规律地进行，不能间断，不能冲击式猛压。

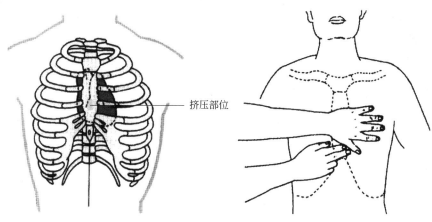

图 3-57 胸外心脏按压点

图 3-58 手指交叉按压法

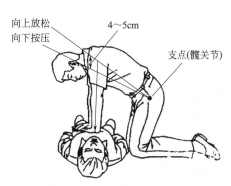

图 3-59 按压姿势

（3）按压深度：成年人按压深度应不少于 5cm，然后放松，使老人胸廓弹性复位，再进行下一次按压，如此有节奏反复进行。为达到有效的按压，可根据老人的体形增加或减少按压幅度。

（4）按压频率：成年人至少 100 次 / 分，按压与放松时间相等，使大脑与心脏得到有效的血液供应。连续按压 30 次后进行人工呼吸。

胸外心脏按压的注意事项：

（1）确定伤病员无意识，无咳嗽，无运动，无脉搏，开始胸外心脏按压；

（2）严重心胸外伤者禁忌胸外心脏按压；

（3）定位要准确，按压用力要均匀，以免造成老年人肋骨骨折；

（4）每次按压后必须完全解除压力，使胸壁回到正常位置，按压和放松所需时间相等；

（5）按压姿势要正确，双肘不可弯曲，不可仅上肢用力进行按压；

（6）按压要有节律性，频率不可忽快忽慢，按压间隙掌根不可离开胸壁；

（7）按压时，观察伤病员反应及面色的改变。

胸外心脏按压的有效指征：

（1）触及大动脉，肱动脉收缩压 ≥ 60mmHg；

（2）口唇及皮肤的颜色转红；

（3）有尿液流出或尿量增加；

（4）自主呼吸恢复。

7. 开放气道（Airway）

老人无反应、无意识时，肌张力下降，舌体后坠造成呼吸道阻塞，急需开放气道。首先使老人头偏向一侧，使老人张口，用纱布包裹手指或用指套，伸入老人口腔以清除口中的异物、分泌物，取出假牙，以便开放气道。

常用的开放气道方法有：

（1）仰头抬颏法。救助者一手放在老人前额，用手掌尺侧把额头用力向后退，使头部向后仰，另一只手的食指和中指放在老人下颌骨处，将下颌向上抬动，使下颌角与耳垂的连线与地面垂直（见图3-60）。注意操作时食指和中指指尖不要深压颏下软组织，以免阻塞气道。

（2）托下颌法。怀疑老人颈椎损伤时，需使用此法开放气道。救助者双手置于老人头部两侧，肘部支撑在老人所躺的平面上，握紧下颌角，用力向上托下颌，如老人紧闭双唇，可用拇指把口唇分开（见图3-61）。

（3）仰头抬颈法。救护者一手抬起老人颈部，另一手按老人前额，使其头后仰、颈部抬起（见图3-62）。头颈部外伤者禁用，以免损伤脊髓。

 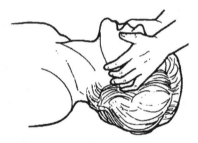 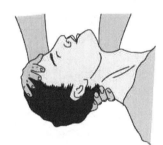

图3-60 仰头抬颏法　　　　图3-61 托下颌法　　　　图3-62 仰头抬颈法

8. 人工呼吸（Breathing）2次

开放气道后，需立即进行人工呼吸。人工呼吸是用人工方法（手法或器械）借助外力来推动肺、膈肌或胸廓的活动，使气体被动进入或排出肺脏，以保证机体氧的供给和二氧化碳的排出。常用口对口、口对鼻、口对口鼻（适用于婴幼儿）人工呼吸法。

口对口人工呼吸：

（1）救护者用开放气道时压在老人前额的手的拇指、食指捏紧老人的鼻孔（防止吹气时气体从鼻孔逸出），另一手将嘴唇分开。

（2）深吸一口气后，救护者的嘴完全包住病人的口部，然后用力向内吹气。同时双眼斜视胸廓，胸廓抬起为有效标志（见图3-63）。每次吹气时间要在1秒以上，保证足够的潮气量使胸廓抬起。为防止交叉感染，可将单层纱布或呼吸膜覆盖在老人口部进行吹气。

（3）随后立即与老人口部脱离，松开鼻孔，救助者侧转头稍抬起换气，老人借胸廓和肺的弹性回缩，被动地完成呼吸。连续吹气2次。

（4）呼吸频率为8～12次/分，每次吹气量为800～1000mL。

口对鼻人工呼吸：适用于不能经口吹气的老人。如牙关紧闭、张口困难、口腔周围严重外伤的老人，可采用此法。口对鼻人工呼吸时，救助者以一手的小鱼际侧按压老人的前额，使其头后仰，另一手托起下颌，使口完全闭合，救助者深吸一口气，用双唇包绕老人鼻部，用力向老人鼻孔内吹气（见图3-64）。但若鼻出血或鼻阻塞时禁用口对鼻吹气，防止把血或异物吹入气管深处。

图 3-63　口对口人工呼吸

图 3-64　口对鼻人工呼吸

图 3-65　AED 的使用方法

9. 按压（30s）：通气（2s），连续 5 组，检查生命体征

吹气后，救助者迅速移到老人胸侧，确定按压部位，连续 30 次胸外心脏按压，人工呼吸 2 次，如此反复进行 5 个循环。无论单人操作还是双人操作，胸外心脏按压与人工呼吸之比均为 30∶2，5 个循环为一个周期。

做完一个周期的心肺复苏后，检查老人的生命体征，判断复苏效果，每次检查时间不得超过 10 秒。

心肺复苏的有效指征：①扪及大动脉搏动（颈动脉）；②自主呼吸恢复；③可看见老人的眼球活动，瞳孔由大变小，对光反射逐渐恢复；④皮肤、黏膜颜色由发绀转为红润；⑤收缩压达到 60mmHg 以上；⑥意识恢复。

若老人复苏有效，可停止心肺复苏，使老人头偏向一侧，等待医务人员的到来。若老人复苏无效，应立即进行下一周期的心肺复苏。

10. 电除颤

自动体外除颤仪，是专为现场急救设计的急救设备。除颤是借用除颤仪向老人胸廓放电或直接作用于心脏，达到有效抢救心脏骤停老人的一种方法。成功除颤的机会转瞬即逝，不进行电除颤数分钟后可能转为心脏停搏，因此，心脏骤停后要力争在 3 分钟内首次电除颤。

操作步骤：

（1）置老人于绝缘的木板上，取仰卧位；

（2）操作者站于老人的右侧，打开除颤仪电源开关；

（3）根据老人情况选择电除颤的方式，一般情况下心脏停搏选用非同步电除颤；

（4）将电极片贴于老人胸壁，一个电极片放置于老人右侧锁骨下方，另一个放置于老人左腋前线第 5～6 肋间（见图 3-65）；

（5）充电，根据不同情况选择能量，一般首选 200J；

（6）在核实无任何人与老人电极有直接或间接接触的情况下实施放电；

（7）观察老人心率转复情况，如未恢复有效灌注心率，立即进行下一周期心肺复苏。

注意事项：

（1）除颤仪仅用于抢救心脏骤停的老人；

（2）电击前，应取下老人身上的金属物，并不得与任何金属接触；

（3）电击时，不得与老人接触，以免受伤；

（4）确认电极片严实地贴在老人的皮肤上，两电极片的位置放置得不应太近；

（5）关注除颤仪的声音提示和屏幕信息。

持续进行30：2按压通气，直至呼吸、循环恢复。如老人未出现复苏体征，应持续进行心肺复苏，直至老人呼吸、循环恢复。老人恢复自主呼吸及循环后，将老人头偏向一侧，等待医务人员的到来，进行高级生命支持。

实践任务二：海姆立克手法。

操作步骤：

1. 判断表现

气道异物是指发生在喉、气管、支气管的异物梗塞（见图3-66）。临床表现包括：

（1）不完全阻塞：老人可以咳嗽或咳嗽无力，喘息，呼吸困难，吸气时可听到高调声音，皮肤、甲床、口唇、面色发绀。

（2）完全阻塞：老人面色青紫，不能说话、不能咳嗽、不能呼吸，老人很快发生窒息，失去知觉，呼吸心跳停止。

（3）特殊表现：老人常常不由自主地表现为手呈"V"字状紧贴于颈前喉部，表情痛苦（见图3-67）。

当怀疑老人发生气道异物，或出现"V"体征时，应大声询问老人"喂！您是不是噎/卡住了"，意识清醒的老人常会点头回答"是"。急救者应立刻开始救治，并及时呼救求援。

2. 迅速站于老人身后

判断老人的表现为发生气道异物后，应迅速站于意识清醒的老人身后，采取急救手法。

3. 双臂环绕老人腹部，握拳置于脐上两指

老人取立位，急救者站于老人背后，使老人弯腰，头部向前倾。急救者以手臂环绕其腹部，一手握拳，使拇指顶于脐上两横指处，远离剑突尖，另一手紧握此拳（见图3-68）。

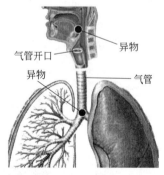
图3-66 气道异物

图3-67 "V"体征

图3-68 海姆立克手法

4. 快速冲击老人腹部，直至异物排出

将拳头压向老人腹部，双手快速向内、向上冲击，连续5次，每次冲击时间为1秒。检查口腔有无异物，若有可用手将异物抠出，若没有应继续冲击，直至异物排出（见图3-69）。每次冲击都应是独立、有力的动作，注意施力的方向，防止胸腔和腹腔脏器损伤。异物排出后，应将老人妥善安置，观察老人情况。

对于已经昏迷的老人，可置仰卧位，骑跨在老人髋部，将一手手掌根置于老人脐上两

横指,另一手压在手背上,向内、向上冲击(见图3-70),直至异物排出。如老人呼吸心跳停止,应排出异物后立即进行心肺复苏。如无法排出异物,应立即请专业人员进行环甲膜穿刺,并紧急送往医院取出异物。

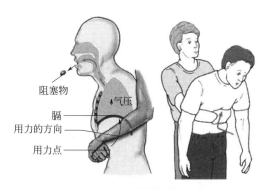

图3-69　气道异物排出

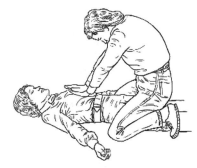

图3-70　昏迷老人海姆立克手法

(二)相关知识

1. 心肺复苏的禁忌证

(1)胸壁开放性损伤;

(2)肋骨骨折;

(3)胸廓畸形或心包填塞;

(4)凡已明确心、肺、脑等重要器官功能衰竭无法逆转者,可不必进行复苏术,如晚期癌症等。

2. 终止心肺复苏指征

心肺复苏已持续30分钟,而出现以下情形时,可终止心肺复苏:

(1)大动脉搏动消失;

(2)呼吸仍未恢复;

(3)瞳孔散大和固定,对光反射消失,用手电筒光照射老人瞳孔,无缩小反应;

(4)心电图成直线。

3. 气道异物发生的原因

(1)饮食不慎:因进食急促、过快,尤其是在摄入大块的、咀嚼不全的食物时,若同时大笑、说话或受到惊吓,很容易使食物滑入呼吸道。

(2)酗酒:大量饮酒引起血液中酒精浓度升高,使咽喉部肌肉松弛而吞咽失灵,食物团块极易滑入呼吸道。

(3)年龄:老年人因咳嗽、吞咽功能差,容易将假牙或牙托误送入呼吸道。

(4)昏迷:因舌根后坠,胃内容物和血液反流入咽部,可阻塞呼吸道入口。

(5)企图自杀或精神病患者:故意将异物送入口腔,插入呼吸道。

4. 老年人发生气道异物的自救方法

如老年人发生气道异物时无其他人帮助,应教会其迅速自救的方法。

方法一:一手握拳置于脐上两横指,另一手握住拳头,快速冲击腹部(见图3-71)。

方法二：用椅背、桌角或栏杆等快速冲击腹部（见图3-72）。

图3-71　气道异物自救方法一

图3-72　气道异物自救方法二

5. 预防老年人发生气道异物的健康教育

（1）避免吞咽过量或体积过大的食物，应将食物切成小块；
（2）进食时避免说话、大笑、行走或跑步；
（3）进食速度不宜过快，避免咀嚼不全；
（4）使用假牙的老年人应避免果冻、豆类、话梅等食物，用餐后应将假牙取下；
（5）吞咽困难的老人应尽量选取半流食或流食。

七、护理记录

护理记录是护理人员对老人进行病情观察和实施护理措施的原始文字记载，是护理工作的重要组成部分。因此，护理文件必须书写规范并妥善保管，以保证其正确性、完整性和原始性。目前各养老机构的护理文件记录方式不尽相同，但遵循的原则是一致的。

（一）记录的意义

（1）提供信息。护理文件是关于老人病情变化、诊疗护理以及疾病转归全过程的客观全面、及时动态的记录，是医护人员进行正确诊疗、护理的依据，同时也是加强各级医护人员之间交流与合作的纽带。护理记录内容如体温、脉搏、呼吸、血压、出入量、危重老人观察记录等，常是医生了解老人的病情进展、进行明确诊断并制订和调整治疗方案的重要参考依据。

（2）供教学与科研资料。标准、完整的护理记录体现出理论在实践中的具体应用，是最好的教学资料。完整的医疗护理记录也是科研的重要资料，尤其是对回顾性研究具有重要的参考价值。同时它也为流行病学研究、传染病管理、防病调查等提供了统计学方面的资料，是卫生管理机构制订和调整政策的重要依据。

（3）提供评价依据。各项医疗与护理记录，如护理记录单、危重老人护理观察记录等的书写可在一定程度上反映出一个机构的医疗护理服务质量，医院管理、学术及技术水平，是机构护理管理的重要信息资料。

（4）提供法律依据。护理记录是具有法律效应的文件，是为法律所认可的证据。其内容反映了老人在住院期间接受治疗与护理的具体情形，在法律上可作为医疗纠纷、人身伤害、保险索赔、犯罪刑事案件及遗嘱查验的证明。因此，只有认真对待各项记录的书写，对老人住院期间的病情、治疗、护理做好记录,才能为法律提供有效的依据并保护医护人员自身的合法权益。

(二)记录的原则

(1) 及时。护理记录必须及时,不得拖延或提早,更不能漏记、错记,以保证记录的时效性,维持最新资料。

(2) 准确。是指记录的内容必须在时间、内容及可靠程度上真实、无误,尤其对老人的主诉和行为应进行详细、真实、客观的描述,不应是护理人员的主观解释和有偏见的资料,而应是老人病情进展的科学记录,必要时可成为重要的法律依据。记录者必须是执行者。记录的时间应为实际给药、治疗、护理的时间,而不是事先安排的时间。有书写错误时应在错误处用书写用的钢笔在错误字词上画线删除或修改,并在上面签全名。

(3) 完整。眉栏、页码须填写完整。各项记录,尤其是护理表格应按要求逐项填写,避免遗漏。记录应连续,不留空白。每项记录后签全名,以示负责。如老人出现病情恶化、拒绝接受治疗或有自杀倾向、意外、请假外出等特殊情况,应详细记录并及时汇报、交接班等。

(4) 简要。记录内容应重点突出、简洁、流畅。应使用专业术语和公认的缩写,避免笼统、含糊不清或过多修辞,以方便医护人员快速获取所需信息。

(5) 清晰。按要求分别使用红、蓝(黑)钢笔书写。字迹清晰,字体端正,不使用简化字,保持文件整洁,不涂改剪贴。

(三)护理记录内容

1. 生活照料记录

(1) 饮食照料。应记录老年人进食时间、类型、食量、方式以及有无呛咳、不想进食、拒绝进食、肠胃不适等情况。

(2) 排泄照料。应记录老年人排便和呕吐的时间、量、性质、频次、气味、颜色以及有无便秘、腹泻、尿潴留、尿失禁等情况。

(3) 睡眠照料。应记录老年人入睡的时间、状态以及是否有入睡困难、易醒、早醒、多梦、睡眠过度等情况。

(4) 清洁照料。应记录老年人清洁的时间、部位、方式、皮肤等情况。老年人发生压疮时,应记录部位、颜色、大小、分期及护理措施。

2. 基础护理记录

(1) 应记录老年人体温、脉搏、呼吸、血压、血糖等生理指标。遇有老年人突发疾病、意外伤害和情绪、行为异常时,应记录发生的时间、原因、采取的措施、结果等。

(2) 突发疾病时,应记录老年人生命体征、症状、治疗、重点观察和护理的内容以及转诊情况。

(3) 老年人突发意外时,应记录发生时间、地点、原因、经过、伴随症状、应急处理及家属意见等。

(4) 老年人情绪、行为异常时,应记录发生时间、诱因、表现、处理及家属意见等。

(5) 老年人病情危重时，应记录意识、生命体征、出入量、用药情况、病情变化等。

(6) 对不能自行管理药品的老年人，家属委托代发后，护理人员做好给药服务，应记录姓名、性别、年龄、所患疾病、药品及用法、开始和停止服用日期、护理人员签名；和护理人员交接药品时，应记录姓名、性别、年龄、所患疾病、本次送药时间、药品名称、规格、数量、有效期、下次需送药时间、家属及接收人签名。

3. 康复护理记录

主要记录老年人日常康复护理情况，应记录老年人疾病、康复锻炼的项目、时间和阶段小结，以及有无出现身体不适或意外情况。

4. 交接班记录

（1）交接班时，应记录重点老年人的身体情况、情绪变化、采取的措施等，并做好床头交接，至症状消失后再跟踪记录一天。

（2）物品交接时应记录日常用品和急救用品的名称、数量、备用状态并签名确认。

（3）紫外线消毒时应记录日期、区域、房间、累计时间、紫外线灯管擦拭时间并签名。

5. 外出请假记录

老年人外出、请假时，应做好登记，并详细记录外出请假时间、事由、陪同人员、返回时间；返回当天应记录老年人离院期间身体及情绪状况，尤其卧床老年人应记录皮肤情况，必要时与家属确认签字；遇有外出就诊返回时，应记录就诊情况和护理观察要点；特殊情况连续跟踪记录三天。

6. 回访记录

老年人在离院期间，应及时与本人或家属取得联系，了解老年人身体、情绪等情况，并做好记录。

第三节　老年人的康复护理技能

一、老年人的功能训练

老年人不同程度的功能障碍会影响其日常生活，降低其生存质量。因此，对老年人进行康复训练能够防止进一步的功能障碍、提高生活自理能力、发挥其残余功能的潜力、提高生存质量。

（一）增强肌力训练

肌力训练的方法有很多，应根据个体肌肉现有的肌力水平和运动能力选择适合的方法。训练前应先评估患者训练部位的关节活动度及肌力水平，根据评估结果选择训练方法，见表3-3。

表3-3 肌力训练方法的选择

肌力水平	训练方法
0～1级	被动运动训练
1～2级	助力运动训练
2～3级	主动运动训练
4～5级	抗阻运动训练

1. 被动运动训练

肌力评估在0～1级时，患者无法支配自己的肌肉收缩，需完全由康复人员徒手或使用器械对肌肉进行刺激，应用推、捏、揉、拿等进行传递神经冲动的练习，以延缓肌肉萎缩和引起瘫痪肌肉的主动收缩。

2. 助力运动训练

助力运动是指在外力的辅助下，通过患者主动收缩肌肉来完成的运动或动作。助力可由康复治疗者或患者的健肢提供，也可利用器械或水的浮力帮助完成动作。训练时要注意强调患者主动用力，尽量给予患者最低限度的助力。此法适用于肌力评定为1～2级的患者。

（1）徒手助力运动。不借用其他治疗器械，由康复治疗者辅助患者进行主动运动。随着患者主动运动能力的改善，治疗者的帮助要逐渐减少。

（2）悬吊助力运动。利用绳索、挂钩、滑轮等简单装置，将运动肢体悬吊起来，以减轻肢体的自身重量，然后在水平面上进行主动运动。

（3）滑面助力运动。在光滑的板面上利用撒滑石粉或固定小滑车等方法，减少肢体与滑板之间的摩擦力，在滑板上做滑动训练。此训练是在克服一定的阻力下进行的，训练的难度高于徒手和悬吊助力训练。

（4）浮力助力运动。这是在水中进行的一种助力运动，利用水对肢体的浮力或漂浮物来减轻肢体重力的影响，进行助力运动。

3. 主动运动训练

自主主动运动是指在不依靠助力，也无外部阻力的情况下，全部由患者主动用力完成的运动。适用于肌力评定为2～3级的患者。此类运动方法很多，操作简便易行，对肌肉、关节和神经系统的功能恢复作用明显，因此应用广泛。

4. 抗阻运动训练

抗阻主动运动是指患者在运动训练时需克服由康复治疗者施加的徒手阻力或运动器械（如沙袋、哑铃、弹簧装置、拉力器等）所造成的阻力而进行的主动运动。适用于肌力评定为4～5级的患者。抗阻运动训练根据肌肉收缩类型可分为等张抗阻训练、等长抗阻训练以及等速抗阻训练。

（1）等张抗阻训练。也称为动力性训练，是指肌肉抗阻动态收缩，引起关节活动，此法可改善肢体血液循环，提高肌肉运动的神经控制，有效地增强肌力，在肌力增强训练中应用较多。

（2）等长抗阻训练。也称为静力性训练，是指肌肉抗阻静态收缩，不引起关节活动，是一种操作简单而有效的肌力增强训练方法。

（3）等速抗阻训练。是一种较为先进的肌肉抗阻训练方法，必须在专门的等速运动仪上进行，使用时，预先设定适宜的运动速度，使肢体自始至终在恒定的速度下运动，肌肉收缩产生的运动力矩由训练器产生同样大小的阻抗力矩加以抗衡。

（二）关节活动度训练

关节活动度训练主要用于改善和维持关节的活动范围，以利于患者完成功能性活动，常用的方法根据是否借助外力分为被动运动、辅助主动运动和主动运动三种。

1. 被动运动

根据力量来源分为两种，一种是由经过专门培训的治疗人员完成的被动运动，如关节可动范围内运动和关节松动技术；另一种是借助外力由患者自己完成的被动运动，如关节牵引和持续性被动活动。

（1）关节可动范围内运动。治疗者根据关节运动学原理完成的关节各个轴及各个方向的运动，有维持关节现有的活动范围、预防关节收缩的作用。

（2）关节松动技术。利用关节的生理运动和附属运动，以达到维持或改善关节活动范围、缓解疼痛的目的。常用手法包括关节的牵引、滑动、滚动、挤压、旋转等。

（3）关节牵引。利用外力对身体某一部位或关节施加牵拉力，使其发生一定的分离，周围软组织得到适当的牵伸，从而达到治疗目的的一种方法。牵引疗法可用于肢体和脊柱，借助牵伸软组织来治疗关节障碍和挛缩畸形。

（4）持续性被动运动。利用机械或电动活动装置，在关节无痛范围内，缓慢、连续性活动关节的一种训练方法。该装置可设定关节牵引的角度、速度、持续时间。通过持续性被动运动可以缓解疼痛，改善关节活动度，防止关节粘连和僵硬。

2. 辅助主动运动

（1）器械练习。利用杠杆原理，以器械为助力，带动活动受限的关节进行活动。练习时应根据病情及治疗目的，选择相应器械，如体操棒、火棒、肋木，以及针对四肢关节活动障碍而专门设计的练习器械，如肩关节练习器、肘关节练习器、踝关节练习器等。

（2）悬吊练习。利用挂钩、绳索和吊带组合将拟活动的肢体悬吊起来，使其在去除肢体重力的前提下主动活动，类似于钟摆样运动。悬吊练习的固定方法可以分为两种，一种为垂直固定，固定点位于肢体重心的上方，主要用于支持肢体；另一种是轴向固定，固定点位于关节的上方，要使肢体易于活动。

（3）滑轮练习。利用滑轮和绳索，以健侧肢体帮助对侧肢体活动。

（4）水中运动。借助水的浮力帮助患者完成关节助力运动，以改善关节活动度。

3. 主动运动

主动运动指患者主动独立完成，无外力辅助的肢体活动。主动运动可以促进血液循环，具有温和的牵拉作用，能松懈粘连组织，牵拉挛缩不严重的组织，有助于保持和增加关节活动度。最常用的是各种徒手体操，一般根据患者关节活动受限的方向和程度，设计一些有针对性的动作,内容可简可繁,可以个人练习,也可以把有相同关节活动障碍的患者分组集体练习。主动运动适应面广,不受场地限制,但在重度粘连和挛缩时,治疗作用不太明显。

(三) 步行训练

步行功能训练是指对步行姿态异常的患者实施技术指导和监督,使其尽可能恢复正常步态模式的运动锻炼。在步行能力尚未完全恢复之前,还常需要各种步行辅助器。

1. 平行杠内训练

(1) 平行杠内站立训练。患者双手环抱治疗者颈部,治疗者双手分别置于患者左、右臀下,用双膝抵住患者的双膝或双股,将患者重心前移至预备立位,然后转到患者侧面,一手将患者臀部向前推,使其髋关节充分伸展,另一手控制患者胸部保持躯干伸展,协助患者找到平衡点,鼓励患者自己控制身体的平衡并维持立位。

(2) 平行杠内重心移动训练。平行杠内站立,双侧髋关节过伸,腹部前突,练习左右手交替离开平行杠,然后练习双手离杠,最后练习躯干前屈、后伸,再返回直立位。反复练习,直至熟练掌握身体重心的转移动作为止。在维持关节过伸、腹部前突的姿势下,练习双手握平行杠,使躯干分别向屈和向伸,再练习双手交替握杠前屈和后伸。双手握按平行杠,用力支撑起躯干,使双腿离地,再返回地面,反复练习达到熟练程度。

(3) 平行杠内步行训练。包括踏步训练、四点步行和两点步行。

① 踏步训练。患者立于平行杠内,双髋关节保持过伸位,双手尽量前握平行杠,双脚不离开地面,利用上肢的支撑力量,撑起躯干,在足不离地的情况下将下肢向前移动。如此反复完成步行动作。

② 四点步行。患者立于平行杠内,利用左手和右足支撑体重,躯干向右前方倾斜;先伸出左手,迈出右足,再伸出右手,迈出左足,如此反复完成行走训练。

③ 两点步行。患者立于平行杠内,利用左手和右足支撑体重,躯干向右前方倾斜,右手和左侧下肢同时向前伸出;然后躯干改为向左侧倾斜,左手和右下肢伸出,如此反复完成行走训练。

2. 拐杖步行训练

(1) 四点步行。适用于骨盆上举肌力较好的患者。训练方法:①先伸出一侧拐;②迈出对侧足;③再伸出对侧拐杖;④迈出另一侧足。

(2) 三点步行。适用于一侧下肢病患不能负重者,主要用双拐支撑体重,减免患侧下肢的负担。步行速度快,稳定性良好,是常采用的步行方式之一。训练方法:①先伸出双拐;②再迈出患足;③最后迈出健足。

(3) 两点步行。常在掌握四点步行后练习,虽稳定性不如四点步行,但速度较四点步行快。训练方法:①一侧拐杖与对侧足同时伸出;②再将另一拐杖与对侧足向前伸出。

3. 手杖步行训练

(1) 三点步行。偏瘫患者健手持手杖,运动时总有两点在支撑,稳定性较好。训练方法:①先伸出手杖;②再迈出患肢;③最后迈出健肢。

(2) 两点步行:这种步态行走时比三点步行快,多在轻病例或恢复后期使用。训练方法:①手杖和患肢同时伸出;②然后迈出健肢。

（四）平衡功能训练

恢复平衡能力的训练是指为提高患者维持身体平衡能力所采取的各种训练措施。通过该训练，能激发姿势反射，加强前庭器官的稳定性，从而改善平衡功能。平衡能力的训练能直接或间接地影响患者控制身体活动和日常生活能力。

1. 卧位平衡训练

（1）静态平衡训练。患者取俯卧位，在治疗者帮助下，前臂支撑，两臂间距大于双肩距离，躯干上部离开床面，腹部紧贴床上：①治疗者坐或站在患者背后，用手托患者躯干上部，并固定患者躯干下部，使患者能俯卧前臂支撑；不时把手放开，患者将要倒时再用双手托患者；②训练患者前臂支撑保持平衡时，逐渐缩小两臂间的距离，若要倒时则立即分开两臂；当患者不用借助任何力量能维持静态的前臂支撑平衡时，则进展到俯卧位手支撑静态平衡训练；③治疗者站在患者前面，扶住患者的双肩，患者双手支撑，时而松开；若要跌倒时，双手固定患者躯干下部。

（2）自动态平衡训练。患者先取俯卧位，前臂支撑，两臂间距大于双肩距离，躯干上部抬起离开床面，腹部紧贴床上，治疗者在旁监护并指导：①患者前臂或手慢慢从身体远端向身体近端紧靠，尽量保持平衡；②患者双前臂或手支撑，重心前后、左右移动，尽量保持平衡；③单侧前臂支撑，一侧上肢缓慢上举，双侧交替进行，尽量保持平衡；④单手和腹部支撑，一侧上肢缓慢上举，尽量保持平衡。

（3）他动态平衡训练。患者先取俯卧位，前臂支撑，两臂间距大于双肩距离，躯干上部抬起离开床面，腹部紧贴床上，治疗者在患者身前或站在患者背后：①双手放在患者肩部或骨盆处，对患者进行前后推动，一手推动，一手进行保护，患者对抗推动并保持平衡；②治疗者对患者进行左右推动，一手推动，一手进行保护，嘱患者对抗推动并保持平衡；③治疗者对患者进行左右旋转推动，一手推动，一手进行保护，嘱患者对抗推动并保持平衡；④当前臂支撑动态平衡较佳后，则进行俯卧位手支撑训练，重复上述步骤。

（4）动作中的平衡训练。患者先取俯卧位，躯干上部抬起离开床面，腹部紧贴床上，双上肢放在巴氏球上。治疗者在患者身旁监护并指导。患者利用巴氏球进行前后左右及旋转运动，尽量保持平衡，并逐渐增加活动范围。

2. 坐位平衡训练

（1）静态平衡训练。患者取端坐位，靠近健侧床边，患手放在腿上：①患者健手握住床栏杆，治疗者站在患者面前，将双手放在其肩部，使患者能保持直立坐位，不时把手放开，患者将要倒时再扶住患者；②治疗者放开双手，患者健手握住床栏杆，尽力保持平衡；③治疗者站在患者面前监护，患者健手扶住栏杆，尽力保持平衡；④在患者双脚下垫台阶，保持髋、膝、踝屈曲90°，患者健手抓住大腿保持平衡，不时将手松开，若要倒时，则立即抓住大腿。

（2）自动态平衡训练。患者取端坐位，治疗者在患者身旁进行监护并指导：①患者健侧上肢从侧方抬起，尽量保持平衡；②健侧上肢从前方举起到与肩等高，保持平衡；③双手Bobath式握手上举过头，保持平衡；④患者重心前后左右及旋转移动，尽量保持平衡。

（3）他动态平衡训练。患者取端坐位，双手Bobath式握手放在双腿上，治疗者站在患者面前或背后：①双手放在患者肩部或髋部，对患者进行前后推动，一手推动，一手进行保护，嘱患者对抗推动并保持平衡；②治疗者对患者进行左右推动，一手推动，一手进行保护，患者对抗推动并保持平衡；③治疗者对患者进行左右旋转推动，一手推动，一手进行保护，患者对抗推动并保持平衡。

（4）动作中的平衡训练。患者取端坐位，双手Bobath式握手，治疗者位于患者身旁进行监护和指导。嘱患者双上肢前伸，躯干向各个方向进行前屈、侧屈及旋转运动，并逐渐进展到从坐位进行站立训练，尽量保持平衡。

3. 手膝位及跪位平衡训练

手膝位及跪位平衡训练除了训练头与躯干的控制能力外，还可以训练躯干与骨盆的控制能力。①治疗者站在患者一侧或背后，帮助患者完成手膝位或跪位，然后松手让患者保持平衡；②在治疗者监护下，患者自己进行身体重心前后、左右、旋转运动及单侧肢体上举等运动；③治疗者对患者进行前后、左右及旋转推动，患者进行对抗并保持平衡；④患者如双膝平衡能维持后，就逐步过渡到单膝位进行上述步骤训练。

4. 立位平衡训练

（1）静态平衡训练。①平行杠内，患者面对镜子取立位，双手抓住平行杠，治疗者站于患者背后，帮助患者维持立位，必要时治疗者可用双膝控制患者的下肢呈外展外旋位，也可使用支架或支具帮助固定和支持；②待患者能控制后，治疗者逐渐松开支撑，让患者保持平衡，稳定一段时间；③患者逐渐松开双手，保持平衡，稳定一段时间；④平行杠外进行训练。

（2）自动态平衡训练。患者取立位，治疗者双手置于患者髋部，协助保护患者：①患者进行骨盆前后倾运动，并逐渐增加幅度；②患者进行骨盆左右移动；③患者进行骨盆旋转移动；④偏瘫患者可重心移向患侧，健腿慢慢抬起，尽量保持平衡，并逐渐进展到台阶训练。

（3）他动态平衡训练。患者取立位，治疗者站在患者面前或背后，双手放在患者髋部：①治疗者对患者进行前后推动，嘱患者对抗推动并保持平衡；②治疗者对患者进行左右推动，嘱患者对抗推动并保持平衡；③治疗者对患者进行左右旋转推动，嘱患者对抗推动并保持平衡。

（4）动作中的平衡训练。可利用训练球进行立位动态平衡训练。患者取立位，治疗者位于患者身后进行监护，指示患者双手交替拍球或前后及旋转推动训练球，并保持自身平衡。

二、老年人的康乐活动

老年康乐活动是指针对老年人的心理、生理特点，在老年工作者或老年社会工作者的协助、辅导下，通过语言交流、肢体活动、老年志愿服务等活动形式开展的各类活动，以满足老人心理和生理的需要，促进其健康，提高他们的生活质量。

（一）老年康乐活动的类型

1. 个别康乐活动

对应老年人个体差异的活动称为个别康乐活动。老年人的爱好各不相同，每个人的身体状况也存在差异。因此，近年来，结合老年人自身兴趣爱好和身体状况而设计的康乐活动，在机构和社区中越来越受到重视。

2. 集体康乐活动

唱歌、跳舞等以团体活动方式举行的康乐活动称为集体康乐活动。这种活动方式在机构和社区中应用最为广泛，关注也最多。

3. 基本生活康乐活动

在基本生活中实行的老年康乐活动称为基本生活康乐活动。结合就餐和入浴等基本生活活动的康乐活动，增加了老年人感到舒适的时间，越来越受到重视。

（二）老年康乐活动的作用

1. 保持良好的情绪

良好的情绪有利于健康。低落的、压抑的情绪，可导致体内失去平衡和协调，长期下去，会使免疫力下降，感染各种疾病。老年人在康乐活动中心情轻松愉快，精神振奋，可感到舒服、轻松、乐观，对身体的健康、防病治病有着积极的作用。

2. 创作、学习、健脑、增知

许多老年人在空闲时，总要进行一些发明创造、文学创作、集邮或剪报，来满足自己的爱好和兴趣。而在这些活动中，他们既满足了心理需求，又使大脑得到了锻炼。在创造或创作等过程中，要不断地阅读，反复地思考、想象、记忆，可加强思维能力，扩大知识面，提高记忆力，延缓脑细胞的衰老过程。

3. 适当的体力活动，促进健康

在老年人的活动中，有一部分是体力活动，比如参加社会性的活动：游玩、散步或为实现某一目的而四处活动、联系等。适当的体力活动可以提高机体新陈代谢的能力，使机体器官功能活动和肌力增强，器官的形态结构也相应地发达，可推迟各器官的衰老。适度的体力活动，可加大肺活量，可促使心肌加强收缩，增加血液供应，促进血液循环；能改善神经系统功能；体力活动所造成的轻度疲劳，还能解除神经紧张，促进睡眠；适度的体力劳动能增强肠胃分泌和蠕动，增进消化，促进食欲。

4. 体育健身活动，增进健康

人们的活动中有许多内容是体育健身活动，如跑步、舞剑、太极拳、健美操、气功、打球、跳舞等体育健身活动，与体力活动有所不同，它是有目的地对身体的某些部位进行锻炼，以增强其功能。经常参加体育活动的人，身体各部分肌纤维较粗，使肌肉发达有力，能增强韧带的弹性和关节的灵活性；能增强心脏收缩力量；体育活动能改善神经系统的功能，运动时肌肉有规律地收缩，各种刺激传达到大脑，大脑又发出各种动作指令，使神经系统疾病得到锻炼。

（三）老年康乐活动的分类

在积极老龄化视角下，按照活动操作类型主要分为：智力类康乐活动、运动类康乐活动、操作类康乐活动、音乐类康乐活动、四季节日主题类康乐活动和认知症老人康乐活动等。

1. 智力类康乐活动

智力锻炼与记忆锻炼是紧密结合在一起的。智力锻炼会促进记忆功能的改进，而记忆功能的改善又会进一步推动老年人智力的恢复。智力锻炼也是认知症老人康复锻炼一个非常重要的一部分，对治疗认知症有重要作用。智力锻炼分为观察力、自然事物分类能力、数字与数学计算能力、视觉空间识别能力、想象力与右脑锻炼6个方面。

2. 运动类康乐活动

运动可以刺激大脑，避免老人长期待在房间里，减少失能，也能改善抑郁等精神症状。散步、做操、进行关节活动训练和平衡能力训练，徒手或借助器械，让老人进行各种改善运动功能的锻炼，以恢复运动功能，预防和治疗肌肉收缩、关节僵硬。

3. 操作类康乐活动

操作类康乐活动可以使老人集中精神，增强注意力和记忆力，增强体力和耐力，并可获得满足感，重建对生活的信心。

① 书画创作。满足老人在情绪、社交及书画能力发展方面的需要，作品还可以反映出老人当前的问题与困境。

② 手工制作。通过使用剪刀、小刀、胶水等工具，重复剪、贴、捏、搓、揉等手部精细动作，锻炼老年人动手能力，提高手脑协调性；各类主题元素的选择和制作，充分培养老年人对美的认识和感知。

③ 操作作业。针对老年人日常自理能力的训练，从日常生活活动、劳动中，选出他们感兴趣并能帮助恢复功能和技能的活动。例如刺绣、针织、叠衣服等，还有操作作业类的活动，例如园艺、厨艺等，通过操作过程充分刺激老年人的感官和大脑，促进身心愉悦。

4. 音乐类康乐活动

使用音乐元素展开康乐活动，达到身体或心理锻炼的活动就是音乐康乐活动。音乐类活动在老人中比较受欢迎，通过歌唱等活动形式释放负面情绪，锻炼心肺功能，还能增加老人的社会交往。此外还有歌曲讨论、音乐回忆、音乐想象等方法。

5. 四季节日主题类康乐活动

根据不同的季节、节日或事件选择主题后，选择音乐、运动、手工、美术、益智等不同的活动形式，变换成与主题相呼应的内容，就可组成一场主题康乐活动。这样的活动与现实时间和日常活动结合紧密，具有很好的活动效果。

6. 认知症老人康乐活动

针对认知症老人的正规康复训练包括作业训练、怀旧训练、认知训练、音乐治疗、美术治疗和运动疗法等。

① 作业训练。操作作业法可以使老人集中精神，增强注意力和记忆力，增强体力和耐力，并可获得满足感，重建对生活的信心。例如写信、写作，协助准备餐食、做家务等。

② 怀旧训练。怀旧训练是在安全、舒适的环境中，运用老照片、音乐、食物及过去家用的或其他熟悉的物件作为记忆触发，唤起老人的往事记忆并鼓励其分享、讨论个人生活经历，如"旧时的音乐（节庆）""儿时记忆""读书时光""我的家庭""工作经历"等。

③ 认知训练。包括记忆力、定向力、判断力、计算能力、注意力和推理能力的训练。可以采用多种方法来增强认知功能。

④ 音乐治疗。通过音乐及乐器与认知症老人搭建起沟通的桥梁。音乐治疗可以改变认知症老人的情绪，欢快的歌曲会让他们脚步轻快，而舒缓的歌曲可以帮助他们放松，进而保持身心愉悦，促进其运动感觉和智能方面的改善。

⑤ 美术治疗。美术治疗又称为"绘画疗法",指通过绘画让老人产生自由联想来稳定和调节情感。通过绘画让认知症老人发泄不良情绪,进而达到调节情绪的目的。

⑥ 运动疗法。体育锻炼可以改善肌肉张力、骨骼强度、心血管系统、认知功能和情绪。

三、老年人的辅助器具

辅助器具是能预防、代偿、监护、减轻或降低损伤、使活动受限和参与限制的任何产品(包括器具、设备、工具、技术和软件),可以是特别生产的或通用的产品。辅助器具的种类涉及工作、学习、生活和社会交往等各个方面,因人而异地配置于功能障碍者,用于其居家生活、社会交往、教育就业和休闲娱乐等生存发展,达到帮助其改善功能状况、提高社会适应能力、实现自我价值的目的。

(一)辅助器具的分类

国际标准化组织在 1999 年首次颁布了国际标准 ISO 9999《残疾人康复辅助器具分类》,2011 年又修订和颁布了新的国际标准 ISO 9999《残疾人康复辅助器具分类与术语》,将康复辅助器具分为 12 个主类、130 个次类、781 个支类,上万个品种,具体见表 3-4。

表 3-4 康复辅助器具的 ISO 分类

序号	主类	次类、支类
1	用于个人医疗的辅助器具	18 个次类,64 个支类
2	技能康复训练器具	10 个次类,49 个支类
3	矫形器和假肢	9 个次类,102 个支类
4	个人生活自理和防护辅助器具	18 个次类,128 个支类
5	个人移动辅助器具	16 个次类,103 个支类
6	家务辅助器具	5 个次类,46 个支类
7	家庭和其他场所使用的家具及其适配件	12 个次类,72 个支类
8	沟通和信息辅助器具	13 个次类,90 个支类
9	产品和物品管理辅助器具	8 个次类,38 个支类
10	用于环境改善、工具和机器的辅助器具与设备	2 个次类,17 个支类
11	就业和职业训练辅助器具	9 个次类,44 个支类
12	休闲娱乐辅助器具	10 个次类,28 个支类

(二)辅助器具的选配原则

1. 最适合就是最好

对每个辅助器具需求者来说,选配康复器具不是技术越先进、功能越全、价格越贵越好,重要的是适合自身需求,有利于发挥残存的功能和更好地改善功能。如年龄大的截肢患者需要稳定性较好的假肢，适合他们的假肢配置是机械膝关节和普通假脚，而不是运动的气压关节和储能脚；年龄较大的大腿截肢患者，拐杖比假肢更适合。

2. 适时适用

辅助器具的选配不仅要适用，而且应适时。矫形器配置一般越早越好，如失禁和防压疮的辅助器具要及早配置，延误就会带来更多伤痛和溃疡。适时还指不同时期采用不同的辅助器具，如骨折的患者，第一时间需要复位和固定，矫形器是最好的选择，下肢骨折的患者还可以借助轮椅和拐杖及早下地活动，以促进骨折愈合。

3. 因人适配

辅助器具的选配不是单纯买卖，而是因人适配。每个功能障碍患者的功能缺失情况各不相同，对辅助器具产品的要求也各不相同。辅助器具产品的选配就如同配义齿和眼镜一样，应由专业的康复工程技术服务人员对患者进行功能评估，选配最合适的辅助器具产品。

（三）老年人常用的辅助器具种类

1. 假肢

假肢是指用于整体或部分替代缺失或缺陷肢体的体外使用装置。根据替代的部位可分为上肢假肢及下肢假肢。

（1）假肢的分类。

① 装饰性假肢。如为足趾截肢患者制作假足趾，尽管它属于装饰性假肢，但还是有一定的功能的。

② 临时假肢。是指术后早期安装的下肢假肢，是用临时接受腔和其他基本假肢部件组装的简易式假肢。临时假肢主要用于截肢术后早期安装，其接受腔是临时的，假肢零部件还可以作为后来的正式假肢的零部件使用。一般用于残肢功能训练、促使残肢尽早定型或检查假肢的对线情况及功能。

③ 正式假肢。是指为长期正常使用而制作的定型假肢，也称为永久性假肢。安装永久性假肢的条件是经过包括安装临时假肢在内的各种截肢术后处理，残肢已基本定型后安装的假肢。一般截肢患者的残肢要在3个月以后才基本定型，这时需要制作一个能够主要从事日常生活、工作和其他需要的正式假肢。这种假肢安装完毕一般不再需要过多的修改和调整。除材料选用、制作工艺、接受腔适合以及对线调整均需达到一定要求外，还具有较好的外观。

④ 特殊用途假肢。用于特殊目的的假肢，如运动假肢、沐浴假肢、游泳假肢、滑雪假肢、登山假肢等。

（2）假肢穿脱训练。

① 穿脱小腿假肢训练。

穿小腿假肢训练：截肢者取坐位。（a）先在残肢上套一层薄的尼龙保护残肢，然后套两层棉线袜，再套上软的内接受腔，在软接受腔的外面再套一层尼龙袜；（b）残肢膝关节屈曲位，将假肢接受腔套在残肢上；（c）截肢者站立后检查假肢对线是否合适。

脱小腿假肢训练：截肢者取坐位，双手握住假肢，将假肢向下拽，将残肢拉出即可。

② 穿脱大腿假肢训练。

穿大腿假肢训练：（a）截肢者坐在椅子上（或站着），往残肢上涂些滑石粉或爽身粉；（b）用光滑的薄的丝绸将残肢包住或用易拉宝（假肢专用袜套）套在残肢上（注意所包的布袜套要平整，没有皱褶，其下缘应包住大腿根部，其后面应包上坐骨结节）；（c）拿掉接受腔排气孔上的阀门；(d)将包布或袜套的远端放入接受腔；(e)将包布或袜套的远端从阀门孔的孔内穿出；(f)将残肢插入接受腔内；(g)站起来将假肢伸直，一手压住假肢以免关节弯曲，另一手往外、往下拉出包布，在往外拉包布时应注意皮肤感觉，要感觉出残肢周围哪一侧的包布拉得不够，可用力多拉出一些，另外，如果在拉包布时健腿关节能做些屈伸，让残肢在接受腔内有上下的活塞运动（即残肢能上下窜动），则更容易将残肢完全拉入接受腔内；(h)将包布全部拉出后，可适当调节一下残肢皮肤在接受腔上缘周围的紧张度，然后装上气孔上的阀门。

脱大腿假肢训练：截肢者取坐位，将接受腔的阀门打开，取下假肢；检查残肢皮肤有无红肿、擦伤，如果有这些情况，请及时处理。

③穿脱髋离断假肢训练。

穿髋离断假肢训练：(a)截肢者靠墙站立或一手扶物品，另一手抓住假肢接受腔；(b)骨盆伸到接受腔内；(c)骨盆与接受腔紧紧接触在一起；(d)将肩吊带与假肢扣带固定好。

脱髋离断假肢训练：(a)截肢者靠墙站立或扶物品站立；(b)将假肢吊带与肩吊带松解开；(c)一手扶住假肢接受腔，将身体向健侧倾斜，脱下假肢；(d)检查残肢皮肤有无红肿、擦伤，如有应及时处理，检查中可用镜子观察残肢的下面。

④前臂索控式假肢的穿脱。

单侧前臂截肢者穿脱假肢的训练：单侧前臂截肢者通常可自行穿脱假肢。穿戴假肢时：(a)先用健手将肩背带按照试穿后的松紧度把肩背带的一端与肘部吊带连接在一起，另一端连接在牵引索上；(b)然后再将残肢穿入接受腔中，而后健肢伸入肩背带的套环内；(c)耸肩，使肩背带套在健肢侧的腋下，使交叉点重叠于背部正中；(d)系好上臂围箍的皮带。脱下假肢时，先将肩背带脱下，然后将残肢从接受腔内抽出。

双侧前臂截肢者穿脱假肢的训练：如果是双侧前臂截肢者，训练时就应在康复训练指导人员的帮助下穿脱假肢。(a)由训练人员把假肢的固定牵引装置按照试穿假肢后的松紧度连接好，放在便于截肢者穿戴的地方，让截肢者背向假肢站立；(b)然后令截肢者双上臂向后伸，将两侧残肢分别伸入左、右两个接受腔内，像穿衣服一样，抬起双上臂；(c)而后将两个假肢悬挂在双肩上，系好上臂围箍的皮带。

⑤上臂索控式假肢的穿脱训练。

单侧上臂截肢者穿脱假肢的训练：单侧上臂截肢者借助于健侧手是可以自行穿脱假肢的。穿戴假肢时：(a)要先用健侧手将假肢的固定牵引装置按照试穿时已经试好的松紧度将其连接好；(b)而后将残肢伸入上臂假肢接受腔中，将肩背带置于残肢侧的肩部，胸围带套在对侧腋下。脱下假肢时的程序与穿戴假肢相反。

双侧上臂截肢者穿脱假肢的训练：穿脱假肢的方法与双侧前臂截肢穿脱方法相同。训练初期需要由训练指导人员帮助，以后除了胸围和牵引控制索带的松紧在必要时还需他人帮助调节外，日常生活中假肢穿脱也可自行完成。

2. 矫形器

矫形器是指用于改变神经、肌肉、骨骼和关节等系统的功能特性或结构的体外装置。分为上肢、下肢、脊柱矫形器。

（1）矫形器的功能。

①稳定和支持。通过限制关节的异常活动，稳定关节，以改善或恢复肢体功能。

② 固定和保护。通过对病变肢体或关节的固定和保护，从而具有缓解肌肉痉挛、促使炎症消退或骨折愈合的作用。

③ 预防和矫正畸形。通过力的作用矫正肢体畸形或防止畸形的加重。

④ 免荷。应用免荷矫形器可减轻肢体或躯干的承重，促使病变愈合，起到治疗和免荷作用，还可以通过牵引缓解神经压迫等症状。

⑤ 抑制痉挛。通过控制关节运动，减少肌肉的反射性痉挛。

⑥ 促进康复。由于应用矫形器可改进患者的步行、饮食及穿衣等各种日常生活、工作的能力，从而帮助功能障碍的患者进行各种康复功能训练，促进早日恢复其功能。

（2）常用矫形器的使用。

① 足部矫形器。足部矫形器是指治疗下肢和足部疾病的矫形鞋垫、矫形足托、矫形鞋、矫形靴的总称（见图 3-73、图 3-74）。老年人由于身体功能的退化，腰痛、膝痛和足部疼痛相当普遍，除选择一双适合自己的鞋外，还应该定制一双适合自己的鞋垫。糖尿病患者使用矫形鞋和鞋垫的目标是调节足底压力，降低外来力量的冲击，减少鞋与脚的摩擦，对于已经变形的脚给予稳固的支撑，分散足底危险压力点，减低鞋垫与足底的相对运动，并且材料本身的吸汗、低剪切力等属性使糖尿病溃疡的发生概率明显降低。

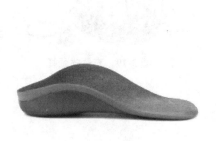
图 3-73　矫形鞋垫

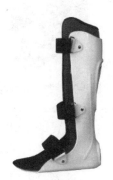
图 3-74　矫形足托

② 膝矫形器。膝矫形器用于膝关节部位。按功能可分为固定式膝矫形器、矫正式膝矫形器；按结构形式可分为金属支条式膝矫形器、塑料式膝矫形器、瑞典式膝矫形器、软式膝关节矫形器、框架式膝关节矫形器等（见图 3-75、图 3-76）。主要适用于膝关节骨折、炎症及韧带损伤等的固定，矫正膝关节的畸形。

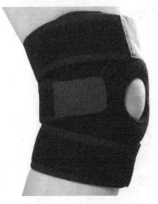
图 3-75　软式膝关节矫形器

图 3-76　框架式膝关节矫形器

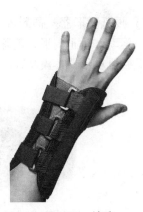
图 3-77　护腕

③ 腕矫形器。静态腕矫形器是将腕关节固定于功能位，允许手指活动。用于伸腕肌群麻痹或肌力低下，使关节不能保持伸展（背伸）位情况（臂丛神经下位型麻痹、桡神经麻痹），有时也用于桡骨末端骨折造成的指伸肌腱粘连，也适用于偏瘫、臂丛神经损伤、屈肌肌腱损伤、卒中、脑瘫等引起的痉挛手。常用的有护腕、上翘式静态矫形器、抗痉挛腕手矫形器（见图 3-77）。动态腕手矫形器是利用钢丝绳、橡皮筋及弹簧的弹性辅助腕关节、手指伸展，同时腕关节和手指还可以屈曲。作用于腕部，用于固定腕关节，预防腕关节变形，或辅助腕关节屈曲和伸展。常用的有腕背曲动态矫形器、托马斯式悬吊矫形器、奥本海默式矫形器等。

④ 头颈部矫形器。头颈部矫形器主要用于治疗头颈部外伤或疾病，作用机制是通过固定、限制、支撑、牵引等减少头颈部的载荷和运动，从而起到保护、预防和治疗头颈部的各种疾病和骨骼固定的作用。头颈部矫形器按照其作用范围分为头矫形器、颈矫形器、颈胸矫形器、头颈矫形器等。颈部矫形器俗称颈托，是用于限制全部或部分颈椎运动的矫形器。常用的有软式围领、模塑式颈矫形器、费城式颈托、充气式颈托、颈椎牵引带、颈椎保健枕等（见图 3-78～图 3-81）。

图 3-78　费城式颈托

图 3-79　充气式颈托

图 3-80　颈椎牵引带

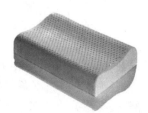

图 3-81　颈椎保健枕

⑤ 腰骶矫形器。腰骶矫形器通过提高腹压，减轻腰骶椎及其周围肌肉的体重负荷，限制脊柱运动，矫正畸形，消除疼痛，并有支持、防护的作用。常用的有软式腰骶矫形器、屈伸控制腰骶矫形器、模塑式腰骶矫形器等（见图 3-82、图 3-83）。

图 3-82　软式腰骶矫形器

图 3-83　模塑式腰骶矫形器

3. 轮椅

轮椅是替代人体下肢功能障碍、克服行走困难的代步工具。它是康复的重要工具，不仅是肢体伤残患者的代步工具，而且更重要的是患者借助于轮椅进行身体锻炼和参与社会活动。

（1）轮椅的分类和功能。轮椅可分为普通轮椅和特殊轮椅两大类。

普通轮椅适用于大多数老弱病伤残者使用。其特点是患者可自己操作固定式扶手或可拆卸式扶手、固定式脚踏板或可拆卸式脚踏板，但外出携带或不用时可折叠放置。

特殊轮椅功能较普通轮椅齐全，不只是残疾人和行动不便者的行动工具，同时也具备其他功能。特殊轮椅视患者情况而定，有多种不同配件，可搭配特殊控制器使用，或是可以改装成运动轮椅等特殊装置。以下介绍几种常见的特殊轮椅。

① 轻便轮椅。适用于经常依靠轮椅上下汽车的患者（见图3-84）。特点：（a）其样式与标准轮椅相同，但重量仅大约为标准轮椅的2/3；（b）轻便轮椅也可以折叠，轮子也可以拆卸；（c）为了便于患者完成转移动作，所有的轻便轮椅的脚踏板应该能够旋转并可以拆卸，两侧的扶手也应该是可拆卸的。

图 3-84　轻便轮椅

② 躺式靠背轮椅。适用于高位截瘫者及年老体弱多病者。是指能够向身后倾斜30°～90°的轮椅，其重量明显大于标准轮椅，总长度也较长，所以在较窄的地方操作不太方便（见图3-85）。特点：（a）躺式轮椅的靠背高至患者头部，有可拆卸式扶手与旋扣式脚踏板，脚踏板可升降、作90°旋转，腿部支架可调整至水平位置；（b）靠背可分段式调整角度或可无段式任意调整至水平位（相当于一张床），患者可在轮椅上休息，还可拆卸头枕。

图 3-85　躺式靠背轮椅

③电动轮椅。适用于手部功能不全和重度瘫痪的患者。附有电动机与电池，有单手控制装置，乘坐者只需推动控制杆即可前进、后退和转弯，可在室内外使用。电动轮椅的重量连同电池在内大约相当于标准手动轮椅的两倍（见图3-86）。其控制方式有三种。（a）上肢或手控制：用摇杆方式控制。（b）呼吸控制：用吹吸控制。（c）下颌控制：用下颌控制。

④洗浴与坐便两用轮椅。适用于老弱病残者在冲淋洗浴和坐便时使用。主要有以下几种。（a）坐便轮椅：座位上有开孔，下面放有便盆，可随时取放。（b）洗浴轮椅：用于患者洗浴用的轮椅。一般洗浴与坐便轮椅融为一体设计，保证既可以洗浴又可以坐便（见图3-87）。特点：洗浴与坐便两用轮椅一般采用折叠式设计，车架可折叠，椅背、靠背都可根据患者情况不断更换，手及脚踏均为拆卸式，便盆取放方便；这种轮椅经过防水处理，抗氧化；椅面具有良好的透气性和透水性或防水性；防滑特殊设计，如轮椅的前后轮均有带锁装置，以保证轮椅在使用过程中的稳定和安全。

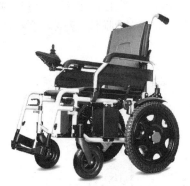
图3-86 电动轮椅

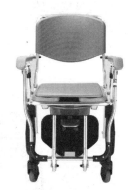
图3-87 洗浴与坐便两用轮椅

⑤运送轮椅。适用于手部功能不全和重度瘫痪及年老体弱多病者。是一种由护理人员驱动的轮椅，前后轮都较小，以降低造价和减轻重量，其重量大致与轻便轮椅相同。特点：车架可以折叠，扶手一般为可调式；手推把旁边设有推把制动系统，方便照顾者控制推动轮椅时的速度，可降低意外的风险。

⑥站立轮椅。适用于截瘫、卒中和脑瘫患者。是一种站、坐两用轮椅，可以使患者自己站起和坐下，以完成某一动作。患者挥动一个按钮后，轮椅的座位就会自动升高到所需要的高度，患者还可以按自己的意愿随时或反向进行，供患者进行站立训练，其目的是：（a）防止患者骨质疏松，促进血液循环，增强心肺功能和肌力训练；（b）防止压疮的发生；（c）增强泌尿系统功能，预防尿路阻塞；（d）减少便秘的发生；（e）方便患者取物；（f）增强患者的康复信心。

（2）轮椅的使用。轮椅是使老弱病伤残者实现生活自理的一种重要康复工具。许多老弱病伤残者虽然丧失了行走能力，但借助于轮椅可以自由活动、料理家务，甚至胜任适当的工作。除了作为代步工具外，还可以通过轮椅锻炼身体，改善心血管系统的功能，减少并发症的发生，提高对生活的兴趣和信心。因此，轮椅的使用技术极为重要。

坐轮椅的姿势如下：

①坐姿端正，双眼平视，两肩放松，双手握扶住扶手，身体上部稍向前倾。

②臀部紧贴后靠背，当驱车运动时臀部与腹肌收缩，有利于骨盆的稳定，并减少臀部的异常活动。如果身体着力在臀部，说明座位太深，如果不能换较浅的椅座，可将一小靠垫

垂直安放在患者背后。

③ 大小腿之间的角度在 110°～130°，以 120° 为最合适，臀部与膝部处于同一高度。

④ 两足平行、双足间距与骨盆同宽，有利于稳定骨盆，并可分担身体重量。

⑤ 驱车时，肘关节保持 120° 左右为宜，以减少上肢肌肉的疲劳程度。

⑥ 坐不稳的患者或下斜坡时要给患者束腰带。行进时速度缓慢，并随时观察患者情况。

轮椅的转运。包括前进或后退、上下台阶、过小坑及上下楼梯的转运方法。

前进或后退：①四轮着地法，轮椅保持水平推动或四轮着地；②二轮着地法，前车轮（方向轮）离地，后车轮（大车轮）着地，轮椅后倾 30° 推或拉。

上台阶的方法：①在台阶前稍微用力把轮椅向下压，使前车轮离地（注意：切勿把轮椅过度后倾，否则有可能造成后翻，产生危险）；②把前轮放在台阶上后，将轮椅向前推。

下台阶的方法：①背向前方；②把轮椅后轮稍微提起后向后拉；③将后轮轻放着地后，再慢慢向后拉。

过小坑的方法：①在小坑前稍用力把轮椅向下压，使前车轮离地后再向前推；②待小轮越过小坑后，将前车轮轻放着地；③把后车轮稍稍提起后向前推，待越过小坑后再轻放着地。

上下楼梯：①一人式，二轮着地法，向后拖，逐级而上；下梯反之。②二人式，同一人式，另一人置轮椅前方协助。③四人式，同一人式，轮椅前后方各两人，协调一致。

4. 助行器

助行器是指辅助人体支撑体重、保持平衡和站立走的工具和装置。对于下肢功能减弱的患者，由于支撑面的减小造成稳定角的明显减小，使稳定度降低而易倾倒，使用助行器就是使身体的支撑面增大，在站立和行走过程中增大稳定度。

（1）助行器的功能。

① 保持平衡。对于存在明显运动功能障碍而且双下肢无力的老年人等，助行器有保持身体平衡的作用。

② 支撑体重。骨质疏松或半月板切除后，用来保护受损的骨或关节；偏瘫、截瘫后，患者肌力减弱或双下肢无力，不能支撑体重或因关节痛不能负重时，助行器可以起到替代作用。

③ 增强肌力。由于要支撑身体，减轻下肢负重，上肢需用力下压，所以对上肢伸肌有增强肌力的作用。

④ 辅助行走。扩大患者行走时的支撑面，增加步行时的稳定性。

⑤ 其他。如：肢体障碍患者其他脊柱侧弯或肢体变短时，用来代偿畸形；骨性关节炎或下肢骨折后，用来缓解疼痛；偏盲或全盲时，用作探路器；提醒别人注意自己是走路慢和不稳者，以免受到伤害。

（2）常用助行器的使用。

① 拐杖。拐杖是最简单便携的辅助器具，包括手杖、前臂杖、腋杖等（见图 3-88、图 3-89、图 3-90）。

手杖使用方法：在使用手杖的过程中，肘关节最好能弯曲 20°～30°，两肩保持水平。手杖应拿在健侧手上，行走顺序为一杖→二患→三健，即手杖先向前→再迈患侧腿→最后迈健侧腿。或手杖与患肢一起向前迈进，最后迈患侧腿。上下楼梯时，则遵守好上坏下（健侧先上，患侧先下）的原则。

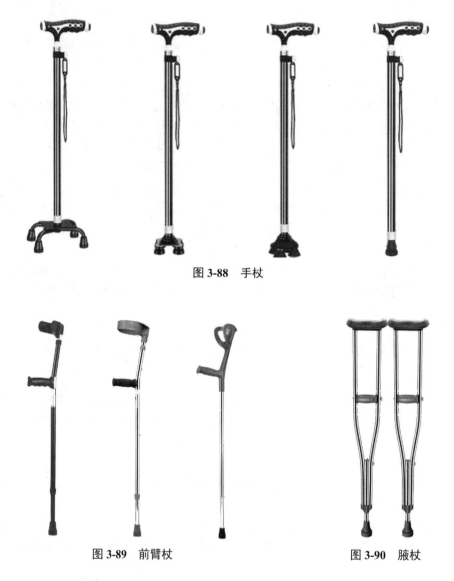

图 3-88　手杖

图 3-89　前臂杖　　　　　图 3-90　腋杖

使用手杖上/下楼梯：尽量使用有安全扶手的楼梯。一手握扶手，另一手持手杖，这种方式仅在手足够有力时用。上楼梯：开始时健侧手扶楼梯扶手，手杖放在患侧腿外侧，一健手→二健腿→三手杖→四患腿，即先健侧手向前上移，健腿迈上一级楼梯，将手杖上移，最后上患侧腿。下楼梯：一健手→二手杖→三患腿→四健腿，即健侧手向前下移，手杖下移，患侧腿下移，健侧腿下移。

前臂杖/腋杖的使用方法：当握力、前臂力较弱时，可以使用前臂杖或腋杖。前臂杖的使用方法与腋杖基本相同。腋杖是一种腿脚受伤时帮助行走的工具。以持双腋杖步行为例，根据腋杖和足移动顺序不同，分为三点步、二点步、四点步等，请参考第二部分老年人的步行训练。

② 步行器。步行器是使用较为广泛的一种助步行走工具。它是一方框型、四角（三角）架的金属制辅助步行的辅助器具（见图 3-91、图 3-92）。它可将部分体重经由上肢转移到助行器上，从而减轻双脚的负担。同时，使用它可扩大整体的底面积增加稳定性。在所有的步行辅助器中，步行器所能提供的支持力及稳定度最大。

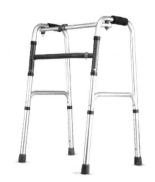 

图 3-91　固定式步行器　　　　图 3-92　轮式步行器

步行器的使用方法：使用步行器之前需要根据患者的身高调节高度。身体直立，以肘关节屈曲 15°～30° 的状态手持步行器，使步行器的高度与身体大转子保持水平位置。使用步行器的行走方法类似拐杖的三点式步态，先推步行器向前，再移动患肢，然后移动健肢。也可选用两点式步态，左手右脚或右手左脚同时出去；或是四点式走法，健侧手先出去，再跨出患脚，接着患侧手出去，健脚跟着迈进。

5. 自助具

自助具是指为了提高患者的日常生活自理能力，使其较省力、省时地完成一些原来无法完成的日常生活活动，从而增加了生活独立性的辅助装置。自助具的使用有助于树立患者的自信心，同时也是一种积极的治疗手段。

（1）自助具的种类和特点。

自助具的品种种类很多，从简单的日用器皿到较复杂的电动装置以及计算机控制系统等。根据使用的用途可分为：①进食类；②梳洗修饰类；③穿着类；④沐浴类；⑤阅读书写类；⑥通信交流类；⑦烹饪炊事类；⑧取物类；⑨文娱活动；⑩职业活动及其他；等等。

（2）常用的自助具。

① 饮食类自助具。

弹簧筷子：在两根筷子间装有弹簧片，松手后因弹簧的张力而自动分离，易于开合使用。适用于手指伸肌无力或力弱不能使用筷子的患者。

粗手柄勺、叉：加粗手柄易于握持的。适用于指屈曲受限或握力不足的患者。

弯柄勺、叉：手柄呈弯形，带角度的、不同宽窄的、可弯折的或成其他角度及形状。适用于患者手关节僵直、变形，前臂和腕手关节活动受限，取食或进食困难者。

掌套式勺、叉：将勺加装手掌套或尼龙搭扣。适用于手曲屈挛、手指变形、握力丧失者。

带吸管夹及吸管的杯子：将吸管固定器置于杯沿，再用吸管吸取杯子中的饮料。适用于协调能力较差的患者，当患者的手根本无法持杯时，可使用吸管且角度可随意调整。

② 穿着类自助具。

穿衣棍：用木棒制成，一端装上倒钩，另一端装上胶塞，使外衣、T 恤易于脱离肩部。适用于关节活动受限者。

系扣钩/魔术扣：可以代替 T 恤、外衣的纽扣，便于手指不灵活者穿衣。适用于手指功能障碍者。

鞋拔：一端手握持，另一端为薄扁弧形，利于患者穿鞋。适用于穿鞋弯腰不方便者。

穿袜用具：用一张硬壳纸或两条线带制成，帮助穿袜子。适用于大腿关节不灵活或不能举肩者。

③ 个人卫生类自助具。

牙刷：手柄部加粗或呈环状，适合于上肢功能障碍者使用，包括抓握能力较差者使用的粗柄牙刷、无抓握能力者使用的手掌套式牙刷等。

长柄/弯柄梳子、刷子：梳子或刷子的手柄呈弯形或明显加长。适用于上肢活动受限者、抓握能力较差或无抓握能力者。

指甲刀：底部固定在一平台上。适用于有单手活动能力者。

移动式坐便器：铺有软垫，其下方有便盆，需要时可移开座位上的木板，辅助无蹲位能力患者如厕用。适用于下肢关节活动受限、无下蹲如厕能力的患者。

便盆：患者卧床期间使用的盛装其排泄物的容器。适用于行动不方便、不宜下床或丧失自理能力的患者。

防滑垫和扶手：固定在浴室墙壁上扶手和放置在浴室地面的防滑垫。适用于平衡能力较差的患者进行洗浴。

淋浴椅：在旧塑料椅面钻一些排水孔或在废旧的框架椅子上缠绕一些塑料绳或内胎，便可做成淋浴椅。适用于站立困难及平衡能力较差的患者。

④ 取物和开启类自助具。

开启器：可利用开启器，以较小的力量开启瓶子、罐头等容器的盖子。适用于手握力不足者。

门把手：内衬加大摩擦的材料，省力且易于转动。适用于手无力者和老年人开闭房门。

钥匙扳手：用钥匙扳手夹住钥匙，以增大力量，辅助开关门锁。适用于手握力不足、手功能障碍者。

固定器：固定开启物品，以利用健手操作，如开启瓶子等。适用于偏瘫等单侧手功能障碍患者。

取物器：取物器的前端有夹子，便于抓取物品。适用于移动和站立困难者。

第四节　老年人的心理护理技术

随着老年人健康水平和生活适应能力下降，老年人易出现紧张焦虑、抑郁、恐惧、悲观厌世等消极心理，出现不配合治疗或护理的消极行为，而这些消极心理和行为往往会导致疾病加重，不利于老年人康复，严重影响老年人的生活品质，因此做好老年人的心理护理工作是非常重要的，了解老年人常见心理问题及其心理护理技术，既可以满足老年人的个性化养老需求，提高老年人的晚年生活质量，同时又可以提升自己的养老服务技能。

一、老年人常用心理量表

由于种种原因，很多老年人存在失落自卑、孤独寂寞、抑郁悲伤、焦虑恐慌、嫉妒委屈、疑病怕死等不良心理特点，很多老人担心自己会患上老年焦虑症、老年抑郁症以及认知症等老年常见心理疾病。作为养老服务工作人员，需要掌握常用的心理测验，能对上述常见心理疾病或心理症状进行初步筛查、诊断。

（一）实践任务

实践任务一：汉密尔顿焦虑量表（HAMA）实施

操作步骤：

1. 工作准备

（1）环境准备：室内安静、卫生，最好配有舒适的沙发、办公桌椅、电脑、绿色植物等，营造安全、安静、温馨的氛围。

（2）护理员准备：服装整洁，了解老年人的基本信息。

（3）老年人准备：老年人因焦虑感到痛苦，同意进行心理测试。

（4）物品准备：心理测验量表、电脑等物品。

2. 和老人沟通，建立信任关系

与老人沟通，在安静、温馨的环境里进行心理测试。对于过度紧张的老人，可以待其情绪稳定、和护理员建立良好关系后再进行施测。

3. 量表介绍和施测

根据老人的症状或需要，向受测老人适度介绍该量表，说明施测要求，确保受测老人清楚问题的含义，并能如实回答；在为老人进行施测时，态度要热情、温和，争取获得老人的信任与配合。

汉密尔顿焦虑量表（HAMA）是一个他评量表，是焦虑症的重要诊断工具，临床上常用来作为焦虑症的诊断及程度划分依据。该量表有14个项目，采用0～4分的五点计分法，0分代表无症状，1分代表症状轻，2分代表症状中等，3分代表症状重，4分代表症状极重。见表3-5。

表3-5 汉密尔顿焦虑量表（HAMA）

指导语：在表中最适合被测试者近一周身心状态的分数上打"√"。

序号	题目及表现	得分				
		0	1	2	3	4
1	焦虑心境：担心、担忧，感到有最坏的事情发生，易激惹					
2	紧张：紧张感、易疲劳、不能放松、易哭、颤抖、感到不安					
3	害怕：害怕黑暗、陌生人、一人独处、动物、乘车或旅行及人多的场合					
4	失眠：难以入睡、易醒、睡得不深、多梦、夜惊、醒后感到疲倦					
5	认知功能：记忆、注意障碍，注意力不能集中，记忆力差					
6	抑郁心境：丧失兴趣、对以往爱好缺乏快感、抑郁、早醒、昼重夜轻					
7	肌肉系统症状：肌肉酸痛、活动不灵活、肌肉抽动、肢体抽动、牙齿打战、声音发抖					
8	感觉系统症状：视物模糊、发冷发热、软弱无力感、浑身刺痛					

续表

序号	题目及表现	得分				
		0	1	2	3	4
9	心血管系统症状：心动过速、心悸、胸痛、血管跳动感、昏倒感、心搏脱漏					
10	呼吸系统症状：胸闷、窒息感、叹息、呼吸困难					
11	胃肠道症状：吞咽困难、嗳气、消化不良（进食后腹痛、腹胀、恶心、胃部饱感）、肠动感、肠鸣、腹泻、体重减轻、便秘					
12	生殖泌尿系统症状：尿意频繁、尿急、停经、性冷淡、早泄、阳痿					
13	自主神经系统症状：口干、潮红、苍白、易出汗、起鸡皮疙瘩、紧张性头痛、毛发竖起					
14	会谈时行为表现： （1）一般表现：紧张、不能松弛、忐忑不安、咬手指、紧紧握拳、摸弄手帕、面肌抽搐、手发抖、皱眉、表情僵硬、肌张力增、叹气样呼吸、面色苍白 （2）生理表现：吞咽、打呃、安静时心率快、呼吸快（20次/分以上）、腱反射亢进、震颤、瞳孔放大、眼睑跳动、易出汗、眼球突出					
总分						

4. 评分标准及结果解读

根据我国量表协作组提供的资料，在汉密尔顿焦虑量表（HAMA）评分上，总分 ≤ 7 分，表明没有焦虑症状；7 分 < 总分 ≤ 14 分，可能存在焦虑症状；14 分 < 总分 ≤ 21 分，肯定有焦虑；21 分 < 总分 ≤ 29 分，肯定有明显的焦虑；总分 > 29 分，可能为严重焦虑。

实践任务二：老年抑郁量表（GDS）实施

操作步骤如下：

1. 工作准备

（1）环境准备：室内安静、卫生，最好配有舒适的沙发、办公桌椅、电脑、绿色植物等，营造安全、安静、温馨的氛围。

（2）护理员准备：服装整洁，了解老年人的基本信息。

（3）老年人准备：老年人因抑郁感到痛苦，同意进行心理测试。

（4）物品准备：心理测验量表、电脑等物品。

2. 和老人沟通，建立信任关系

与老人沟通，在安静、温馨的环境里进行心理测试。可待老人情绪稳定、和护理员建立良好人际关系后再进行测试。

3. 量表介绍和施测

根据老人的症状或需要，向受测老人适度介绍该量表，说明施测要求，确保受测老人清楚问题的含义，并能如实回答；在为老人进行施测时，态度要热情、温和，争取获得老人的信任与配合。见表 3-6。

表3-6 老年抑郁量表（GDS）

指导语：请根据您一周内的真实感受选出最贴切的答案，在相应选项上画"√"。

序号	题目	是	否
1	你对你的生活基本满意吗?		
2	你是否丧失了很多你的兴趣和爱好?		
3	你感到生活空虚吗?		
4	你经常感到无聊吗?		
5	你对未来充满希望吗?		
6	你是否因无法摆脱头脑中的想法而烦恼?		
7	大部分的时间你都精神抖擞吗?		
8	你是否觉得有什么不好的事情要发生而感到很害怕?		
9	大部分时间你都觉得快乐吗?		
10	你经常感到无助吗?		
11	你是否经常感到不安宁或做立不安?		
12	你是否宁愿待在家里而不愿去干新鲜事?		
13	你是否经常担心将来?		
14	你是否觉得你的记忆力有问题?		
15	你觉得现在活着很精彩?		
16	你是否经常感到垂头丧气、无精打采?		
17	你是否感到现在很没用?		
18	你是否为过去的事担心很多?		
19	你觉得生活很兴奋吗?		
20	你觉得学习新鲜事物很困难吗?		
21	你觉得精力充沛吗?		
22	你觉得你的现状是毫无希望吗?		
23	你是否觉得大部分人都比你活得好?		
24	你是否经常把小事情弄得很糟糕?		
25	你经常有想哭的感觉吗?		
26	你对集中注意力有困难吗?		
27	你喜欢每天早晨起床的感觉吗?		
28	你宁愿不参加社交活动吗?		
29	你做决定很容易吗?		
30	你的头脑还和以前一样清楚吗?		

4. 评分标准

总分30分，每个题目一分，其中问题1、5、7、9、15、21、27、29、30，用反向计分，回答"否"得1分，其他问题为正向计分，回答"是"计1分。

该表可用于筛查老年抑郁症，用于一般目的时，可采用以下标准：0～10分意味着正常；11～20分为轻度抑郁；21～30分为中重度抑郁。

因此，若老人得分在11分以上则应进行进一步检查。

实践任务三：简易智力状态检测表（MMSE）实施

操作步骤如下：

1. 工作准备

（1）环境准备：室内安静、卫生，最好配有舒适的沙发、办公桌椅、电脑、绿色植物等，营造安全、安静、温馨的氛围。

（2）护理员准备：服装整洁，了解老年人的基本信息。

（3）老年人准备：老年人情绪稳定，适合进行心理测试。

（4）物品准备：心理测验量表、电脑等物品。

2. 和老人沟通，建立信任关系

与老人沟通，在安静、温馨的环境里为老人进行测试。可待老人情绪稳定、和护理员建立良好人际关系后再进行测试。

3. 量表介绍和施测

根据老人的症状向老人适当介绍该量表及施测要求。在为老人进行施测时，态度要热情、温和，争取获得老人的信任。见表3-7。

表3-7 老年人简易智力状态检查表（MMSE）

分数	项目	日期
5（□）	1.时间定向力 问：今天是？ 哪一年？ 季节？ 月份？ 日期？ 星期几？（每个问题一分）	
5（□）	2.地点定向力 问：我们现在在哪里？ 国家？ 城市？ 城市的哪一部分？ 建筑物？ 楼层？（每个问题一分）	
3（□）	3.即刻回忆 问：仔细听，我要说三个词，请在我说完之后重复，准备好了吗？三个词是：球（停顿一秒）、旗子（停顿一秒）、树（停顿一秒）。请马上重复三个词是什么（每个词一分）	
5（□）	4.注意力与计算力 问：从100减去7，顺序往下减，直到我让你停 100-7=？ □ □ □ □ □（连减五次，错误即停止）	
3（□）	5.回忆那三个词 问：我刚才让你记住的三个词是什么？（每个词一分）	
2（□）	6.命名 问：这是什么？展示铅笔、展示手表 （每个一分）	
1（□）	7.语言重复 说：我现在让你重复我说的话，准备好了吗？瑞雪兆丰年 你再说一遍 1分	
3（□）	8.理解力 请仔细听并按照我说的做 左手拿这张纸 把它对折 把它放在你的右腿上 （每个一分）	

续表

分数	项目	日期
1（□）	9. 阅读 说下面的句子，并按照做：闭上你的眼睛	
1（□）	10. 写 请写一个句子	
1（□）	11. 画画 说：照下图画	
总分□	结果分析：	

4. 评分标准

该量表总分 30 分，分数值与受教育程度有关。

文盲≤ 17 分，小学程度≤ 20 分，中学或以上程度≤ 24 分，为认知功能障碍，大于相应分数为正常。其中 13～23 分为轻度痴呆，5～12 分为中度痴呆，<5 分为重度痴呆。

另外，也有人认为分数在 27～30 分为正常，分数 <27 分为认知功能障碍，痴呆严重程度分级方法为：27 分 > 分数≥ 21 分为轻度痴呆，10～20 分为中度痴呆，≤ 9 分为重度痴呆。

应注意本表评分只能作为协助评估老人失智、走失风险的参考，疾病的诊断需要结合临床其他相关检查，严格进行诊断。

实践任务四：画钟测验（CDT）

操作步骤如下：

1. 工作准备

（1）环境准备：室内安静、卫生，最好配有舒适的沙发、办公桌椅、电脑、绿色植物等，营造安全、安静、温馨的氛围。

（2）护理员准备：服装整洁，了解老年人的基本信息。

（3）老年人准备：老年人情绪稳定，可配合进行测试。

（4）物品准备：心理测验量表、电脑等物品。

2. 和老人沟通，建立信任关系

与老人沟通，安抚老人情绪，待老人情绪稳定、和护理员建立良好人际关系后再进行测试。

3. 量表介绍和施测

根据老人的症状或需求，向老人适当介绍该量表及施测要求。在为老人进行施测时，态度要热情、温和，争取获得老人的信任。

要求老年人在 10 分钟内，独立画出一个钟表，要求表是圆形的，有 12 个阿拉伯数字及刻度，并标出指定的时间（例如 8 点 25 分、9 点 10 分等）。

4. 评分标准

画钟测验的评分规则如下：
（1）画出闭锁的圆（表盘），1分；
（2）将数字安置在表盘上的正确位置（所有数字都在圆内），1分；
（3）按顺序将表盘上12个数字填写正确，1分；
（4）指针安置在正确位置上（指针上是否有箭头，分针是否比时针长等），1分。

根据评分标准，4分为正常，3分为基本正常或轻度痴呆，2分多为中度痴呆，2分以下为重度痴呆。具体见图3-93。

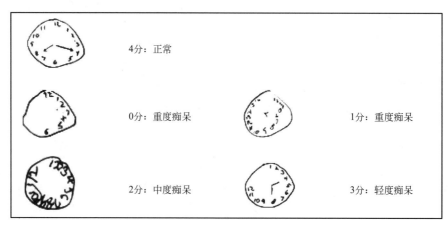

图3-93 画钟测验评分

（二）相关知识

1. 老年焦虑症及其常用筛查量表

（1）老年焦虑症。

焦虑症是以焦虑为中心症状，呈急性发作形式（惊恐障碍）或慢性持续状态（广泛性焦虑），并伴有植物神经功能紊乱的一种神经官能症。老年焦虑症往往表现为心烦意乱、注意力不集中、焦虑紧张、脾气暴躁等。

老年焦虑症具有以下特点：一是患者本身有躯体症状，本人感觉到痛苦，但去医院检查却查不出器质性病变；二是会产生过度依赖心理，依赖医院、医生或家人；三是会产生与现实处境不相符合的过度担忧；四是用药成瘾，不能自拔；五是因痛苦会产生自杀想法，且从不隐瞒其自杀想法。

老年焦虑症原本是较易治疗的心理疾病，但因识别率低导致精神致残、自杀率高，成为老年健康的一大杀手。统计发现，40%有残疾或慢性疾病的老人存在焦虑症状，32.88%的高血压老人、71%的痴呆老人存在焦虑症状。但由于老年焦虑症具有隐蔽性，常常得不到及时诊断、治疗，使得病人病情拖延，造成其生活质量下降。

在养老护理中，我们应密切关注老人的焦虑情绪，一旦发现老人出现了焦虑情绪，应主动、及时地帮助老人进行情绪调节，避免老人出现严重的心理疾病。针对老年焦虑症患者，应注意经常与之进行心理沟通，帮助他们正确认识焦虑症，建立积极乐观的良好心态，学会自我放松，积极配合心理咨询或治疗，遵医嘱按时服药。

(2)汉密尔顿焦虑量表(HAMA)。

汉密尔顿焦虑量表由汉密尔顿(Hamilton)于1959年编制,是精神科临床中常用的量表之一。本量表包括14个反映焦虑症状的项目,主要涉及躯体性焦虑和精神性焦虑两大类因子结构。

汉密尔顿焦虑量表(HAMA)是一个他评量表,是焦虑症的重要诊断工具,临床上常用来作为焦虑症的诊断及程度划分依据,但它不能很好鉴别焦虑症和抑郁症。测试应该由经过严格训练的两名评定员同时检查,采取交谈和观察的方式,并各自独立给分,测试时强调受测者的主观体验。

2. 老年抑郁症及其常用筛查量表

(1)老年抑郁症。

抑郁症是一种常见的心境障碍,以显著而持久的心境低落为主要临床特征,且心境低落与其处境不相称,严重者可出现自杀念头和行为;同时抑郁症亦属于一种危害性较大的慢性疾病,抑郁症会引起个体身体功能下降、情绪低落或精神运动性阻滞等方面的危害,出现自卑、厌世、食欲减退、体重减轻、闭经、乏力等问题。

随着人口结构的老龄化及高龄化,这种威胁将越来越大,抑郁症成为老年精神疾病中最为常见的疾病之一。它会导致老人严重失眠、便秘、心血管异常,严重者会产生自杀观念和行为。有研究发现,老年人的自杀和自杀企图有50%~70%继发于抑郁症。老年抑郁症不易被发现,一旦发现其症状已非常严重,甚至很多老人已经有了轻生等想法及行为。

因此,对于抑郁症应做到早预防、早诊断。如果能及早地识别抑郁症的早期表现,对老人自身的病情特点、发病原因、促发因素、发病特征等加以综合考虑,就可制定出预防复发的有效方案,做到"防患于未然"。

(2)老年抑郁量表(GDS)。

老年抑郁量表(GDS)是专用于老年抑郁症的筛查量表。在对老年人的临床评定上,它比其它抑郁量表有着更高的符合率,特别是在年纪较大的老年人中这种优势更加明显。

本量表为56岁以上者的专用抑郁筛查量表,而非抑郁症的诊断工具,每次检查需15分钟左右。临床主要评价56岁以上者以下症状:情绪低落、活动减少、易激惹、退缩,以及对过去、现在和未来的消极评价。但56岁以上主诉食欲下降、睡眠障碍等症状属于正常现象,使用该量表有时易误评为抑郁症。因此分数超过11分者应做进一步检查。

3. 阿尔茨海默病及其常用筛查量表

(1)阿尔茨海默病。

阿尔茨海默病(AD)是一种起病隐匿的进行性发展的神经系统退行性疾病,临床上以记忆障碍、失语、失用、失认、视空间技能损害、执行功能障碍以及人格和行为改变等全面性痴呆表现为特征,病因迄今未明。

过去将65岁以前发病者,称早老性痴呆,65岁以后发病者称老年性痴呆,本病病理改变主要特征为大脑皮质萎缩、神经元纤维化和脑神经细胞变性及老年斑,是老年期较常见的疾病。

虽然目前阿尔茨海默病尚没有理想的治愈方法,但是关注阿尔茨海默病的早期信号,做到早发现、早预防是很重要的。

(2) 简易智力状态检测表（MMSE）。

简易智力状态检测表（MMSE）简单易行，标准化程度高，重复性好，是国内外痴呆筛查的首选量表。该量表包括以下 6 个方面：时空定向力、即刻记忆、注意力及计算力、延迟记忆、语言、视空间。共 30 项题目，能够全面、准确、迅速地反映被试者智力状态及认知功能缺损程度。

(3) 画钟测验（CDT）。

画钟测验与文化相关性小，操作简单方便，国外已广泛应用于痴呆患者认知功能损害的筛查。资料显示，画钟测验阿尔茨海默病的准确率达 80%～90%。

二、老年人常用心理护理技术

面对老年人经常出现的紧张、焦虑、抑郁、恐惧等负面情绪，以及老年常见的心理疾病，可采用以下心理护理技术。

（一）实践任务

实践任务一：支持性心理疗法

1. 支持性心理疗法

支持性心理疗法是以支持为主的特殊性的心理治疗方法，其特点是运用和来访者较好的关系和良性影响，积极应用一切如权威、知识、关心等方法来支持来访者，帮助来访者分析和认识其所面临的问题，维护或提高来访者的自尊感，尽可能减少其症状反复，最大限度地提高他们的适应能力，使其渡过心理危机，避免精神崩溃。支持性心理疗法的核心是支持。

2. 支持性心理疗法的常用技术

在支持性心理疗法中，常用的技术主要有：

（1）支持与鼓励。支持性心理疗法的核心是支持，最为常用的技术是支持和鼓励。所谓支持就是让来访的老人感受到来自医生、家人和社会的关心，有人在帮助他共同应付困境。鼓励则是治疗者对来访老人的发现、赏识，是揭示他自己都不自觉的优点、长处和优势。在工作中应多鼓励、赞美老人，帮助他们发掘自身长处，但在使用支持和鼓励技术时，要注意言之有物、具体而积极，不可随意开玩笑、说大话等。

（2）倾听和积极关注。在支持性心理疗法中倾听是一项非常重要的技术，甚至"听"比"说"还重要。应认真倾听、及时给予回应，在倾听过程中可以采取恰当的提问、鼓励与重复对方的语句、针对某个问题进行说明、会谈总结、表达感受等方式，来提高倾听的效果。积极关注是指对来访者的言语和行为的积极面予以关注，从而使其能够拥有正向价值观。

（3）说明与指导。说明是治疗者针对来访者的相关问题进行解释；指导则是治疗者对来访者提出行动建议，采取适当的方法解决问题。老年人一般都很关注自身健康，敏感多疑，因此，与之相关的问题应主动进行解释，针对他们的疑问要及时沟通、说明，以免他们担心顾虑。在进行行为指导时，既要注意权威性和科学性，还要注意说话的方式、语气等，要时刻体现对老人的尊重，对他们身心健康的关心，不可恐吓、强迫老人去做。

（4）控制与训练。这主要是针对来访者行为方面的问题而采取的方法，它是一种自我约束，可针对自我控制能力不强的老年人采用，在对老人使用该技术时，要事先和他们说清楚意义所在和具体内容、要求、进度等，征得老人的同意。一旦进行，要鼓励老人坚持下来。

（5）改善处事态度。很多老人的负面情绪源于他们的性格特征和一贯的处事态度，该技术的目的就是帮助来访老人认识自己的性格特点，树立正确的对待自己、他人和社会的价值观念与态度。

（6）改变外在环境。改变外在环境其实改变的不单单是活动的场所，更重要的是要改变来访者所面临的人际环境，即人际关系的融洽程度。这对老年人建立积极的社会支持系统是很重要的。因此，我们应帮助老年人发掘自身可利用的社会资源，改善他们的人际关系环境，助其提高自信心和价值观。

实践任务二：合理情绪疗法（情绪 ABC 理论）应用

操作步骤：

针对焦虑症、抑郁症老人的合理情绪疗法，其策略是帮助老人认清其认知中的不合理部分，重新构建认知结构，重新认识评价自己，重建对自己的信心。合理情绪疗法的实施包括以下四个步骤：

第一步，首先要向老人指出，其思维方式、信念是不合理的，帮助他们弄清楚为什么会变成这样，怎么会发展到目前这样，讲清楚不合理的信念与他们的情绪困扰之间的关系。这一步可以直接或间接地向老人介绍 ABC 理论基本原理。

第二步，要向老人指出，他们的情绪困扰之所以延续至今，不是具体的生活事件或早年生活经历的影响，而是现在他们自身所存在的不合理信念所导致的，对于这一点，他们自己应当负有一定的责任。

第三步，通过与不合理信念辩论等方法，帮助老人认清其信念的不合理性，进而放弃这些不合理的信念，帮助求治者产生某种认知层次的改变。这是治疗中最重要的一环。

第四步，不仅要帮助求治者认清并放弃某些特定的不合理信念，而且要从改变他们常见的不合理信念入手，帮助他们学会以合理的思维方式代替不合理的思维方式，以避免再做不合理信念的牺牲品。

这四个步骤一旦完成，不合理信念及由此而引起的情绪困扰和障碍即将消除，老人就会以较为合理的思维方式代替不合理的思维方式，从而较少受到不合理信念的困扰了。在合理情绪治疗的整个过程中，与不合理的信念辩论的方法一直是帮助来访老人的主要方法。

实践任务三：系统脱敏疗法

操作步骤：

采用系统脱敏疗法的步骤如下：

第一步，护理人员与老人协商，向其介绍系统脱敏疗法，并征得其同意。

第二步，建立焦虑（恐惧）等级。这一步包括两个内容：①找出所有使老年人感到焦虑（恐惧）的事件，并报告出对每一事件的主观感受，这种主观感受可用主观感觉尺度来度量，一般这种尺度为 0～100，可分为 10 个等级。②将老人报告的焦虑（恐惧）事件按等级由小到大进行排序。

第三步，进行放松训练。一般需要6～10次练习，每次历时半小时，每天1～2次，以达到全身肌肉放松为合格。

第四步，分级脱敏训练。系统脱敏要求老人在完全放松的状态下进行，因此，护理人员首先应让老年焦虑症老人放松，从等级中最低的焦虑（恐惧）事件开始，由护理人员或咨询者给老人反复呈现焦虑（恐惧）事件，从老人难以接受到能够接受，重复进行，直到老人对某一等级的事件不再感到焦虑（恐惧），即这一等级的脱敏过程结束。转入上一级焦虑（恐惧）事件，直至完全适应。

实践任务四：回忆疗法

根据回忆治疗的理论基础，回忆治疗的标准化操作可分为以下五个阶段。

一是当老年人处于有压力的环境，经历各种生活事件和重大改变时，这就为回忆治疗创造了条件，也形成了回忆治疗的第一阶段。

二是护理人员应意识到这种改变并给予关注，这就进入了回忆治疗的第二个阶段，即对老年人的心理健康状况进行评估。评估的工具一般包括标准化心理测量量表、自评问卷、他评问卷和观察测量工具等，当然，评估工具必须具备良好的信效度。

三是为老人设立治疗的目标。当评估到老人有不同程度的社会孤立、低的自尊水平和抑郁时，为老人设立的目标应更具体，更有针对性。设立目标后，依据不同的护理诊断，应为老人采取不同的回忆治疗策略。

四是选择回忆治疗的类型。对老年人实施回忆治疗是一个连续的过程，无论是简单的、放松的团体性回忆治疗还是更为细致深入的个人生命回顾，护理人员在实施回忆治疗时都应基于老年人个体的不同情况。同时，每一个治疗目的实现都需要在不同程度上结合不同形式的回忆治疗。

五是效果的评估，无论是短期的效果还是长期的效果都很重要。

（二）相关知识

1. 支持性心理疗法

支持性心理疗法的使用范围很广，主要适用于来访者遭遇严重心理创伤，面临精神崩溃，急需他人支持以渡过难关，以及自我能力脆弱或不成熟，需要他人予以心理支持的人。在具体实施中应注意以下几点。

（1）事先进行详细的医学与心理学检查。在使用支持性心理疗法之前首先应进行详细的检查，以排查不适用该疗法的生理疾病和严重的精神疾病患者。其次，对于心身疾病患者应采取心理和躯体双重治疗，而单纯躯体疾病引发的心理问题也可以进行心理治疗。

（2）以来访者当前的疑虑为重点，重点解决当下实际困境。支持性心理疗法不探究来访者的潜意识，也不追溯童年经历对其现在困境的深层影响，而是注重当下，重点解决当前最为担心的事情，解决他们现实中的困境，以缓解或消除其症状。

（3）不能随意保证，应先接受然后保证，且保证的内容要适当。保证是治疗者为来访者提供的一种承诺，即向当事人说明病情并没有像来访者想象的那样有严重的危害，或通过治疗者和来访者的共同努力将在较短的时间内完全恢复正常。充分的接受是保证的前提，否则会令来访者感到不负责任；而且保证的内容应该适当，不可夸大治疗效果，否则过犹不及。

（4）安慰与支持要适度。在支持性心理疗法中，安慰和支持是非常重要的技术，但不能盲目滥用，否则会导致来访者产生依赖性，不利于其心理问题的真正解决。

2. 合理情绪疗法

（1）合理情绪疗法。合理情绪疗法（情绪 ABC 理论）是由美国心理学家艾利斯创建的，其中 A 表示诱发性事件，B 表示个体针对此诱发性事件产生的一些信念，即对这件事的一些看法、解释，C 表示自己产生的情绪和行为的结果。

艾利斯认为并不是事件（A）本身导致了不良情绪和行为，而是经历某一事件的个体对此事件的解释与评价、认知与信念（B），导致了不良情绪和行为（C）的产生。因此，不合理的认知和信念引起不良的情绪和行为反应，只有通过疏导、辩论来改变和重建不合理的认知与信念，才能达到治疗目的。

（2）常见的不合理信念。依据情绪 ABC 理论去分析日常生活中常见的一些具体情况，发现人们的不合理观念常常具有以下三个特征。

① 绝对化的要求。绝对化要求是指人们常常以自己的意愿为出发点，认为某事物必定发生或不发生的想法。它常常表现为将"希望""想要"等绝对化为"必须""应该"或"一定要"等，如有的老人认为"我必须要做到""别人必须对我好"等。这种绝对化的要求之所以不合理，是因为每一客观事物都有其自身的发展规律，不可能依个人的意志为转移。因此当某些事物的发展与其对事物的绝对化要求相悖时，就会感到难以接受和适应，从而极易陷入情绪困扰之中。

② 过分概括的评价。这是一种以偏概全的不合理思维方式的表现，它常常把"有时""某些"过分概括化为"总是""所有"等。如有的老人遭受一些失败后，就会认为自己"老了，无用了"或是"自己一无是处、毫无价值"，这种片面的自我否定往往导致自暴自弃、自罪自责等不良情绪。而这种评价一旦指向他人，就会一味地指责别人，产生怨愤、敌意等消极情绪。

③ 糟糕至极的结果。这种观念认为如果一件不好的事情发生，那将非常可怕和糟糕，如认为"我得了抑郁症，一切都完了""我没有按时接孩子，肯定会出事的"等。这种想法是非理性的，如果一个人坚持这种"糟糕"观时，那么当他遇到他所谓的百分之百糟糕的事时，他就会陷入不良的情绪体验之中，而一蹶不振。

3. 系统脱敏疗法

系统脱敏疗法又称交互抑制法，是由美国学者沃尔帕创立和发展的。这种方法主要是诱导求治者缓慢地暴露出导致神经症焦虑、恐惧的情境，并通过心理的放松状态来对抗这种焦虑情绪，从而达到消除焦虑或恐惧的目的。如果一个刺激所引起的焦虑或恐惧状态在求治者所能忍受的范围之内，经过多次反复的呈现，他便不再会对该刺激感到焦虑和恐惧，治疗目标也就达到了。

在系统脱敏疗法的具体使用中发展出两个变式，亦可用于老年焦虑或恐惧症状的改善：

（1）自动化脱敏法。根据同病人的一系列交谈的结果，治疗者将所识别出的病人的焦虑情境的录音、录像，用于对病人进行治疗。病人可以在家里独立使用，而不必花费治疗者太多的时间。可以依情况决定脱敏的速度和进度，有助于减少脱敏治疗中的不良反应。

（2）接触脱敏法。采用按焦虑层次进行的真实生活暴露方法，增加了示范和接触。让病人首先观看治疗者或其他人处理引起病人恐惧的情境或东西，而后让病人一步一步地照着做。

4. 回忆疗法

回忆疗法是一种简便易行的心理干预方法，是通过分析和评价来回顾过去，达到自我整合，并将过去的生活视为有意义的经验，从中获得人生满足感和自我肯定。回忆治疗的具体方法是通过鼓励老年人谈论自己过去所发生的事情，以及通过看老照片和收藏的纪念物品、听老歌等来唤起老年人对往事的记忆，以促进老年人和干预者进行交谈。

回忆疗法的重点不是事件本身，而是老人在回顾时能否持开放、和谐、接纳自我的态度与观点，去正视生命中的阴影，体验走出阴影的力量，进而整合并接纳自己生命的历程。

第四章　养老服务机构管理

管理就是做好无数小的细节工作。

——国际战略管理顾问林正大

养老服务机构管理主要包括外部对养老服务机构的管理和机构自身的内部管理，就外部对其管理而言，主要是政府对养老服务机构的管理。这方面，更多的是从政策法规层面对养老服务机构建设、服务和运营进行管理，表现的形式主要是政策法规、标准化的制定、养老服务机构的审批、监督检查和指导，其目标是确保养老服务机构建设项目的标准化、科学化和服务运营项目的规范化，以满足广大老年人及其亲属对机构养老的需求，促进养老事业的健康发展。就内部管理而言，养老服务机构应该按照养老服务行业自身的特点，在建设、运营和发展方面构建自身的组织管理体系，制定自己的管理内容、方针、目标与方法[97]。本章的养老服务机构管理主要是指后者，也就是我们主要探讨一下养老服务机构的内部管理。

第一节　养老服务机构管理概述

养老服务机构是养老服务体系中重要的组成部分，对于社会老年人管理而言具有重大

---

[97] 孟令君，刘利君. 养老服务机构管理人员能力培训辅导教程[M]. 北京：中国社会出版社，2012：15.

意义。精于管理之道的养老服务机构,可以为入住老人提供良好的助养服务,进行健康管理,提高老年人的生活质量,以达到老有所养、老有所医、老有所为、老有所教、老有所学、老有所乐、增进健康、延缓衰老的目的。为了加强养老服务机构管理,必须对养老服务机构概念、特点和类型以及养老服务机构管理的要素、目标、原则与方式等有较全面的认识。

一、养老服务机构的概念和特点

(一)养老服务机构的概念

养老服务机构是指为老年人提供饮食起居、清洁卫生、生活护理、健康管理和文体娱乐活动等综合性服务的机构。它可以是独立的法人机构,也可以附属于医疗机构、企事业单位、社会团体或组织、综合性社会福利院的一个部门或者分支机构。

(二)养老服务机构的特点

养老服务机构是一个国家福利事业的重要组成部分,概括而言,养老服务机构具备以下主要特点。

1. 公益性

养老服务机构为老年人提供的养老服务具有"公益性",是典型的"公益事业"。所谓"公益"是"公共利益"的简称。"公益事业"是指以社会公共利益为目标所开展的各项事业。根据《中华人民共和国公益事业捐赠法》的规定,"公益事业"包括以下几类事项,即救助灾害、救济贫困、扶助残疾人等困难的社会群体和个人的活动;教育、科学、文化、卫生、体育事业;环境保护、社会公共设施建设;促进社会发展和进步的其他社会公共和福利事业。养老服务机构从事的服务活动属于老年福利的重要组成部分,其福利的基本属性就是公益性。公益性的特点决定了养老服务机构在提供服务和自身运营过程中都应当以公益性作为自己的最高准则和目标。比如在机构设置过程中,首先应当符合当地关于福利机构的规划设置,而不是随心所欲的个人活动,应当遵从社会的整体利益。在机构提供养老服务过程中,也要以公益性为原则。

2. 非营利性

所谓"非营利性",是指机构的设立初衷不以获得经济收益为目标,非营利性的含义包括两个方面,即不以营利为目的,同时收益不能在机构成员之间进行分配。非营利性要求养老服务机构的服务不能以获取经济收益为主要目的,对于机构的设立人来说,也不能以取得经济利益为成立福利机构的目标。当然,非营利性并不排斥养老服务机构为维持正常的运行收取一定的服务费用。对于公办的养老服务机构而言,由于从性质上说是国家的事业单位,因此非营利性应当是其本质要求,从实践来看,公办的养老服务机构的收费标准相对而言较低,以满足机构的正常运作,用于补贴政府或者集体拨款的不足。即使是民办的养老服务机构,非营利性也要求它将在服务中获取的利益用于养老服务机构的滚动式发展,用于提高老人生活质量,为老人谋福利[98]。

---

[98] 孟令君,刘利君.养老服务机构管理人员能力培训辅导教程[M].北京:中国社会出版社,2012:5.

3. 战略性

养老服务机构的建设和发展缓解了我国的养老问题，满足了日益增长的老年人的需求。从扩大内需的角度来看，养老服务还能够有效刺激消费需求。庞大的老年群体客观上形成了巨大的护理服务需求，引导大量老年人及家庭实现长期照料和护理服务消费，对扩大内需有直接的拉动作用；从增加就业的角度来看，照料老年人是典型的劳动密集型产业，对专业护士特别是普通护工有大量需求，这完全符合我国政府大力发展社会服务业的指导思想；从改善民生的角度看，养老服务提高老人的生活质量，私营养老服务机构的优质服务可以改善老年人的生活状况，使其生活得更加舒适，还可以解决人们的后顾之忧，缓解子女长期照料压力，减少家庭矛盾和生活负担。养老服务机构作为我国老龄产业中最具有活力和生命力的一个亮点，对于推动整个国民经济发展起到了巨大的战略作用。

4. 专业性

首先，在服务技术层面上，养老服务机构能够集中物力、财力专注于加强培养护理人员的专业化水平；同时要确保养老服务人员的权益，逐步建立起养老服务机构服务人员的资格认证、职称评定体系，确保他们的专业技术向精、深方向不断发展。其次，在市场层面上，面对偌大的老龄人口市场，为满足不同类型老年人的特点和要求，养老服务机构必须在细分市场上做文章，并且在市场营销方面，要首先占领特定的目标市场，扩大养老服务的内涵和外延，保持养老服务产品的多样化，使其始终处于领先地位[99]。

5. 服务多样性

老年人在机构中进行集中养老，要求养老服务机构为老年人提供全方位、多层次的服务。养老服务机构服务内容的多样性是由其服务对象决定的。养老服务机构服务的主要对象是老年人（在我国主要是指60周岁及以上的人口）。在习惯上，我们按照老年人生活自理程度将养老服务机构的服务对象分为以下三种类型：自理老人，即日常生活行为完全自理，不依赖他人护理的老年人；介助老人，即日常生活行为依赖扶手、拐杖、轮椅和升降设施等帮助的老年人；介护老人，日常生活行为依赖他人护理的老年人。不同老人的服务需求是有区别的，如民政部《老年人社会福利机构基本规范》对养老服务机构为自理老人、介助老人、介护老人提供的护理服务提出了有差别的要求。实际上，在我国，除了护理院外，其他养老服务机构都没有进行功能区分，一般的养老服务机构收养的老人涵盖从生活基本能自理的老人一直到长期卧床不起，甚至需要"临终关怀"的老人，是一种混合型管理模式。

养老服务机构不仅要满足自理老人、介助老人、介护老人各自的衣食住行等基本生活照料需求，还要满足老年人医疗保健、疾病预防、护理、康复以及精神文化、心理与社会等需求。因此，对于养老服务机构来说，其开展的服务活动范围十分广泛，可以是养护、康复或者托管等不同层次和程度的服务。

6. 高风险性

养老服务机构服务的对象是老年人，很多都是自理能力欠缺或者高龄老人，这些老人在生活过程中出现突发疾病、意外事件、伤害、突发死亡等风险较高，这对于养老服务机构的照料服务提出了非常高的要求。因为一旦老人发生意外，养老服务机构很容易陷入纠纷当中，风险很大。另外，养老服务机构是一个投资大、回报周期长、市场竞争激烈的高风险行

---

[99] 李健，石晓燕. 养老机构经营与管理[M]. 南京：南京大学出版社，2016：12-13.

业。这对养老服务机构的经营管理、风险防范机制等方面提出了很高的要求[100]。

7. 示范性

从整体上说，养老服务机构无论在设施设备还是在人员技术等方面都具有非常独特的优势，它们可以通过设施设备、人员技术和优质服务的输出，发挥延伸基层、辐射社区、带动社会、示范民间的作用，从而提高社会养老服务的整体水平，推进普惠、均等、同质化的社会化养老服务。首先，养老服务机构可以为居家老年人提供辐射服务。目前我国开始将养老服务重心转向社区，鼓励社区居家养老，但对居家老人来说，仅靠乡镇街道和村居是难以提供专业化服务的。养老服务机构可以弥补社区居家养老服务的不足，满足居家老年人的养老服务需求。其次养老服务机构可以通过培训社区养老服务人员和指导社区养老服务组织，提高社区养老服务水平。在我国现阶段，社区居家养老服务尚不发达，养老服务机构可以以其专业、技术等方面的优势，为社区居家养老服务发挥专业、技术辐射作用，促进机构服务与社区居家养老服务融合发展。最后，一些小型专业化的养老服务机构可以直接建在社区或周边，直接成为社区居家老年人的养老服务载体，示范和带动社区居家养老[101]。

二、养老服务机构的类型

（一）依据功能内容及服务对象分类

1. 老年社会福利院

由政府出资举办、管理的综合接待三无老人、自理老人、介助老人、介护老人安度晚年而设置的社会养老服务机构，设有生活起居、文化娱乐、康复训练、医疗保健等多项服务设施。如图 4-1 所示。

图 4-1　上海市安亭社会福利院

2. 养老院或老人院

专为接待自理老人或综合接待自理老人、介助老人、介护老人安度晚年而设置的社会养老服务机构，设有生活起居、文化娱乐、康复训练、医疗保健等多项服务设施。如图 4-2 所示。

---

[100] 孟令君，刘利君. 养老服务机构管理人员能力培训辅导教程 [M]. 北京：中国社会出版社，2012：5-6.

[101] 汪生夫. 养老机构服务与管理实务 [M]. 南京：南京大学出版社，2017：7.

图 4-2　天津市河西区郁江道爱晚亭养老院

3. 老年公寓

专供老年人集中居住，符合老年体能心态特征的公寓式老年住宅，具备餐饮、清洁卫生、文化娱乐、医疗保健等多项服务设施。如图 4-3 所示。

图 4-3　大连依海居老年公寓

4. 护老院

专为接待介助老人安度晚年而设置的社会养老服务机构，设有生活起居、文化娱乐、康复训练、医疗保健等多项服务设施。如图 4-4 所示。

图 4-4　东营市爱德护老院

5. 护养院

专为接待介护老人安度晚年而设置的社会养老服务机构，设有起居生活、文化娱乐、康复训练、医疗保健等多项服务设施。如图4-5所示。

图4-5 北京康助护养院

6. 敬老院

在农村乡镇、村设置的供养三无老人，无法定扶养义务人，或者虽有法定抚养义务人，但是抚养义务人无扶养能力的；无劳动能力的；无生活来源的"五保"（吃、穿、住、医、葬）老人和接待社会上的老年人安度晚年的社会养老服务机构。设有生活起居、文化娱乐、康复训练、医疗保健等多项服务设施。如图4-6所示。

7. 托老所

为短期接待老年人托管服务的社区养老服务场所，设有生活起居、文化娱乐、康复训练、医疗保健等多项服务设施，分为日托、全托、临时托等。如图4-7所示。

图4-6 浏阳市沿溪敬老院

图4-7 某社区托老所

8. 老年人服务中心

为老年人提供各种综合性服务的社区服务场所，设有文化娱乐、康复训练、医疗保健等多项或单项服务设施和上门服务项目。如图4-8所示。

图 4-8　秦皇岛市海港区老年人服务中心

9. 养老社区

养老社区是指在同一个社区中，为老年人提供多种选择的生活方式，包括独立生活、协助生活和专业护理等，并为老人提供一系列的配套服务。使老年人在健康状况和自理能力变化时，依然可以在熟悉的环境中继续居住，并获得与身体状况相对应的照料服务[102]。如图 4-9 和图 4-10 所示。

图 4-9　合众优年养老社区外景

图 4-10　合众优年养老社区建筑群

（二）依据养老服务机构的营利性质分类

依据养老服务机构的营利性质，可将其分为公益性机构和非公益性机构两种类型。

公益性组织以谋求社会效应为目标，而不以营利为目的。可见是否以营利为目的是公益性组织或机构与企业最大的区别。需要说明的是，不以营利为目的并不代表不能营利，而是营利所得不能用于分配，但可以用于组织的发展。

1. 公益性机构提供机构养老基本公共服务

公益性的对象是社会全体成员，如同教育、医疗一样关系到公民的身心，影响社会经济的发展。《国家基本公共服务体系"十二五"规划》指出，国家应保障居民基本养老服务的需求，有条件的地区可以提供基本养老服务补贴，主要针对家庭经济困难且生活难以自理的失能、半失能 65 岁及以上城乡居民，明确了国家对弱势老年群体的养老责任。

2. 非公益类机构面向市场提供各类服务

并不是所有养老服务机构都具有公益性，这一方面是由我国国情所决定的，快速发展的老龄化进程导致需求总量增加，政府负担加重；另一方面是养老需求的多元化导致政府单一

---

[102]　李健，石晓燕. 养老机构经营与管理[M]. 南京：南京大学出版社，2016：13-16.

供给的模式并不能满足多元化需求。党的十八届三中全会提出的《关于全面深化改革若干重大问题的决定》中指出,未来改革的方向是"市场在资源配置中起决定性作用"。机构养老服务领域亦是如此,如上海市"十三五"养老体系建设规划指出,要积极引导和鼓励企业等社会力量参与养老服务设施的建设、运营和管理。由于市场的性质是追求利润的,所以这类养老服务机构的性质是非公益性的。

(三)依据养老服务机构的创建主体分类

依据养老服务机构的创建主体,可将养老服务机构分为公办机构、民办公助机构和民办机构三种类型。

1. 公办机构

公办机构提供机构养老基本公共服务。所谓公办,是由国家或集体举办,不以营利为目的,因此属于公益类。新公共服务理论指出,政府须向服务型转变,我国政府改革也提倡"小政府大社会"的理念,公办养老服务机构具有保障基本养老服务的职能,其重要性不言而喻。

2. 民办公助机构

民办公助机构属于公益类,提供机构养老基本公共服务。民办公助的养老服务机构是指政府为民办养老服务机构提供场地、资金、设施等投入的机构,不包括税收、水电煤诸项优惠。由于接受了政府的资助,占用了公共资源,因此民办公助型养老院应当具有非营利性质,属于公益性养老服务机构,《民办非企业单位登记管理暂行条例》以及地方政府颁布的文件如《上海市人民政府关于推进本市"十二五"期间养老机构建设的若干意见》中都提出对民办非营利登记的养老服务机构有不同程度的补贴。

3. 民办机构

民办养老机构属于非公益类机构。民办是指国家政府以外的组织或个人作为主体举办者,一般在工商部门登记,遵循市场规则,自负盈亏,民办企业养老机构的逐利性决定了它的性质应当是非公益性的[103]。

三、养老服务机构管理的要素、目标与原则

养老服务机构管理指的是养老服务机构在为入住老年人提供服务的过程中,对服务内容、服务质量、机构内部人员等各个方面的管理[104]。养老机构的管理者必须明确管什么、如何管、应达到什么目标与要求、应坚持哪些管理原则等问题,才能提高养老机构管理的实效性。

(一)养老服务机构管理的要素

组织的资源或要素,作为管理的直接对象,各有其特定的属性与功能。只有对这些资源或要素进行科学的配置与组织,才会有效发挥其作用,以保证目标的实现。关于管理要素的

---

[103] 孟兆敏,李振.养老机构分类标准及分类管理研究[J].江苏大学学报:社会科学版,2018(1):71-78.

[104] 人力资源社会保障部教材办公室,重庆城市管理职业学院.养老服务机构人员培训与指导[M].北京:中国劳动社会保障出版社,2019:2.

构成，管理学者作了大量的研究，提出了不同的见解。普遍接受的观点是，管理要素包括人员、资金、物资设备、时间和信息等，养老服务机构也需要对这些要素进行有效的管理。

1. 人员

人是管理对象中的核心要素，所有管理要素都是以人为中心存在和发挥作用的。养老服务机构一切活动都是服务于人，并且靠人来完成，因此，对人的管理极为重要。

养老服务机构员工管理的目标在于如何调动员工的积极性，增强责任意识，保证老人居住安全，提高服务质量，这是养老服务机构管理的重点，也是养老服务机构赖以生存与发展的关键。

员工管理应从三方面入手：首先，做好员工的选拔、岗前培训、聘用和继续教育，把握好员工"入口"关和继续教育关，不断提高员工素质和服务技能；其次，加强员工的职业道德教育，这是一个为特殊人群服务的特殊职业，对思想品质、职业道德有着特别的要求，没有良好的思想品质、职业道德是做不好这份工作的；最后，加强员工考核管理，实现奖惩分明。

2. 资金

资金是任何社会组织，特别是营利性经济组织的极为重要的资源，是管理对象的关键性要素。要保证职能活动正常进行，经济、高效地实现组织目标，就必须对资金进行科学的管理。

养老服务机构资金管理是指养老服务机构的财务和资金的管理。养老服务机构财务管理包括财务计划、财务制度、资金分配、周转、成本核算和财务监督等管理。现阶段，在政府投入不足、优惠政策难以落到实处、老年人支付能力低以及资金筹措困难的情况下，为了发挥有限的资金效益，必须加强财务和资金的管理。养老服务机构对财务和资金管理的目标是以有限的资金投入获取最佳的社会与经济效益。

3. 物资设备

物资设备是社会组织开展职能活动，实现目标的物质条件与保证。通过科学的管理，充分发挥物资设备的作用，也是管理者的一项经常性工作。

养老服务机构对物资设备的管理包括对机构内硬件设施的建设、改造、维修，设备、物品的采购、使用、维护和保管以及财产的管理。养老服务机构对物资的管理目标是使所有设施、设备始终处于完好状态，物品采购、使用、管理始终处于规范有序状态，降低采购成本，保证设施的完好率，提高使用效率，保证养老服务机构各项工作正常进行。此外，为提高工作效率，还应重视养老服务信息化管理，这是实现养老服务机构现代化管理的基本条件。

4. 时间

时间是组织的一种流动形态的资源，也是重要的管理要素。管理者必须重视对时间的管理，真正树立"时间就是金钱"的意识，科学地运筹时间，提高工作的效率。养老服务机构要特别重视时间的安排和使用，力争养老服务不漏死角。

5. 信息

在信息社会的今天，信息已成为极为重要的管理对象。现代管理者，特别是高层管理者，已越来越多地不再直接接触事物本身，而是同事物的信息打交道。信息既是组织运行、实施管理的必要手段,又是一种能带来效益的资源。管理者必须高度重视,并科学地管理好信息。

(二)养老服务机构管理的目标和原则

明确了管理内容,还必须制定管理目标与原则,以便确定管理方法,实施有效管理。

1. 管理目标

养老服务机构的管理目标主要体现在以下两个方面。

(1)追求社会效益。养老服务机构是老年人社会福利事业的重要组成部分,也是社会主义精神文明的窗口,它体现了党和政府对广大老年人的关心与关怀,因此,不断改善住养条件、提高服务质量、追求社会效益,让老人满意、让子女放心、为政府和社会分忧是养老服务机构管理的最高目标。

(2)重视经济效益。虽然大多数养老服务机构不以营利为目的,但其参与社会经济活动与市场竞争,同样存在着经济效益问题,特别是在政府投入不足、优惠政策难以落到实处、老年人支付能力低、市场竞争激烈的背景下,养老服务机构要生存、发展,必须重视经济效益。没有一定的经济效益作保障,社会效益也是一句空话。

追求社会效益,重视经济效益是任何一个养老服务机构管理的共同目标。在这个共同的目标指导下,各养老服务机构应结合自身实际制定出具体的管理目标,例如,近期和远期的发展规模目标、质量管理和/或品牌战略目标、经营效益目标和人才战略目标等。养老服务机构管理目标设计、制定得越具体、越缜密,越容易付诸实施和实现。

2. 管理原则

养老服务机构管理应遵循以下原则。

(1)以人为本的原则。以人为本,是管理学中人本原理的核心,它是管理之本、发展之本。养老服务机构管理中的以人为本,主要体现在三个方面。第一,在规划设计、装修或改造过程中体现以人为本,充分考虑老年人的体能心态的变化,一切为了方便老人居住与生活,为老年人营造一个温馨、舒适、安全、方便的居住环境。第二,在服务理念上体现以人为本,充分了解老人的需求,理解老人的心理与期望,对每一位老人提供体贴入微的个性化服务。第三,在员工的管理上体现以人为本,员工是养老服务机构生存与发展的重要因素,管理者对员工既要严格要求,又要处处关心,切实解决员工工作、生活上的困难,维护员工的合法权益,激发员工努力工作的积极性。

(2)安全第一的原则。养老服务机构是一个高风险的行业,它面对的是体弱多病的老人群体,稍有不慎,或工作疏忽,就有可能酿成入住老人的意外伤害与事故,引来纠纷,造成损失。因此,在养老服务机构管理中,安全管理是头等大事。应该从制度上进行设防,意识上加以强化,把不安全因素消除在萌芽状态。

(3)质量第一的原则。质量是任何一个企业发展的生命线,养老服务机构也不例外。没有可靠的服务质量,难以吸引和留住老人,养老服务机构的经营将面临困境,甚至无法生存。

(4)依法管理的原则。养老服务是一个政策性很强、管理严格、社会关注度高、十分敏感的工作,稍有偏差将会遭到政府行政部门的批评、处罚和社会舆论的谴责,使养老服务机构处于十分被动甚至难堪的局面。只有依法管理才能使养老服务机构健康发展,才能赢得政府的扶持和社会的支持。

四、养老服务机构的管理方式

常见的养老服务机构的管理方式主要有以下几种。

(一) 系统化管理

系统化管理是建立在系统论和控制论基础上的一种管理方法。它强调任何组织机构都是一个完整的系统,都应该按照系统学原理与方法进行统筹规划与管理,以保证组织机构近期和长远发展目标的实现。系统化管理不仅应用于组织机构管理体系的建立,还应用于产品质量管理,强调把组织机构各部门、各环节的生产、经营、服务活动严密地组织起来,规定它们在质量管理方面的责任、任务和权限,并建立统一协调这些活动的组织机构,在组织机构内形成一个完整的质量管理工作体系。这个体系就是国际标准化组织(International Organization for Standardization, ISO)提出的"质量管理体系"。目前,北京、上海、天津、江苏、浙江和广东等地的国办社会福利机构都推行 ISO 9000 质量标准体系认证,产生的效果是积极和显著的。通过认证,帮助养老服务机构建立一套完整、被国际认可的质量管理体系,使其部门与岗位职责更加清晰,经营管理更加规范,服务质量得到全面提升。同时,也帮助养老服务机构打造品牌,树立良好的社会形象,从而利用非价格因素提高机构在业内的竞争力[104]。

(二) 制度化管理

所谓制度化管理模式就是指按照一定的已经确定的规则来推动养老服务机构的管理。当然,这种制度必须是大家认可的、带有契约性的、可行性的规则,同时这种制度也是责权利一体的。制度有来自外部的(包括政府和行业的),如早在 2005 年,北京市养老服务机构就有了自己的规章制度体系:《养老服务机构标准体系要求、评价与改进》《养老服务机构标准体系技术标准、管理标准和工作标准体系》《养老服务机构老年人健康评估服务规范》等。制度管理更多的是需要根据机构自身的实际制定一些制度、标准和规则。一般来说,养老服务机构需要有这样一些基本制度:学习和会议制度、财务管理制度、卫生保健制度、食堂管理制度、安全应急制度、老年人出入院管理制度等。制度管理表现为一切按照制度运行、在制度面前人人平等、制度操作简便易行等。当然,制度化管理有时显得比较"残酷",适当地引进一点亲情关系、友情关系、温情关系确实有好处。甚至有时也可以适当地对管理中的矛盾及利益关系作一点随机性的处理,"淡化"一下规则和硬性规定,因为制度化过于呆板。由于被管理的主要对象是人,而人不是一般的物品,人是有各种各样的思维和感情的,是具有能动性的,制度管理中也要体现"以人为本",所以完全讲制度化管理也不行。这也暴露出制度化管理模式不足的方面[105]。

(三) 目标化管理

目标化管理强调根据既定的目标进行管理,即围绕目标,以实现目标为中心开展一系列管理活动。这种管理主要有以下特点:一是强调活动的目的性,重视未来发展研究和目标体系的设置;二是强调用目标来统一和指导全体员工的思想和行动,以保证组织的整体性和行

---

[105] 孟令君,刘利君. 养老服务机构管理人员能力培训辅导教程 [M]. 北京:中国社会出版社,2012: 18-19.

动的一致性；三是强调根据目标进行系统管理，使管理过程、员工、管理方法和工作安排都围绕目标运行；四是强调发挥员工的积极性、主动性和创造性，按照目标要求实行自主管理和自我控制，以提高员工适应环境变化的能力；五是强调根据目标考核绩效，以保证管理活动获得满意的效果。

通常，养老服务行业的主管部门会与下属的养老服务机构协商并下达目标责任（内容多为年度目标责任，也可为任期目标责任），并依据目标责任实现情况考核机构主要领导工作业绩。机构领导在接到行业主管部门下达的目标责任后，经过协商将机构的总体目标分解到科室，由院长与科室负责人签订目标责任书，其内容包括年度（或季度、月度）经济责任指标、床位利用率、服务质量、老年人的满意度、差错与事故控制、能耗与物质消耗等指标。

各科室负责人还可以把科室目标进一步分解到住区或班组，形成层层工作有目标责任、层层抓目标落实的局面。各级领导考核下属部门目标完成情况，以决定各部门工作业绩以及工作分配、奖金发放和年度评优。目标管理是系统化的整体管理，若运用得当，将显著提高养老服务机构的经营效益[104]。

（四）标准化管理

所谓标准化，就是将企业里各种各样的规范，如规程、规则、标准、要领等，形成文字化的东西，统称为标准（或称标准书）。标准化管理是一种管理手段或方法，即以标准化原理为指导，将工作的内容转化为标准，将标准化贯穿于管理全过程，以增进系统整体效能为宗旨、以提高工作质量与工作效率为根本目的的一种科学管理方法。

随着养老市场激烈竞争，标准化管理将越来越受到管理者的重视并不断地进行深化，标准的制定也变得更加人性化、科学化而易于操作。用规范化的标准实施管理，能够很好地从根本上解决养老服务机构由谁做、怎么做、做什么、如何做好的问题，确保标准能解决养老管理中的重点和难点问题，实现过程管理和质量监控的并举，保证服务质量的不断提高，吸引更多老年人入住养老服务机构。作为养老服务机构管理的一种重要模式，养老服务机构标准化管理可以分为技术标准、管理标准和工作标准三个层面。

以标准化管理为指导，将标准化贯穿于管理全过程，可以增进系统整体效能、提高工作质量和效率。要实施标准化管理，第一，应对单位的发展方向、人员、岗位的设置作出定位，并明确服务的宗旨和工作目标，选拔合适的人担当相应部门的管理者，与机构的主要负责人形成二级管理体系。在此基础上，综合实际制定出全面、严格的制度和规定，为各项工作定出标准。第二，各项工作应有计划、有总结。布置在先、检查相随、落实到位。第三，在对机构各部门实行管理的过程中，要严格落实各项制度规定，不能对制定的标准随意更改，同时要加强考核监督体制的建立，随时对工作人员的工作状态、服务情况进行检查，发现问题及时整改。对整改落实不利的要与服务人员经济利益、聘用期限相联系。第四，领导者应采取多渠道广泛征求住养老人及家属的意见和建议，不断查找管理工作中的漏洞，并加以改进，及时将改进情况进行反馈。第五，在用人机制上要奖勤罚懒、奖优处劣，对人员的奖惩要公平公正。第六，在财和物的管理上应分工明确，责任到人，政务公开。

（五）信息化管理

信息化管理是计算机技术、通信技术和管理科学在机构管理中的应用，是计算机技术对机构管理的影响、渗透以及相互结合的产物。信息化管理在养老服务机构的全面推广，有助于养老服务机构借助信息化手段及时掌握全面情况，合理配置资源，提高管理水平，降低运营成本，提升工作效率[106]。

目前，国内越来越多的养老服务机构采用"养老服务机构信息化管理系统"。以某智慧养老云平台为例，角色分层管理在财务、人员管理，老年人健康管理，安防监督，服务内容等养老服务机构管理及服务工作上进行了全面信息化的革新，既节约了时间、降低了成本，又提高了效率，而且还规范了养老服务机构经营、服务与管理行为，使养老服务机构服务上水平、管理上层次。"养老服务机构信息化管理系统"涵盖了养老服务机构业务管理、医护管理、药品管理、人员管理、就餐管理、费用管理等模块，涉及养老服务机构管理的方方面面，是养老服务机构科学管理的重要工具。

（六）思想政治工作

思想政治工作历来是我国各行业的管理手段之一，它体现了企业文化。只有端正思想、提高认识、达成共识、消除误解与隔阂，才能使整个养老服务机构工作井然有序地进行。养老服务机构不仅要重视员工的思想政治工作，而且还要重视入住老年人的思想政治工作。养老服务机构要发挥党、政、工、青、妇等组织和机构管理委员会的优势，做好员工和入住老年人的思想政治工作，为实现共同的目标不断努力[107]。

第二节　养老服务机构人力资源优化配置

人力资源是养老服务机构各项资源中最宝贵、最重要的资源，是其发展的"第一资源"，养老服务机构中其他资源的组合、运用都需要靠人力资源来推动。但是，一个养老服务机构仅有人力资源的简单组合是不够的，必须对人力资源进行合理、有效的配置，才能很好地发挥其能力，形成良好的工作团队，从而给养老服务机构带来更高的效率和更高的回报。人力资源配置效益的高低直接影响着养老服务机构其他资源的合理利用和整体配置效益，它是决定养老服务机构能否持续、稳定、快速发展的关键因素[108]。

一、养老服务机构人力资源的内涵

要把握养老服务机构人力资源的内涵，就要首先了解何谓人力资源。

（一）人力资源的概念

所谓人力资源是指一定范围内人口总体所具有的劳动能力的总和，是指一定范围内具有为社会创造物质和精神财富、从事体力劳动和智力劳动的人们的总称。人力资源能够推动整

---

[106] 杨阳，李春青. 养老机构信息化管理调研及对策分析[J]. 中国管理信息化，2016（7）：207.

[107] 人力资源社会保障部教材办公室，重庆城市管理职业学院. 养老服务机构人员培训与指导[M]. 北京：中国劳动社会保障出版社，2019：3.

[108] 杨晓君. 浅谈企业人力资源合理配置存在的问题及对策[J]. 现代商业，2020（9）：72-73.

个经济和社会的发展,是最活跃最积极的主动性生产要素,是积累和创造物质资本、开发和利用自然资源的主要力量。

人力资源是进行社会生产最基本、最重要的资源。人力资源是存在于人体中的经济资源。它依附于员工个体存在,以员工的工作能力为内容,其作用的发挥体现在员工的工作业绩上。因此,人力资源与其他资源相比,具有能动性、可变性、双重性、社会性、再生性、时效性等特征。

(二)养老服务机构人力资源及其构成

从人力资源的概念出发,我们可以把养老服务机构人力资源界定为养老服务机构内部及外部可提供养老服务及有利于养老服务机构预期目标实现的人的总和。养老服务机构是服务性机构,在提供服务的过程中,人的作用尤其重要,人力资源是养老服务机构发展的重要保障之一。

养老服务机构服务对象本身以及其需求的复杂性、多样性决定了其对人力资源要求的多样性和复杂性。一个合格的养老服务机构应该配备有资质的医生、护士、社会工作者和康复人员。在一些发达国家和地区,如我国香港特别行政区,养老服务机构中还配备了心理咨询师、康复师之类的专业人才。因此,一个规范的养老服务机构的人力资源体系应该不能缺少以下专业人才。

(1)医生、护士和养老护理员。养老服务机构内部的人力资源主要由养老护理员构成,医生、护士和养老护理员是临床一线业务管理的中坚力量,其整体素质和实际工作能力如何关系到老人实际接受到的服务的质量和满意度,关系到养老服务机构的社会效益和经济效益。

(2)行政人员和管理人员。管理人员的管理水平直接反映着机构的运营水平,关系到上级有关政策、业务标准和各种决策能否落到实处,关系到一般护理服务人员队伍的建设和作用的发挥。

(3)社会工作者和心理咨询师。随着养老水平的提高,养老服务已不仅仅是生活照料和护理,还需要社会工作者为其提供专业性的贴心服务。社会工作者因为其专业性、能力的多样性和综合性,已经被欧美国家乃至中国内地很多福利部门接受和认可;而心理咨询师通过临床心理学理论和方法对人格障碍、心理疾患进行治疗,通过对老人所处环境和生活方式的改变,可以使老人逐渐改变不合理的思维、情感和反应方式,并学会适应,从而能够帮助老人解决心理问题,提高生活质量。

(4)康复人员。主要负责制订康复计划,组织老年人开展康复活动。

此外,养老服务机构的人力资源还包括一定数量的机构外部的志愿者,一般主要由社区志愿者和高校实习学生组成[109]。

二、养老服务机构人力资源优化配置的方法

养老服务机构的重要特征之一就是专业化,其职能是提供专业化的老年人照护服务。因此,养老服务机构人员是老年照护服务的重要承担者[110]。对养老服务机构而言,一方面,

---

[109] 孟令君,刘利君.养老服务机构管理人员能力培训辅导教程[M].北京:中国社会出版社,2012:45.

[110] 何文炯,杨翠迎,刘晓婷.优化配置 加快发展——浙江省机构养老资源配置状况调查分析[J].当代社科视野,2008(1):29-33.

要提高他们的素质和技能;另一方面,要对养老服务机构人员优化配置,加强人力资源管理,只有这样才能提高养老服务机构的服务水平,赢得老年人及其家属对养老服务机构的认可。具体来说,养老服务机构人力资源优化配置应运用以下方法。

(一)优化养老服务机构的部门设置

养老服务机构部门设置主要指养老服务机构内部行政、业务和后勤职能部门的设置和人员配置。一个组织严密、人员精干的内部组织体系是高效运行、高质量服务和规避经营风险的保障。养老服务机构的决策者对此需要精心规划设计。

养老服务机构的部门设置涉及养老服务机构的组织结构问题。组织结构是组织成员为实现组织目标,在管理工作中进行分工协作,在职务范围、责任、权利方面所形成的结构体系,是整个管理系统的"框架"。组织结构可以通过组织结构图来反映。组织结构图可以形象反映组织内各机构、岗位上下左右相互之间的关系,体现组织结构形式。

1. 组织结构设计的原则

为了有效地利用养老服务机构内部的人力资源,提高组织的竞争力,要科学合理地设计组织结构。进行组织结构设计时需要遵循以下原则:

(1)任务与目标原则。企业组织设计,是为实现企业的战略任务和经营目标服务的。这是一条最基本的原则。因而,组织结构设计要从这一原则出发,体现一切设计为组织目标服务的宗旨。当组织的任务、目标发生重大变化时,例如,企业组织的目标从单纯生产型向生产经营型、从内向型向外向型转变时,组织结构必须作相应的调整和变革,以适应任务、目标变化的需要。

(2)专业分工和协作的原则。组织内部无论设置多少个部门,每一个部门都不可能承担组织所有的工作。组织内部各部门之间应该是分工协作的关系,也就是说组织中有管财务的,有管人力资源的,有做后勤保障的,还有主导业务流程中各个环节的部门。因此,组织结构设计时把握好分工协作原则至关重要。

(3)有效管理幅度原则。每一个部门、每一位领导人都要有合理的管理幅度。管理幅度太大,无暇顾及;管理幅度太小,可能没有完全发挥作用。所以在组织结构设计的时候,要制订合理恰当的管理幅度。

(4)集权与分权相结合的原则。组织结构设计时,既要有必要的权力集中,又要有必要的权力分散,两者不可偏废。集权有利于保证组织的统一领导和指挥,有利于人力、物力、财力的合理分配和使用。而分权是调动下级积极性、主动性的必要组织条件。合理分权有利于基层根据实际情况迅速而正确地做出决策,也有利于上层领导摆脱日常事务,集中精力抓重大问题。因此,集权与分权是相辅相成的。

(5)稳定性和适应性相结合的原则。稳定性是指组织抵抗干扰,保持其正常运行;适应性是指组织调整运行方式,以保持对内外环境变化的适应能力。在进行组织结构设计时,既要保证组织在外部环境和企业任务发生变化时,能够继续有序地正常运转;同时又要保证组织在运转过程中,能够根据变化的情况做出相应的变更,组织应具有一定的弹性和适应性。为此,需要在组织中建立明确的指挥系统、责权关系及规章制度;同时又要求选用一些具有较好适应性的组织形式和措施,使组织在变动的环境中,具有一种内在的自动调节机制。

2. 养老服务机构部门设计的类型

养老服务机构要根据具体情况（如部门的划分、部门人员职能的划分）绘制具体的、整体的、个性的组织结构图，各个部门也要绘制部门内部具体的、细分的组织结构图。跟企业一样，养老服务机构部门设计也主要有直线制、直线职能制、事业部制等类型。

国内养老服务机构内部一般实行分级管理。较大型的养老服务机构，特别是国办养老服务机构，多实行"三层五级"管理模式，即分为决策层、管理层、操作层和院长级、科级、区主任级、班组级、员工级，由此形成了阶梯形的领导与被领导关系。中小型养老服务机构可以不拘泥于上述复杂的分级管理模式，其内部组织管理部门和人员配置应根据实际工作需要，本着精简、高效的原则灵活设置和配置。例如，在上海市，许多街道养老服务机构（150张床位左右）一般只设一名院长，不设副院长，其属下配备有一名院长助理或数名管理人员，分工明确，职责清晰，分别承担全院的行政、业务、后勤等管理工作，且养老服务机构内部管理井井有条，没有出现工作互相推诿、人浮于事的现象，值得借鉴。在中小型养老服务机构更强调部门综合，管理人员一专多能，管理人员（包括院长）既是机构的管理者，也是具体任务的操作者和执行者，这一点在农村敬老院和民办小型养老服务机构表现得尤为突出。养老服务机构内部组织机构名称没有统一的规定，应以明确部门管理职能为原则进行命名。

总而言之，养老服务机构主要为老年人提供居住、生活照料与护理、疾病预防与保健、医疗与康复、康乐等服务。内部组织机构要根据养老服务机构的性质、规模以及开展的服务项目进行设置。同时，在符合国家、行业与地方政策法规、管理规范的前提下，遵循精简、高效、降低成本等原则。

（二）优化养老服务机构的岗位设计

企业工作岗位分析的中心任务是要为企业的人力资源管理提供依据，实现"位得其人，人尽其才，适材适所，人事相宜"。事实上，工作岗位分析的最终成果——岗位说明书、岗位规范以及职务晋升图等一系列文件，必须以工作为基础，才能发挥其应有的各种职能和作用，全面实现企业的基本目标。

1. 养老服务机构岗位设计的原则

岗位是指组织中为完成某项任务而设立的工作职位。定岗的过程就是岗位设计的过程。岗位设计也称为工作设计，是指根据组织业务目标的需要，并兼顾个人的需求，规定某个岗位的任务、责任、权力以及在组织中与其他岗位的关系的过程。它所要解决的主要问题是组织向其成员分配工作任务和职责的方式。企业通过岗位设计将整个战略和业务目标分解到每个员工，有助于激发员工的工作热情，提高工作效率。一般地，养老服务机构岗位设计应遵循以下基本原则。

（1）因事设岗原则。从"理清该做的事"开始，"以事定岗、以岗定人"。设置岗位既要着眼于企业现实，又要着眼于企业发展。按照企业各部门职责范围划定岗位，而不应因人设岗；岗位和人应是设置和配置的关系，而不能颠倒。

（2）最少岗位数原则。既考虑到最大限度地节约人力成本，又要尽可能地缩短岗位之间信息传递时间，减少"滤波"效应，提高组织的战斗力和市场竞争力。

（3）不相容职务分离原则。不相容职务分离原则的核心是内部牵制。古埃及时已在记录官、出纳官和监督官之间建立起内部牵制制度。内部牵制是一人不能完全支配账户，另一个人也不能独立地加以控制的制度。不相容职务是指如果由一个人担任，既可能发生错误和舞弊行为，又可能掩盖其错误和弊端行为的职务。

基于不相容职务分离原则的岗位设置需要在岗位间进行明确的职责权限划分，确保不相容岗位相互分离、相互制约和相互监督。企业经营活动中的授权、签发、核准、执行和记录等工作步骤必须由相对独立的人员或部门分别实施或执行。

（4）整分合原则。在企业组织整体规划下应实现岗位的明确分工，又在分工基础上有效地综合，使各岗位职责明确又能上下、同级之间同步协调，以发挥最大的企业效能。

2. 养老服务机构的岗位类型

按照《中华人民共和国职业分类大典》和养老服务机构的具体情况，我们把养老服务机构的岗位类型分为三大类别，分别是管理类岗位、专业技术岗位和工勤岗位。结合养老服务机构的实际情况，养老服务机构的岗位类型主要有以下6种。

（1）管理行政岗位。其主要负责养老服务机构的各项事物及人的管理工作。该类岗位主要包含养老院院长、老年公寓寝室主任、养老院膳食主任、老年娱乐会所管理、养老院后勤管理、养老服务机构社工管理、养老服务机构物业管理等。

（2）医护岗位。它是基于老人的特殊生理状况和基本医疗需求而设立的，主要负责养老服务机构中老人的健康管理、社区保健、健康咨询、康复指导、预防保健等工作。该类岗位主要包含医生、护士和药剂师等。

（3）护工岗位。它是养老服务机构中的较为重要的一个岗位，因为养老服务机构中的大部分服务项目都需要他们的参与才能完成。护工岗位是基于老人养老的生活照顾需求而设立的，主要负责养老服务机构中老人的生活照料、健康与医疗照护等工作。

（4）医技岗位。它是基于老人的特殊生理和心理需求而设计的，主要负责养老服务机构中老人的生活保健、医疗保健以及心理/精神支持等工作。该类岗位主要包括心理咨询师、康复保健师、护理保健师、营养师等。

（5）社工岗位。它以帮助养老服务机构的老人排忧解难为出发点，主要负责为老人提供陪同就医、咨询（包括心理咨询、法律咨询等）、代办服务等工作。目前，我国养老服务机构对该岗位的重视程度还不够，专门在养老服务机构中设立该岗位，并将其与护工等相关岗位区分开来的还比较少。

（6）工勤岗位。它主要是为养老服务机构的环境卫生的保洁与维持、就餐饮食、物业维修等日常维护工作而设计的。该类岗位主要包括厨师、保洁员、勤杂工等。

3. 养老服务机构的岗位设置的操作步骤

养老服务机构的岗位设置的操作步骤分为以下三个阶段。

（1）准备阶段。该阶段要根据工作岗位分析的总目标、总任务，对企业各类岗位的现状进行初步了解，掌握各种基本数据和资料。具体任务是了解情况，建立联系，设计岗位调查的方案，规定岗位调查的目的、范围、对象和方法。

为了搞好工作岗位分析，还应做好员工的思想工作，说明该工作岗位分析的目的和意义，建立友好合作关系，使员工对岗位分析有良好的心理准备。

（2）调查阶段。这一阶段的主要任务是根据调查方案对岗位进行认真细致的调查研究。在调查中，灵活运用访谈、问卷、观察、小组集体讨论等方法，广泛深入地搜集有关岗位的相关数据资料。例如，岗位的识别信息、岗位任务、责任、权限、岗位劳动负荷、疲劳与紧张状况、岗位员工任职资格条件、生理和心理方面的要求、劳动条件与环境，等等。同时，对各项调查事项的重要程度、发生频率（数）应详细记录。

（3）总结分析阶段。本阶段是岗位分析的最后环节。它首先要对岗位调查的结果进行深入细致的分析，最后，采用文字图表等形式，做出全面的归纳和总结。

工作岗位分析并不是简单地收集和积累某些信息，而是要对岗位的特征和要求做出全面深入的考察，充分揭示岗位主要的任务结构和关键的影响因素，并在系统分析和归纳总结的基础上，撰写岗位说明书、岗位规范等人力资源管理的规章制度。

4. 起草养老服务机构岗位说明书

（1）需要在养老服务机构内进行系统全面的岗位调查，并起草出岗位说明书的初稿。岗位说明书的内容要求包括以下方面。

① 基本资料。主要包括岗位名称、岗位等级（岗位评价的结果）、岗位编码、定员标准、直接上下级和分析日期等方面识别信息。

② 岗位职责。主要包括职责概述和职责范围。

③ 监督与岗位关系。说明本岗位与其他岗位之间在横向与纵向上的联系。

④ 工作内容和要求。它是岗位职责的具体化，即对本岗位所要从事的主要工作事项做出的说明。

⑤ 工作权限。为了确保工作的正常开展，必须赋予每个岗位不同的权限。但权限必须与工作责任相协调、相一致。

⑥ 劳动条件和环境。它是指在一定时间、空间范围内，工作所涉及的各种物质条件。

⑦ 工作时间。包含工作时间长度的规定和工作轮班制的设计等两方面内容。

⑧ 资历。由工作经验和学历条件两个方面构成。

⑨ 身体条件。结合岗位的性质、任务对员工的身体条件做出规定，包括体格和体力两项具体要求。

⑩ 心理品质。岗位心理品质及能力等方面要求，应紧密结合本岗位的性质和特点深入进行分析，并做出具体的规定。

此外，还有专业知识和技能要求，以及从品质、行为和绩效等多个方面对员工进行全面的考核和评价。

（2）养老服务机构人力资源部组织岗位分析专家，包括各部门经理、主管及相关的管理人员，分别召开有关岗位说明书的专题研讨会，对岗位说明书的订正、修改提出具体意见。从报告书的总体结构到每个项目所包括的内容，从本部室岗位设置的合理性，到每个岗位具体职责权限的划分，以及对员工的要求等，都要进行细致认真的讨论，并逐段、逐句、逐字对岗位说明书进行修改。

（三）养老服务机构的人员编制

劳动定员亦称人员编制。养老服务机构劳动定员是在一定的服务条件下，为保证养老服务机构经营活动正常进行，按一定素质要求，对养老服务机构配备的各类人员所预先规定的限额。我国就养老服务机构内部人员配置比例、数量及资质等方面做出了一定的规范性要求。《老年人社会福利机构基本规范》《国家级福利院评定标准》《国家二级福利院评定标准实施细则》等都有一些明确的相关规定。各地的地方标准中也对此有相关规定，如上海在地方标准《养老服务机构设施与服务要求（DB31/T 685—2013）》中，对养老服务机构护理人员按照服务对象的照护等级和服务时间进行比例设置，具体见表4-1。

表 4-1　上海养老服务机构护理人员安排要求

照护等级	时间	人员配比
重度（专护）	6:00—18:00	1/8
	18:00—6:00	1/16
中度（一级、二级）	6:00—18:00	1/20
	18:00—6:00	1/40
轻度、正常（三级）	6:00—18:00	1/40

在养老服务机构的人力资源优化配置实践中，应做到合理地安排工作内容，实现人与岗的匹配。

三、养老服务机构人力资源优化配置的策略

目前，我国养老服务机构正在快速发展，老年人不再满足于日常生活照料，对于精神慰藉、心理支持、康复护理、紧急救助、临终关怀等方面的需求也日益增长。老年服务专业人才和机构专项业务管理人才将成为养老服务机构发展的重要人力资源保障，调整优化人力资源配置尤为重要。养老服务机构人力资源优化配置要注意采取以下策略，以提高养老服务机构的人力资源管理效能，促进组织的健康发展。

（一）充分重视人力资源规划，及时合理配置人力资源

人力资源规划是人力资源管理的一个重要方面，是实现人力资源向人力资本转化的基础。通过对人力资源进行合理规划，可以预测组织内的人力资本要素，并且确定为满足和达到养老服务机构的管理目标所必须进行的各项工作。人力资源规划包括编制和实施各种计划项目，以保证当养老服务机构某一职位空缺，或者发生某类人才短缺时，能够尽快地解决这类问题，使养老服务机构中的各项工作得以顺利进行[111]。

（二）加强养老服务队伍专业化建设，加大培训力度

1. 大力引进老年服务与管理专业化人才

积极吸收从中职学校、高职院校老年服务与管理相关专业毕业的学生，充实到养老服务机构管理与服务的第一线。这些专业毕业生具备老年社会工作、老年护理保健、老年服务管理等方面的知识和技能，熟悉相关政策法规，是能够胜任老年服务与管理工作的中、高级技术应用型专门人才。

2. 大力加强各层次人员专业化培训

目前我国许多地区，养老服务机构工作人员培训严重缺乏，职业培训体系尚未建立。养老服务机构应与高校或社会培训机构开展合作，通过系统化培训提高工作人员的服务能力和经营管理能力，积极引入"1+X"证书制度，提高从业人员的持证上岗率。也可对医生、护

---

[111]　杨安田.养老机构人力资源亟需向人力资本转化[J].东方企业文化，2011（5）：35.

士、养老护理员、人事、财务、营养师、厨师等进行分类培训，提高养老服务机构工作人员整体素质和服务水平[112]。

（三）合理安排工作内容，做到人岗匹配

1. 优化调整岗位分工

对于非一线养老服务、养老护理岗，要编制"岗位责任制表格"优化岗位职责，促进岗位分工更为合理，降低后续用人成本。要打破常规思路，将所有职工工作职责进行梳理，重新合并分解工作任务，各司其职，各尽所用，做到除护工、护士岗外，即使入住再多的人，也可以不再设岗增人[113]。

2. 在工作中引入适当的竞争机制

在养老服务机构人力资源配置中，适当的岗位竞争有其存在的必要性，每一个护理人员能够凭自己的能力竞争上岗，选择自己力所能及的工作是实现组织良性构建的一个要求。应对养老服务机构护理人员实行三级动态管理，即将养老护理员划分为优秀、合格、见习三种工作等级，并且建立相应的评定标准，定期开展考核，实现养老护理员在工作中的职级流动。

3. 根据老人的实际情况配置养老护理员

从养老服务机构实际出发，参照老年人的人员数量和身体状况等实际情况，按一定比例分配养老护理员的照看对象数量。在人力资源配置过程中，要打破养老服务机构原有的统一护理服务模式，按照不同的养老情况分成不同的层级，层级之间可以做到相互转换，从低级到高级，逐级递进，适才所用[114]。

（四）完善组织内部人才机制，充分调动全员工作积极性

美国哈佛大学的威廉·詹姆斯教授在激励研究中发现，按时计酬的分配制度仅能发挥出员工能力的20%～30%，而在全面激励下，员工的能力可以发挥出80%～90%，这二者之间60%的差距就是有效激励的结果。因此，养老服务机构要建立起一套完善的培养、选拔、任用、监督的人才机制和奖优罚劣的绩效考核机制，不断提高工作人员的待遇水平，激发从业人员服务热情和工作积极性。吸引更多有专业能力的高校学生和有从业经验的工作者来就业，不断壮大老年服务与管理队伍[115]。

（五）强化养老服务机构特色文化建设，为员工创造良好的工作与发展环境

现代社会，企业文化是企业发展必不可少的精神支撑。企业文化是企业制度、企业精

---

[112] 贾占昀，李源源，杨晓文.昌吉市养老机构人力资源配置现况分析[J].卫生职业教育，2015（19）：118-120.

[113] 杨晓文，李敏.公办养老机构人力资源配置问题及对策——以烟台某公办老年公寓为例[J].时代金融，2016（9）：298-300.

[114] 赵志浩，阳依娅，刘卓，等.郴州养老机构护理人员人力资源配置问题探究[J].人才资源开发，2019（3）：19-20.

[115] 杨晓文，李敏.公办养老机构人力资源配置问题及对策——以烟台某公办老年公寓为例[J].时代金融，2016（9）：298-300.

神、企业道德规范和价值取向的总和,是企业的灵魂。综观国内外许多成功企业的发展道路,它们都有代表自己企业的独特的企业文化。我国著名的电器企业海尔集团早在其成立初期便建立了鲜明的企业文化和独特的价值观。海尔多年的发展实践清楚地表明,加强企业文化建设是调动员工积极性,提高企业生产效率和竞争力,变人力资源为人力资本的必要的手段[116]。

同样,养老服务机构如果能够强化文化建设,在日常运营中植入文化基因,并以文化为内核,建立起可落地的服务标准,形成文化共识,塑造品牌,形成具有机构特色的文化氛围和价值导向,不但能够将机构内员工的主动性和创造性激发出来,实现机构发展与员工发展的双赢,还能提高机构本身的核心竞争力,为机构老年人提供更优质、更精细化的服务,从而让老人真正感受到润物细无声的人文关怀。

强化养老服务机构特色文化建设,首先要以文化建设为引擎,通过不同的文化活动形式,让大众认识到养老护理员不是保姆,而是一个具有专业知识背景、实操技能,同时具备人文关怀的职业。2019 年,上海市杨浦区福利院通过对院内的几位护老伉俪员工拍摄极具对比性的海报(工作及生活对比),向大众积极宣传养老护理员这一职业,得到了媒体的广泛关注,让护理员走进大众视野,传递护老态度,分享护老理念。刷新大众对护老的理念,打磨"新时代"养老文化体系,形成新的文化共识。无独有偶,某些养老服务机构也从自身的机构文化出发,延展出了 5 级培训体系(针对不同层级员工进行有针对性的培训),制定相应的培训标准,将核心服务理念在培训中融合,让员工在培训中内化,服务理念、机构文化最终落到实处(标准),让"真心"反映到专业。经过长期实践,围绕文化内核形成的服务体系、工作方式,增加了员工对自身工作的认可度和对机构的忠诚度。另外,在机构内部也可以通过一系列文化实践,营造快乐的工作氛围,让团队呈现出阳光、快乐的服务面貌,保持低流动率,获得稳定的服务队伍[117]。

(六)全社会广泛参与,形成多元化服务格局

1. 重视志愿者在养老服务中的作用

养老服务机构要联系自身所在地的高校和青年志愿者组织,发挥其积极作用,让他们定期到养老服务机构来开展志愿服务活动,这既有利于培养青年的爱心和社会责任感,又充实了老年照顾服务的队伍。青年志愿者的服务是永续性的,而且他们往往具备极高的参与热情,还可以提高养老服务机构老年人照顾服务队伍的整体水平[118]。

2. 打造尊老敬老实践教育基地

将养老服务机构打造成尊老敬老实践教育基地,让学生和家长全面认识和肯定养老工作者为养老事业所做的贡献,提高其社会地位,实现社会价值和自我价值。

3. 加强与医疗单位专业人员双向对接

养老服务机构入住的老年人由于机体老化导致行动迟缓,容易发生意外或出现慢性疾病

---

[116] 杨安田. 养老机构人力资源亟需向人力资本转化[J]. 东方企业文化,2011(5):35.

[117] 乔毅皓. 为养老机构植入文化基因让养老体验升级——文化建设在养老机构中的实践分享[J]. 质量与认证,2020(7):46-47.

[118] 何文炯,杨翠迎,刘晓婷. 优化配置加快发展——浙江省机构养老资源配置状况调查分析[J]. 当代社科视野,2008(1):29-33.

的急性发作，养老服务机构从业人员与医疗单位专业人员做到信息互通和资料共享，可以为老年人提供更好的服务[119]。

4. 加大宣传力度，增强社会对养老事业的认同感

养老服务机构自身也要通过报纸、电视、网络等传统媒体和微信、微博等新兴媒体，多渠道、多形式地积极开展宣传工作，养老服务机构的特色活动、养老护理员的先进事迹、养老服务机构的先进管理模式、老人及其家属的积极评价等都是宣传自身的好素材。通过宣传，可以提高全社会意识，使人们认识到每个人都有老的那一天，每个人都面临进养老院的选择，要想自己老有所养、老有所尊、老有所敬，这需要从自我做起，从现在起就要认同这个行业，认同养老工作，对从事养老行业的人员给予应有甚至高于一般的尊重，只有这样，才能换来自己安详和谐的晚年[120]。

第三节　养老服务机构的人力资源管理

人力资源管理是指组织依据相关法律规定对其管辖范围内的人力资源所进行的规划、获取、维持和开发等一系列管理活动。一个组织管理人力资源的方式对组织的长期价值、对组织的生存能力会产生至关重要的影响。人力资源管理职能给一个组织所带来的价值增值正在被组织所认识到。人力资源管理的所有方面，包括如何获取、配置、开发、激励人力资源，如何设计和衡量工作等，都会影响到组织是否能够迎接所面临的挑战、创造价值和赢得竞争优势。养老服务机构的工作主要是提供服务，而服务主要依靠人力资本来提供。因此，人力资源是养老服务机构的第一资源，养老服务机构的人力资源管理对提升机构服务质量以及机构的生存发展至关重要。目前我国大多数养老服务机构人力资源的总体状况还不能满足养老服务机构的实际需要，养老服务机构要想实现自身竞争力的最大化，必须充分发挥人力资源管理的作用，管理好自己的人力资源[121]。养老服务机构的人力资源管理应从以下方面着手。

（一）养老服务机构的人员招聘管理

产品和服务需求的上升会导致企业出现劳动力短缺，在劳动力短缺的情况下，企业需要发起有效的招聘活动。经常可以听到养老院的经营者们这样的抱怨："开养老院不愁没人住，只愁找不到工作人员。"[122]在我国，随着老龄化形势的日益严峻，养老需求日益增加，养老服务人才的有效招聘变得日益重要和迫切，养老服务机构人才不仅招聘难，而且，招聘来的员工队伍不稳定，流动率高，加重了养老服务机构的招聘工作负担。因此，强化养老服务机构人员招聘工作，刻不容缓。养老服务机构要想获得生存和发展，并赢得竞争优

---

[119] 贾占昀，李源源，杨晓. 昌吉市养老机构人力资源配置现况分析[J]. 卫生职业教育，2015（19）：118-120.

[120] 杨晓文，李敏. 公办养老机构人力资源配置问题及对策——以烟台某公办老年公寓为例[J]. 时代金融，2016（9）：298-300.

[121] 孟令君，刘利君. 养老服务机构管理人员能力培训辅导教程[M]. 北京：中国社会出版社，2012.

[122] 薛亚芳. 养老人才未来发展机遇多[N]. 就业时报，2007-04-05（12）.

势，就必须采取各种手段和措施，做好人员招聘工作，为养老服务机构的发展获取合适的人力资源[123]。

人员招聘是养老服务机构人员配置中最关键的一个步骤，在确定机构内部人员需求、工作内容及任职条件后，就要进行人员招聘，通过甄选，聘用人才。

1. 养老服务机构的劳动力来源

现如今养老服务机构人员的来源五花八门，但是其主要来源有以下两个。

（1）农村剩余劳动力和城镇下岗、待业人员。随着经济的发展，机械化程度的提高，农村富余劳动力越来越多，很多人选择到城市打工。而部分养老服务机构的准入门槛很低，对养老服务机构从业人员能力、学历的要求也不太高，这就使得部分农村富余劳动力涌向了养老服务机构。

（2）大中专毕业待岗生。因为家庭或者个人原因造成的部分中、高职毕业生没有选择继续深造，而是走上了打工之路。他们学历相对较低，可供选择的工作机会较少，大中专院校毕业生数量的急剧增加也造成了他们就业形势的严峻。养老服务机构行业强大的吸纳能力，让他们逐步认同并慢慢接受。

（3）其他来源。通过人才市场的招聘，或通过猎头公司从医院、其他养老服务机构招聘而来，这一类型的人才具有丰富的养老服务机构管理和服务经验，能够很快地投入到工作中去。

2. 养老服务机构的招聘渠道

养老服务机构在进行招聘时，主要可通过以下几种渠道：广告招聘、熟人推荐、校园招聘、专门机构推荐和招聘会，养老服务机构的招聘渠道比较如表 4-2 所示。这些招聘渠道（方式）可根据养老服务机构的服务定位和实际情况灵活选用。

表 4-2　主要招聘渠道比较

方式	适用范围	特点	成功/失败率	提示
招聘会	通用性专业、职位（如会计、文档、行政、销售人员等）所需的一般层次人才	招聘信息时效性较强，向招聘单位直投简历，费用较低，主观性强	失败率为80%	给招聘者留下好印象最重要，应聘前需精心准备
网上求职	适用于多种行业、公司和招聘职位，面向多层次人才	及时获取定制招聘信息，简历制作、投递便捷，目的性强，省去奔波周遭之苦，个人免费或费用较低。但面试前电子化交流、标准化模式，个性特征不突出，信息可信度不便确认	失败率为75%	电子化的简历是关键因素
委托中介	自主求职缺少经验、时间、条件或对职位有特殊要求的人才	信誉好的专业中介机构能够提供完善、持续、个性融会贯通的服务，成为真正的职业顾问。中介机构运作情况良莠不齐，有的机构收费与服务不成正比	失败率为50%～85%	注意选择值得信赖的中介机构
靠招聘广告	想进入人才市场但不知如何应聘的人	信息发布广，但针对性不强、费用高	失败率为80%～90%	简历要新颖，能引人注目

---

[123]　伏燕. 养老机构人才招聘难的应对策略 [J]. 社会福利, 2012 (4): 22-29.

3. 养老服务机构招聘的注意事项

（1）在明确区分各岗位的职责和权限及与各岗位相适应的条件和要求的基础上，完善职务说明书，并根据职务说明书的要求拟订招聘条件，实施招聘。

（2）在聘用方式上，不同岗位人员应采取不同的聘用方式。例如，养老护理员的聘任应采取长期合同制；对专业医护人员，可以考虑和医院合作，聘请医院医护人员定期到机构巡诊。

（3）注意新员工的岗前培训。目前大多数养老服务机构所招聘的护工人员主要是农村进城务工人员，他们缺少专业知识和技能，因此要特别重视对这类人员的岗前培训工作。

4. 养老服务机构招聘的流程

招聘流程是指从组织内出现空缺到候选人正式进入组织工作的整个过程。这是一个系统而连续的程序化操作过程，同时涉及人力资源管理部门及养老服务机构内部各个用人部门及相关环节。为了使人员招聘工作科学化、规范化，应当严格按一定程序组织招聘工作，这对招聘人数较多或招聘任务较重的养老服务机构尤其重要。

从广义上讲，人员招聘包括招聘准备、招聘实施和招聘评估3个阶段。狭义的招聘即指招聘的实施阶段，其间主要包括招募、选择、录用3个步骤。

（1）准备阶段。准备阶段的主要任务包括确定招聘需求，明确招聘工作特征和要求，制定招聘计划和招聘策略等。

① 确定招聘需求。确定招聘需求工作是指准确地把握有关组织对各类人员的需求信息，确定人员招聘的种类和数量。具体步骤为：首先，由养老服务机构统一的人力资源规划或由各部门根据长期或短期的实际工作需要提出人力需求。然后，由人力资源管理部门填写"人员需求表"。每个养老服务机构可根据具体情况的不同制定不同的人员需求表，但必须依据工作描述或工作说明书制定。一般说来，人员需求表可包括以下内容：所需人员的部门、职位；工作内容、责任、权限；所需人数及何种录用方式；人员基本情况（年龄、性别等）；要求的学历、经验；希望的技能、专长；其他需要说明的内容。最后，由人力资源管理部门审核，对人力需求及资料进行审定和综合平衡，对有关费用进行评估，提出是否受理的具体建议，报送主管部门审批。

② 制定招聘计划。批准确定人员需求后，人力资源管理部门就可制定招聘工作计划。制定人员招聘录用计划为组织人力资源管理提供了一个基本的框架，尤其为人员招聘录用工作提供了客观的依据、科学的规范和使用的方法，能够避免人员招聘录用过程的盲目性和随意性的发生。有效的招聘计划，离不开对招聘环境实施分析，包括对养老服务机构外部环境因素的分析，如对经济环境、劳动力市场及法律法规等的研究，还包括对养老服务机构内部环境的分析，如养老服务机构的战略规划和发展计划、财务预算、组织文化、管理风格等。招聘计划一般包括：人员需求清单、招聘信息发布的时间和渠道、招聘人选、招聘者的选择方案、招聘的截止日期、新员工的上岗时间、招聘费用预算、招聘工作时间表等。

③ 制定招聘策略。招聘策略是招聘计划的具体体现，是为实现招聘计划而采取的具体策略。在招聘中，必须结合本组织的实际情况和招聘对象的特点，给招聘计划注入有活力的东西，这就是招聘策略。招聘策略包括：招聘地点策略、招聘时间策略、招聘渠道策略及招聘中的组织宣传策略等。

（2）实施阶段。招聘工作的实施是整个招聘活动的核心，也是最关键的一环，先后经历招募、选择、录用3个步骤。

① 招募。根据招聘计划确定的策略及单位需求所确定的用人条件和标准进行决策，采用适宜的招聘渠道和相应的招聘方法，吸引合格的应聘者，以达到适当的效果。一般来说，每一类人员均有自己习惯的生活空间、喜欢的传播媒介，单位想要吸引符合标准的人员，就必须选择该类人员喜欢的招聘途径。如招收普通护工，可以通过到养老服务机构所在地的劳动中介市场进行选择；高层次的养老服务人员则应到相关高职院校选择。

② 选择。选择是指组织从人、事两个方面出发，使用恰当的方法，从众多的候选人中挑选出最适合职位的人员的过程。在人员比较选择的过程中，不能仅仅进行定性比较，应尽量以工作岗位职责为依据，以科学、具体、定量的客观指标为准绳。常用的人员选拔方法有：初步筛选、笔试、面试、心理测验、评价中心等。需要强调的是，这些方法之间经常相互交织在一起并且相互结合使用。

③ 录用。录用是依据选择的结果做出录用决策并进行安置的活动，主要包括录用决策、发录用通知、办理录用手续、员工的初始安置、试用、正式录用等内容。在这个阶段，招聘者和求职者都要做出自己的决策，以便达成个人和工作的最终匹配。一旦有求职者接受了组织的聘用条件，劳动关系就算正式建立起来了。

（3）评估阶段。对招聘活动的评估主要包括两个方面：一是对照招聘计划对实际招聘录用的结果（数量和质量两个方面）进行评价总结；二是对招聘工作的效率进行评估，主要是对时间效率和经济效率（招聘费用）进行招聘评估，以便及时发现问题，分析原因，寻找解决的对策，及时调整有关计划，并为下次招聘总结经验教训。

（二）养老服务机构的员工培训管理

调查发现，养老服务机构工作人员培训严重缺乏，职业培训体系尚未建立[124]。养老服务机构应根据培训需求分析，对员工进行培训，使培训的内容能够充分体现老年身心整体护理需求和特点，针对在岗人员培训意愿，开展不同内容和方式的培训，以满足从业人员的工作需求。

1. 养老服务机构员工培训的形式

在员工培训形式上，养老服务机构应采用灵活多样化的形式进行。现有模式有以下几种。

（1）政府培训模式。政府培训模式是改革前的一种养老服务机构培训模式，它是一种政府包办模式，政府承担责任，政府组织培训，政府管理这个培训活动，适用于传统的计划经济环境。

在政府培训模式下，护工培训的责任主体是政府，培训对象由养老服务机构员工和将来进入养老服务机构就业的人员组成；培训的实施一般由政府委托事业单位或其它培训机构实施。其培训制度属于政府管理制度的范畴，政府承担培训责任，政府享有由法律法规规定的各项权利，培训机构和养老服务机构服从政府的管理。现在，一般国办养老服务机构特别是各类型社会福利院还采取这种培训方式。

（2）市场培训模式。市场培训模式是改革后形成的一种养老服务机构培训模式，它是一种以市场经济为背景的培训模式，它的运行机制和条件都是市场，适用于发达的市场经济环境。

在市场机制下，培训的责任主体是养老服务机构或员工本人，培训对象也是由养老服务机构员工和将来进入养老服务机构就业的人员组成；培训的实施由培训机构负责；其培训制

---

[124] 陈卓颐，黄岩松. 关于老年服务与管理专业办学的理性思考 [J]. 中国老年学杂志，2008（28）：143-145.

度属于市场经济制度，培训机构和养老服务机构由契约规定各项权利，承担培训责任。

（3）社会培训模式。社会培训模式也是改革后出现的一种培训模式，它是对其它培训模式的补充，它可以与政府培训模式和市场培训模式相结合，适用于不同的经济社会环境。

社会培训体系的构成如下：培训的责任主体是各类非政府组织，培训对象由养老服务机构员工和将来进入养老服务机构就业的人员组成；培训的实施由非政府组织或培训机构负责；其培训制度属于道德规范，非政府组织承担培训责任，相应地享有由契约规定的各项权利。

（4）混合培训模式。混合培训模式是以上三种培训模式的综合，它适合于政府、市场和社会组织的培训机制均难以独立发挥作用的社会环境。

混合培训模式的责任主体由政府、养老服务机构和社会组织共同组成；培训对象由养老服务机构员工和将来进入养老服务机构就业的人员组成；培训的实施由培训机构负责。其培训制度是市场、政府和社会组织三项制度的综合，以此规定各责任主体的责任及其权利义务。其责任主体的特殊性在于：不是单一的，而是多元主体，而且是权力的、经济的和道德的不同类型的主体，它们之间的关系包含了权力关系、金钱关系和道德关系。因此，需要有一定的法律制度才能把它们整合为一个整体。

2. 养老服务机构员工培训的内容

在员工培训内容上，养老服务机构应从管理和服务两个角度开展，以满足他们不同的知识需求。

从管理角度看，在全方位的培训内容中，应重点让管理者了解全球化的社会背景、我国的老年政策和相关法律法规、老年服务事业的现状和发展、养老服务机构的经营与管理、养老服务内容的拓展和服务水平的提高等方面的知识，以提高他们的管理和决策能力，改进服务意识和服务理念，提升服务质量和水平。

从服务角度看，护士以更新知识、完善知识结构为主，加强老年医学和老年护理学的基本理论和技能的培训以及心理学、人际沟通等人文科学知识的学习，提高实施整体护理的能力；护理员则以基本的护理知识及生活照料的培训为主，使他们在基本护理理论知识的指导下，为老年人提供规范、合理的生活照料。

此外，培训应与人员晋升、转岗、工资调整等充分结合起来，避免培训对象单一、培训流于形式。应注重培训效果评估，实现培训良性循环和人才开发目标。

3. 养老服务机构员工培训的流程

员工培训的实施尤其是员工培训的效果取决于一系列的努力。一个完整的员工培训流程从培训需求分析开始，经过培训计划拟订、培训方案制定、培训项目实施、培训效果评估和培训跟踪反馈，最后是评估差距与不足，并以此作为新的培训需求分析的起点，从而形成一个完整的培训过程。养老服务机构员工培训要遵循以下流程进行。

（1）培训需求分析。培训需求分析的目的是确认培训的必要性、了解培训的具体内容、排定培训需求的主次缓急。一般来说培训需求分析需要从组织、工作和人员三方面来进行。一是组织分析，根据养老服务机构的目标、资源、绩效差距等问题，确定整体的培训计划；二是服务质量方面的培训计划；三是员工个人方面的培训计划。

（2）培训计划拟订。如果培训需求分析的结果显示确实有必要进行员工培训，接下来就是制定培训计划了。培训计划包括确定培训目标、规划培训内容、做好培训预算。培训目标是指该培训希望达到的目的或希望取得的效果。培训目标的确定应该针对培训需求分析的结果，解决培训需求分析确认的首要或急需解决的问题。同时，培训目标是培训效果评估中培训目标达成度的标杆，因此这个目标必须具体并具有可操作性。规划培训内容是根据需要解决的问题进行具体的培训课程设计。培训课程的设计要有针对性，要遵循宜细不宜粗、宜小不宜大的原则。此外，培训是一项重要的投资，这意味着培训需要资源的配合。培训的深度和广度将取决于经费的投入情况。培训经费预算不仅决定着培训计划和培训方案是否能获得批准，而且还是衡量培训计划和培训方案是否可行的一个重要指标。

（3）培训方案拟订。有了培训计划，还要有详细的实施方案或者说是详细而具体的操作性行动指南。首先是确定培训的时间、地点和人员，其次是确定培训师的来源和要求。培训师的来源有两个主要的途径。内部培训师由养老服务机构内部的管理人员、专业技术人员或人力资源部门专职培训师担任。内部培训师的优势是熟悉养老服务机构的具体情况及存在的问题，了解养老服务机构的文化，掌握养老服务机构的工艺、技术和工作流程，更关心培训的结果和培训能力的被认可，而且培训成本相对较低。内部培训师的劣势则是距离太近反而会有"当局者迷"的情况，难以做到站得高、看得远；大多数内部培训师缺乏专门的培训技巧；对受训者缺乏"外来和尚会念经"的效果。聘请外部培训师有一定的风险，除了外部培训师不熟悉和了解养老服务机构的具体情况和存在的问题，从而使培训缺乏针对性，评价、确认和选择优秀的培训师本身就具有很大的挑战性。优秀培训师往往需要支付较高的报酬，货不对版固然给养老服务机构带来损失，培训预算也往往捉襟见肘。最后要制定明确具体的培训实施办法，包括由谁总负责，由谁负责哪项具体的工作（如谁负责发通知、谁负责准备设备、谁负责安排和预约场地、谁负责准备培训资料等），需要哪些部门如何配合以及应该注意的事项等。实施办法越具体，培训过程出现差错的可能性就越小。

（4）培训项目实施。在这个阶段，首先是发出培训通知，通知受训人员以及告知培训的目的、时间、地点和要求，同时还要知会管理层以及其他所有相关的部门和人员，既让受训人员做好准备、安排好工作，又易于得到管理层和其他相关部门和人员的支持和配合。其次是要落实和布置好培训场地和培训所需要的各种设备和仪器，这个环节特别需要注意细节，如培训前做好仪器设备的调试工作等。最后还要提前按照培训师的要求准备好各种培训所需要的资料，将需要提前发放的资料提前发到受训者手中。这个阶段还要注意培训过程中的全程关注、配合和培训中出现问题的处理。

（5）培训效果评估。培训是养老服务机构一项重要的投资，不仅需要金钱成本，还有时间成本和机会成本，当然还包括劣质培训给养老服务机构文化、产品质量、员工士气等带来的负面影响。因此培训效果是养老服务机构最为关注的指标，做好培训效果评估也就成为培训的关键环节之一。培训效果评估大体上包括培训目标达成度、受训者满意度以及对整个培训过程进行检查三个方面。目标达成度是对照前面设定的培训目标以及评估标准进行衡量：哪些目标已经达到以及达到的程度、哪些目标未能达到及其原因、哪些目标设定不合理需要加以调整等；受训者满意度是针对培训目标以及受训者的培训期望了解受训者对培训项目（包括培训目标、培训课程、培训安排、培训师水平和能力、培训方式和方法以及个人收获等）的具体感受和评价；培训过程的检查是对培训的整个过程进行回顾和分析，检查每一个环节，总结经验和教训，不断改进培训工作存在的问题，不断提高培训的质量和水平。

（6）培训跟踪反馈。培训的效果并不仅仅体现在培训过程和培训结束时对培训目标达成度、受训者满意度的评价以及对培训过程的检查，培训的目的是员工工作态度、工作行为和工作绩效的改善，即培训的最终目的是培训效果在实际工作中的转化，这往往需要培训结束后一定时期的跟踪和反馈，包括对培训转化度、培训满意度和效果持续度的评估。培训转化度是了解培训的内容与工作实际的切合度，了解培训的内容在工作中的转化程度。培训转化度可以通过受训者个人的反馈或受训者上司和主管的评价以及受训者个人绩效的变化来测量。培训满意度是培训结束后一定时期内受训者对当时受训的效果和后果的感受和评价。效果持续度是指培训效果持续时间的长短，通常是在培训三个月、半年和一年各做一次回顾和评估。这个环节关键是设立培训跟踪反馈机制和渠道。

（7）评估差距不足。一次培训的结束意味着下一个培训环节的开始，所以在做培训分析之前，还必须对前面的培训进行回顾、评价和分析，成功的经验固然必须继续保持和发扬，更重要的是找出问题和差距，作为下一次培训的一个重要起点，并在以后的培训中吸取教训，注意加以改进和改善。

（三）养老服务机构的员工绩效考核

养老服务机构要根据养老服务机构员工考核管理办法，组织实施员工考核，对服务态度好、服务质量高、老人特别满意的员工，要向上级部门或领导提出表扬和奖励的建议；对服务态度差、服务质量低、老人投诉多的员工要及时批评教育和处罚，情节严重者要予以辞退。

绩效考核是对员工的工作状况和结果进行考察、测定和评价的过程。养老服务机构要通过建立科学的绩效管理制度，切实从根本上、制度上保障机构绩效考核的客观性、科学性和考核结果的可靠性。要把定性考核和定量考核、贡献考核和能力考核有机结合起来，根据员工的工作性质和所处的组织层次，不同岗位确定不同的考核指标体系，并将考核结果与使用挂钩，依据考核结果，按照有关规定对被考核人员实施奖惩、培训、辞退以及调整职务、级别、工资和福利等，从而调动养老护理人员的积极性，更好、更优质地服务更多的老年人。

在养老服务机构人力资源管理中，一般采用的绩效考核方法是量表法。量表法是应用最广泛的考核方法之一，量表的形式多种多样，一般其设计过程包括三个步骤：第一，选定考核维度并赋予权重，选择维度时要根据职位的具体内容，力求全面、准确，然后根据各维度的重要性分别赋予不同的权重。第二，确定量表的尺度，把选定的维度划分为不同等级。第三，确定量表等级的含义，用词语或短句描述说明各等级分别对应的情况，以明确界定不同等级，使被考核者能够根据描述对号入座到不同等级中。养老服务机构的员工绩效考核量表应体现岗位差别，根据岗位职责的不同，设计具有不同考核维度和权重的量表，避免用同一量表考核不同岗位的人员。如表4-3，某养老服务机构根据养老护理员的工作内容制定了考核表就是典型的量表法。

表4-3 养老护理员考核表

考核项目	考核内容	评分标准	分值	得分
个人卫生	个人卫生	员工头发凌乱有异味，指甲、趾甲未及时修剪，脸部有眼屎，流鼻涕，蓄胡须，未及时洗澡、有异味，每发现一项扣1分，扣完为止	10	
仪容仪表	衣着整洁得体	每发现一次未穿工作服扣2分，工作服不整洁、敞襟露怀、有异味扣1分，头花未戴扣1分，发现当班人员打瞌睡、躺下睡觉和在床上睡觉一次扣2分，扣完为止	10	
工作态度	态度和蔼，礼貌待人，用语规范文明	用语粗俗发现一次扣2分，态度蛮横发现一次扣3分，在护理区内聚众议论、大声喧哗发现一次扣2分，争吵每发现一次扣3分，扣完为止	10	

续表

考核项目	考核内容	评分标准	分值	得分
工作态度	工作积极主动，服务文明	怕脏怕累怕麻烦的各扣1分，扣完为止。职工应积极参加各类学习，不断提高自身素质。如无正当理由不参加学习者，每次扣2分。服务不文明，服务态度不好，有投诉扣2分	5	
	遵守劳动纪律，坚守岗位，不干私活	凡迟到或早退在半小时内的，扣1分，未请假或请假未准许而不到岗上班的，扣5分。旷工半天扣1分，旷工1天扣5分。擅自调班和擅自离岗、串岗、干私活、玩游戏、玩牌（含旁观者），护理区内吃零食、吸烟，在非规定的时间洗澡、洗头、洗涤除工作服外的私人物品、洗私人的交通工具等每发现一项扣2分。不得在工作区域接待外人，私带外人来洗澡、留宿、洗衣服每发现一例扣2分，扣完为止。爱护设施和公物，如工作失误损坏公物的一次扣当事人3分。损坏公物按物品的造价赔偿	15	
	服从安排，文明陪护	服从工作安排和工作调动。上班期间每发生一次顶撞、辱骂现象扣5分，扣完为止。员工之间相互谩骂、打架，当月考核不得分，发现一次罚款100元。发现护理员打骂、虐待老人，不按规定使用约束用具的一次性罚款200元，经警告仍无悔改的移交公安部门处理	10	
工作内容	擦洗身体	每天定时给老人擦身、洗手、洗脚，发现一例老人身体、手、脚有污垢扣1分，扣完为止	5	
	床单整洁，床下有杂物	床单有污垢、不清洁、不整洁，发现一例扣1分。床下摆放多余杂物，发现一次扣1分，扣完为止	5	
	便器使用及老人会阴部清洁	便器内外发现一次不清洁扣1分，便器使用后发现一次未及时撤离扣1分，便器未定时消毒发现一次扣1分，每发现一例老人会阴部有屎、尿、污垢未及时清理每次扣1分，扣完为止	6	
	保持老人口腔及面部清洁卫生	老人口臭、面部有污垢不清洁发现一次扣1分，扣完为止	4	
	皮肤无新增破损、褥疮	因未及时翻身或护理未到位，发现一例新增皮肤破损、新生褥疮、尿布疹扣2分，扣完为止	8	
	心理护理	每发现一例不关心老人，不与老人沟通，不调节老人情绪的，不能做到想老人所想的扣2分，扣完为止	6	
	协助进餐	每发现一例饮食温度不宜、喂饭姿势不正确、不耐心扣1分，餐后未及时撤走餐具或未及时清洗扣1分，撤去餐具后未及时清理床头柜扣1分，扣完为止	6	

（四）养老服务机构的薪酬福利管理

1. 养老服务机构员工的薪酬管理

养老服务机构特别是民办养老服务机构可以实行利润分享和所有权计划，并用技能薪酬提高员工工作的积极性。

利润分享法和所有权计划法都是较常用的薪酬方案。利润分享法是在经营业绩较好的时期，机构拿出一部分利润分享给员工。所有权计划法是员工通过股票、期权等对组织拥有一定的所有权，并且可以以出让所有权和分红的方式获得一定收益。相对而言，技能薪酬是根据个人所获得的技能而提供相应的薪酬。

各种薪酬各有利弊，养老服务机构需要根据自身实际情况，综合考虑，灵活组合。总体来说，如果设计科学合理的话，利润分享和所有权计划会有助于员工树立主人翁意识，有助于员工主动性和积极性的提高；技能薪酬有助于员工建设学习型机构，不断提高现有员工的技能水平；而绩效加薪和激励薪酬也有助于机构员工更好地完成本职工作，提高绩效水平。

为解决养老护理员薪酬比较低这一突出问题，养老服务机构要着力提高养老护理人员的薪酬，从根本上消除养老护理机构内部工资收入分配"平均主义"。工资结构上要根据护理人员工作量和工作的表现，具体为工资结构水平，要真正体现职工的劳动价值，也就是按劳分配的原则。另外，关于津贴的部分，虽然在工资结构中比较灵活，但应设置较为固定的基数。所以，养老护理人员工资结构设置应该是由基本工资包括岗位工资、薪级工资，护理绩效工资即奖金、津贴和补贴组成。薪酬设计中以护理服务价值为导向，将能体现护理人员的技能和业绩的因素价值化，相关从业者的工资制定参考业绩、个人专业水平以及评级。该方式能够将其整合为有机的整体，护理人员只有在综合提升多方面的水平以及付出更多劳动的情况下才能取得更多收获。设计薪酬时还必须考虑到养老护理员薪酬与工作时间的增长关系。这也是公平的含蓄体现，只有竞争力强的员工才能提高自己应得的酬劳，这也能促使护理人员积极提升自己的专业水平以加强在本行业中的竞争力[125]。

2. 养老服务机构的员工福利管理

福利是员工总薪酬的一个组成部分，对激励员工和留住员工具有重要作用。因此，对员工福利进行有效管理是养老服务机构取得竞争成功的重要手段。员工福利一般包括社会保险、企业补充保险、带薪休假、节假日补助等。在设计员工福利时，可以将福利分为几部分进行分发。一部分是沉淀福利，员工当年不能拿走，等到几年以后机构再兑付。如果员工提前离开，沉淀福利则不能全部拿走，以此来增加员工的稳定性。还有一部分是弹性的即期福利，员工可以根据个人的需要自行选择福利组合，以此来吸引和留住高素质的员工。

目前我国大部分养老服务机构在员工福利方面做得还不够，很多员工没有享受到社会保险，也很难有带薪休假，一些养老服务机构的工作人员是全天制上班，除一年有8天左右的年假外，其余均无休息，尤其是对于一些包吃住的护理员工来说，服侍老人、整理房间就是他们生活的一切。这样的作息时间安排缺乏合理性与科学性，容易导致员工的职业疲劳和倦怠。养老服务机构要想吸引和留住员工、提高员工的工作效率，在福利项目的设计方面，必须给予更多的投入。国内养老服务机构可选福利如表4-4，表格中的福利项目相对较完整，养老服务机构可以根据自身实力和实际情况合理选择其中的内容，作为激励手段。

总之，人力资源优化配置，其中的关键是"人"。人是物质力量与精神力量的统一体。作为自然人，每个人都有力气，有基本的思维能力；作为社会人，每个人又都有精神需要，蕴涵着巨大的精神力量。没有获得激励时，人发挥出来的只是物质力量；获得激励之后，人的精神力量就得到了开发，激励越大，所开发出来的精神力量就越大。因此养老服务机构管理者应注意开发员工的精神力量。如加强养老服务组织文化的建设，为员工营造一个和谐、适宜、团结向上的工作环境和工作氛围，激发大家的团队荣誉感，在进取、奋发、平等、和谐的文化氛围中，稳定和激励员工的工作积极性[126]。

---

[125] 罗楠. 浅谈养老护理员的薪酬设计 [J]. 经济研究导刊, 2019 (29): 75-77.

[126] 高玲玲, 张英华, 张俊娥. 优化护理人力资源配置 提高护理质量 [J]. 中国护理管理, 2009 (2): 46-48.

表 4-4　养老服务机构可选福利项目

序号	核心福利	序号	选择福利	序号	选择福利
1	补充医疗保险	1	住房相关费用：物业费、取暖费、维修费等	8	超市购物卡、电影卡等
2	补充养老金	2	车辆相关费用：燃料费、车辆维修费、车辆保险费、车辆保养费、车辆养路费、过桥过路费、车船使用税、车辆年检费、车位及停车费、洗车费、驾校培训费等	9	健身费：健身月、季、年及次卡，各种球类等单项体育健身费，各类保健、保养费
3	健康体检	3	通信费：通信设备费、固定电话及手机通话费、长途IP卡费、上网费用等	10	旅游费
4	工作餐	4	商业保险	11	出国考察
5	带薪休假	5	子女教育费：入托费、赞助费、学费	12	配偶生育报销
6	探亲假	6	个人培训费	13	法律诉讼费
7	独生子女补贴	7	服装相关费用：衣服/鞋帽、洗衣费、洗理费等	14	俱乐部会员费

第四节　养老服务机构的服务管理

养老服务机构是我国服务业的重要组成部分，为入住老年人提供安心和安全的服务是机构运营管理的核心内容。而服务内容的满足程度，首先取决于对老年人身心状况的正确评估，其次来自于安全、合理、个性化的服务。

一、老年人服务需求评估

作为服务行业，向服务对象提供满足其需求的产品和服务，是养老服务机构赖以生存与发展的必要条件。所以，为入住老年人提供安心和安全的服务是机构运营管理的核心内容。而服务内容的满足程度，首先取决于对老年人身心状况的正确评估。

（一）明确为老年人服务的内容

按照北京市民政局发布的《居家养老服务规范》，我们可以很详细地把为老服务分成个人生活照料服务、老年护理服务等20项内容，基本涵盖了所有养老服务机构的服务。具体总结如下：

1. 个人生活照料服务

个人生活照料服务为入住的老年人提供持续性照顾，以确保老年人享有舒适、清洁的日常生活为目的，服务的范围包括老年人个人清洁卫生、穿衣、修饰、饮食起居、如厕、口腔清洁、皮肤清洁护理、褥疮预防、便溺护理。

2. 老年护理服务

老年护理服务以满足入住的老年人健康和医疗照护需求为目的，服务范围包括老年社区护理、基础护理、老年专科疾病护理、老年心理护理、老年康复指导、老年期健康教育、健康咨询、护理技术操作、院内感染控制、临终护理等工作。

3. 心理/精神支持服务

心理/精神支持服务以满足老年期特殊心理需求为目的，服务范围包括访视、访谈、危机处理、咨询活动。心理/精神支持服务充分注意保护老年人的隐私权，并提供相应的心理咨询室作为服务场所。心理/精神支持服务的人员应由心理咨询师、社会工作者、医护人员或高级护理员担任。

4. 安全保护服务

安全保护服务以预防为主，采取适当的安全措施，达到避免或减少对老年人伤害的目的，服务范围包括提供安全设施、使用约束物品、改善老年人生活环境、采取预防措施。安全保护服务人员应由取得养老护理员职业资格证书的人员担任。

5. 环境卫生服务

环境卫生服务为老年人提供舒适、清洁、安全的养老环境，服务包括老年人居室、室外的环境的清洁卫生。环境卫生服务人员应由取得养老护理员资格证书的人员担任。

6. 休闲娱乐服务

休闲娱乐服务以满足老年人休闲娱乐需求为目的，服务范围包括开展各种休闲娱乐活动，如棋、牌、器械、体育运动活动，书法、绘画、唱歌、戏曲、趣味活动，参观游览。提供的休闲娱乐服务设施设备应该按照《老年人社会福利机构基本规范》《养老机构设立基本办法》和《养老机构管理办法》规定建造，提供休闲娱乐服务的人员应由社会工作者、职业治疗师、康复护士、养老护理员、相关专业人士担任，并对老年人提供休闲娱乐服务，保留提供服务文件或记录。

7. 协助医疗护理服务

协助医疗护理服务的目的是在医生和护士的指导下完成简单的医疗护理照顾服务。协助医疗护理服务包括观察老年人日常生活情况变化；协助老年人服药，协助生活不能自理的老年人进行肢体活动、搬运；协助老年人使用助行器具；完成标本的收集送检；协助进行并发症的预防；完成物品的清洁、消毒，协助做好院内感染的预防工作。此类养老服务机构具备协助医疗护理服务必要的服务设备（助行器、轮椅、平车、大小便器、标本收集器皿、其它辅助器具），协助医疗护理服务人员应由取得养老护理员职业资格证书的人员担任。

8. 医疗保健服务

医疗保健服务以满足入住老年人基本医疗需求为目的，服务范围包括为入住老年人提供健康管理、社区保健、健康咨询、康复指导、预防保健工作。提供保健服务包括建立健康档案，提供老年专科医疗保健，维持改善老年状态，减轻老年人常见病，做好老年人常见病、多发病、慢性非传染性疾病的诊断、治疗、预防和院前急救工作和转院工作，为临终老年人提供医疗服务。提供医疗保健服务的人员应该由中华人民共和国执业医师担任。

9. 家居生活照料服务

家居生活照料服务以使老年人能在居住的环境中得到健康照料，帮助老年人和家庭提高自我照顾的能力为目的。服务包括指导家务管理，协助维持家庭生活，帮助老年人进行日常生活照料。家居生活照料服务人员应由取得养老护理员职业资格证书的人员担任。

10. 膳食服务

膳食服务根据营养学、卫生学要求，以及老年人生活、地域特点，民族、宗教习惯制定菜谱，为老年人提供营养丰富、全面合理的均衡饮食，服务的范围包括食物的采购、处理、储存、烹饪、供应过程，以及提供适宜的就餐环境和为老年人提供一日三餐及食品的卫生监控管理。提供膳食服务的厨师应由取得厨师职业资格证书的人员担任。

11. 洗衣服务

洗衣服务以满足老年人清洁衣物的需求为目的。洗衣服务是指包括提供送洗以及送回服务的整个服务过程。洗衣服务配备的设施设备应该按《老年人社会福利机构基本规范》《养老机构设立基本办法》和《养老机构管理办法》执行。提供的洗衣服务，完成衣物的分类、清洁、消毒、洗涤、整理过程按《消毒技术规范》第二册16部分执行。提供洗衣服务时，老年人的衣物应标识清楚，做到准确无误，清洁、折叠后送还给老年人。洗衣服务人员应由经过培训的洗衣员或养老护理员担任。

12. 物业管理维修服务

物业管理维修服务以满足入住的老年人日常生活基本需求，为老年人提供适合老年人生活特点、安全、合适、方便的生活环境为目的。服务范围包括提供水、电、暖，以及降温、排污、消防、通信项目的维修、保养，保障生活设施完好，配备必要的生活服务设施设备。提供物业管理维修服务的人员应由各科具有专业资格证书的人员担任（电工、水暖工、电梯工、锅炉工）。

13. 陪同就医服务

陪同就医服务以协助监护人满足老年人基本医疗需求为目的，即协助监护人陪同老年人到指定的医疗机构就医。提供陪同就医服务的人员应由受过培训的社会工作者、义工或养老护理员担任。

14. 咨询服务

咨询服务以帮助老年人解决各种疑难问题，获取各种信息为目的。咨询服务包括开展法律、心理、医疗、护理、康复、教育、服务信息方面的咨询，建设专门的咨询室为老人提供咨询服务。提供咨询服务人员应由社会工作者、各类专业人员担任。

15. 通信服务

通信服务以满足老年人与家人和社会保持紧密的联系需求为目的，服务范围包括为老年人和监护人提供通信便利、用不同的通信手段协助联系亲友或监护人。

16. 送餐服务

送餐服务以满足老年人将饮食送到房间的服务需求为目的，服务范围包括为无法独立购物或准备膳食的老年人提供一日三餐的饮食。送餐服务人员应由取得养老护理员或家政服务员职业资格证书的人员担任。

17. 教育服务

教育服务以满足老年人学习新知识、掌握新技能与社会交往的需求为目的。提供教育服务的范围包括开展各类知识讲座（健康知识、时事教育、绘画技巧、音乐常识、照相技术、运动知识、电脑知识），举办各种老年学校。养老服务机构提供教育服务应具备必要的设施设备（场地、教材、教学设备），并通过评估老年人服务需求，有计划、有目的地开展教育服务。教育服务人员应由义工或各类专业人员担任。

18. 购物服务

购物服务的目的是帮助老年人解决购物不便，满足老年人的社会交往需求。养老服务机构提供购物服务的范围包括为老年人代购物品或陪同购物。购物服务过程做到准确记录购买的品种，清点钱物，按照约定要求购物，做到当面清点核实并签字。陪同购物以保证老年人安全、防止意外发生为前提。提供购物服务的人员应由养老护理员或指定专人担任。

19. 代办服务

代办服务以帮助老年人文书书写或领取物品、缴纳费用，满足老年人与社会交往的需求为目的。代办服务范围包括代读、代写书信，帮助处理老年人的各种文件，代领、代缴各种物品和费用。提供代办服务过程做到保护老年人的隐私，不向他人谈论老年人的家庭情况或钱物。代领、代缴各种物品和费用时准确记录物品的门类，清点钱物，按照约定要求完成服务，做到当面清点核实并签字。提供代办服务人员应由社会工作者、义工、养老护理员或指定专人担任。

20. 交通服务

交通服务以方便老年人及监护人交通往来为目的。提供交通服务范围包括定时接送老年人及监护人。提供交通服务的人员应由取得国家正式驾驶执照的人员担任。

（二）老年人的身心状况评估

养老服务机构以为入住老年人提供所需的服务为目的，而能够为老年人提供所需且让老年人满意的服务，首先取决于对入住老年人身心状况的正确评估。

1. 评估的目的和要求

老年人的身心状况评估也称老年人能力评估。其评估结果仅作为老人现有健康状况的说明，而非疾病的诊断，仅是用作养老服务机构对老人健康管理的参考，并作为提供入院、转介、出院以及制订老人照顾计划的依据。可降低老人照顾服务中发生意外风险的概率，为采取规避风险的措施提供依据。入住养老服务机构的老人均应接受健康评估服务，否则将无法为老年人提供贴心的服务。

评估服务应由具有认定资质的从业人员完成，健康评估的程序和规范应该以科学为依据，评估结果须由评估员签字确认。

2. 评估原则

（1）依规评估原则。老年人能力评估活动要符合国家相关评估规范，符合程序要求和规定标准，不得出现违规行为。

（2）公平公正原则。凡是老年人入住，都应该进行能力评估，评估结果真实、准确、完整地反映出老年人的基本情况，不能因为评估对象的年龄、身份或其他外部因素而改变评估条件。

（3）信息保密原则。评估机构和评估人员在评估工作中应有责任保护评估对象的个人信息安全。涉及评估对象的信息，未经评估对象许可不得公开和泄露。对按规定需要公示的评估对象信息应在一定范围内适度公开。

（4）动态评估原则。包括入住机构后即开展的初始评估、接受机构养老服务后的定期评估（一般每半年或一年评估一次）、身心状况变化后的即时评估及对结果有疑问的复评。

3. 评估指标

2013年中华人民共和国民政行业标准《老年人能力评估》（MZ/T 039—2013）正式颁布实施，为老年人能力评估提供了规范统一的实施工具。老年人能力评估共划分为日常生活活动、精神状态、感知觉与沟通、社会参与4个一级指标，22个二级指标，其中日常生活活动包括10个二级指标，精神状态包括3个二级指标，感知觉与沟通包括4个二级指标，社会参与包括5个二级指标（如表4-5所示）。综合4个一级指标的分级，将老年人能力划分为能力完好、轻度失能、中度失能、重度失能4个等级。

表4-5 老年人能力评估指标（MZ/T 039—2013）

一级指标	二级指标
日常生活活动	进食、洗澡、修饰、穿衣、大便控制、小便控制、如厕、床椅转移、平地行走、上下楼梯
精神状态	认知功能、攻击行为、抑郁症状
感知觉与沟通	意识水平、视力、听力、沟通交流
社会参与	生活能力、工作能力、时间/空间定向、人物定向、社会交往能力

（1）日常生活活动。日常生活活动是老年人为独立生活而每天必须反复进行的、最基本的、具有共同性的身体动作群，包括进食、如厕、大小便控制、行走、洗澡、上下楼梯等。日常生活活动是反映老年人健康状况及生活自理能力的重要指标之一，一旦老年人丧失生活自理能力，不仅限制其生活自由，影响生活质量，而且给家庭和社会带来沉重的负担。因此，日常生活活动成为老年人能力评估最基本的内容。

（2）精神状态。这包括认知功能、行为问题、抑郁症状等方面的表现。

① 认知功能。包括记忆力、定向力、注意力、判断力、解决问题的能力等。认知功能对老年人是否能够独立生活有重要的影响。因此，用简易方法判断老年人是否存在认知功能障碍，是精神状态评估的一个重要的内容。

② 行为问题。部分老年人由于疾病、性格改变等原因，可能出现一些异常行为。其中，攻击行为（包括身体和语言攻击行为）不但给老年人自身的安全带来危险，而且会危及周围老年人及照护人员的安全，给老年护理服务的提供及其管理带来挑战。因此，评估老年人是否有攻击行为，是行为问题评估的关键内容。

③ 抑郁症状。老年人不但要经历身体功能的老化和各种慢性疾病的侵袭，而且面临离退休、丧偶、子女离家等生活事件，容易出现抑郁情绪。被抑郁情绪困扰的老年人表现为情绪低落、思维迟缓、丧失兴趣、缺乏活力、食欲减退、失眠等，不但影响老年人的日常活动，而且易导致自杀行为发生，严重危及老年人的生命安全。

（3）感知觉与沟通。这包括意识水平、视力、听力、沟通交流等方面的能力。

① 意识水平。这分为神志清醒、嗜睡、昏迷等不同水平，直接影响老年人的活动能力和日常照护需求。

② 视力。老年人由于视神经的老化，以及老年性白内障的影响，给视力带来一定程度的影响，从而影响其日常生活的独立性。

③ 听力。听力的下降以及老年性耳聋等疾病，使老年人对周围环境的适应能力下降，从而在一定程度上影响老年人日常生活的独立性。

④ 沟通交流。老年人能否准确表达自己的需求和感受，以及能否正确理解他人的话，

对其生活有着直接影响。因此，感知觉与沟通是老年人能力评估的重要内容之一。

（4）社会参与。社会参与是指老年人与周围人群和环境的联系与交流的能力，包括生活能力、工作能力、时间/空间定向、人物定向和社会交往能力。社会参与能力对老年人生活的独立性及其生活质量有很大影响。因此，对老年人进行能力评估时，除了涉及生理、心理方面的能力外，还应涉及社会能力的评估。

4. 评估方法

根据评估内容、信息来源、评估媒介的不同，老年人能力评估通常有以下几种方法。

（1）引述法。引述法是评估员通过与老年人交流或提问，引导其表述自己的基本情况及评价自己在日常生活活动、社会参与等方面的能力或水平。此评估方法实施简便，节省时间，评估员可在较短时间里完成评估项目。此类方法多适用于自理类老年人，能力完好且能够准确表述自己的行为，正常地反映自己的情绪态度。

（2）代述法。代述法一般由于老年人意识或表达受限，通过照护人、配偶或其他亲属对老年人的自理能力进行评价。此类方法多用于失能、半失能或失智老年人，需由他人代述。

（3）测验法。在评估老年人的精神状态项目时多采用测验操作法，即以客观操作为基础的评估方法。一般要求老年人完成一些日常生活中常见的任务，如算账、辨别时间、方位，填写单据、绘画、等，根据任务的完成情况来评估其能力水平。此类方法是老年人能力评估中认知能力评估项目常用的方法之一。如虚拟买菜的加减法计算，季节、日期、年龄表述，方位判断，物品记忆，画钟测验，等等。

（4）情景模拟法。情景模拟的评估方法是将老年人置于设定的现实生活环境中，并在环境中完成日常生活行为，通过行为表现评价老年人的自理能力。包括老年人穿衣、吃饭、如厕、上下楼、打电话、购物等行为活动。在评估实施过程中，一般多采用两种或两种以上评估方法，以确保评估结果的准确性和客观性。

5. 评估流程

（1）申请。养老服务机构或服务组织对接收入住的老年人进行评估并将评估结果上报地方业务主管（民政）部门，申请第三方专业评估。

（2）受理。地方民政部门根据养老服务机构或服务组织上报的老年人基本信息，委托第三方评估组织进行专业评估。

（3）评估。第三方评估组织对照机构及老年人基本信息确定评估类别（服务前评估、服务后评估、等级变更即时评估、有疑问进行复评），进行实地上门评估。

（4）报告。第三方评估组织将评估结果汇总，录入老年人能力评估信息系统平台，撰写评估报告并提交民政部门。

（5）公示、反馈。民政部门将评估结果公示，公示无异议后反馈给养老服务机构或服务组织[127]。

二、老年人服务计划制订

养老服务机构服务计划的制订，应该从养老服务机构提供的服务出发，按照老人健康评估的结果，针对个体制订合理的计划。

---

[127] 汪生夫. 养老机构服务与管理实务[M]. 南京：东南大学出版社，2017：38-42.

（一）护理计划拟订

护理计划是针对护理诊断（护理问题）制订的具体护理措施，是护理行动的指南。

1. 排列原则

（1）在无原则冲突的情况下，可考虑老年人认为最重要的问题予以优先解决。

（2）现存问题优先处理，但不要忽视潜在的有危险性的问题。

2. 排列顺序

当老年人出现多个护理诊断时，需要对这些护理诊断（包括合作性问题）进行排序，确定解决问题的顺序。排序时要把对老年人生命和健康威胁最大的问题放在首位，其他依次排列。

（1）首优问题。首优问题是指会威胁老年人生命，需要立即行动去解决的问题。

（2）中优问题。中优问题是指虽然不直接威胁老年人的生命，但也能导致老年人身体上的不健康或情绪上的变化。

（3）次优问题。次优问题是指与此次发病关系不大，不属于此次发病反映的问题。这些问题在安排护理工作时可以稍后考虑。

3. 制订护理目标（预期结果）

制订护理目标是指老年人在接受护理后，期望老年人达到的健康状态，即最理想的护理效果。

（1）目标的陈述。陈述方式方法主要包括主语、谓语、行为标准、条件状语及评价时间。

① 主语。即护理对象，主要是老年人，还有健康的人。有时在目标陈述中，主语可能被省略，但是句子的逻辑主语一定是老年人。

② 谓语。即行为动词，指老年人将要完成的动作。

③ 行为标准。即行动所要达到的程度。

④ 条件状语。即主语在完成某行为时所处的条件状况，条件状语不一定在每个目标中出现。

⑤ 评价时间。指老年人应在何时达到目标中陈述的结果，即何时对目标进行评价。但在实际工作中如何评价时间的长短，需要根据老年人的具体情况和临床经验而定。

（2）目标的分类。

① 远期目标。需要较长时间才能达到，如某糖尿病老年人，小学文化，女，40岁，养老护理员为其制订的远期目标，即老年人在出院前，说出糖尿病饮食治疗的具体措施。

② 近期目标。在短期内能达到，一般少于10天。如4日后老年人能够借助双拐行走100米。

（3）目标应具备的特点。目标的陈述要简单明了，切实可行，属护理工作范围内，可以通过护理措施达到的。

目标的陈述要针对一个具体问题即来自一个护理诊断，但一个护理诊断可有多个目标。一个目标只能出现一个行为动词。

目标应是可测量、可评价的，并有具体日期。

应让老年人参与目标的制订，使老年人认识到护患双方应共同努力，以保证目标的实现。

运用下列动词：描述、解释、执行、能、会、增加、减少等。不可使用含糊不清、不明确的词，如了解、好、坏、尚可等。

（4）制订护理措施。制订护理措施是围绕老年人的护理诊断（护理问题），结合评估（估计）所得到的老年人具体情况，运用知识和经验做出决策的过程。措施要切合实际，老年人能够做到。

① 护理措施的类型。

- 依赖性护理措施。如遵医嘱给药等。
- 相互依赖性护理措施。相互依赖性护理措施是养老护理员与其他保健人员相互合作采取的行动。如护理诊断"营养失调：高于机体需要量"，养老护理员为帮助老年人恢复理想的体重而咨询营养师或运动专家，并将他们的意见融于护理措施中。
- 独立的护理措施。不依赖医嘱，养老护理员能够独立提出和采取的措施。如护理问题"皮肤完整性受损"，养老护理员定期为老年人翻身、按摩皮肤、烤灯等措施都属于独立性的护理措施。

临床中广泛运用独立性护理措施。如帮助老年人完成日常生活活动（如协助进食、如厕等）；治疗性护理措施（如皮肤护理、吸痰等）；危险性问题的预防（如保护老年人安全的床挡、步行器等）；对老年人病情和心理状况进行观察（如床边交流、各项体检等）；为老年人和家属提供健康教育和咨询，提供心理护理等；根据老年人具体情况制订出院计划（如定期复查、活动量、饮食注意点等）。

② 制订护理措施的原则。

- 针对目标而制订。例如为患肺炎老年人提出的护理问题"清理呼吸道无效"，护理目标是2日内老年人能够顺利咳出痰液。如果制订的护理措施是教给老年人如何预防肺炎就没有针对目标，也不符合老年人的实际病情。
- 每项护理措施应有科学依据。措施以人文科学、行为科学和自然科学等综合知识为依据。
- 避免护理措施与其他医务人员的措施矛盾。制订护理措施时应参阅其他医务人员的病历记录、医嘱，以防造成老年人在执行时不知所措。
- 措施应切实可行，根据每个老年人的病情、心理等具体特点制订个性化的护理方案；根据养老护理人员的具体构成情况制订护理措施；根据医疗条件的现状制订护理措施。

4. 实施

（1）特点。实施是执行护理计划的过程，是将计划中的各项措施变为实践，是养老护理员运用操作技术、沟通技巧、观察和应变能力、彼此之间的合作，执行护理措施的过程。同时所有的护理诊断要通过实施各种护理措施得以解决。

（2）实施过程。实施过程中养老护理员扮演着多种角色，既是决策者、实施者，又是教育者、组织者。实施中要继续收集资料、评估老年人的健康状况和对措施的反应，随时调整。养老护理员要具备丰富的业务理论知识、熟练的护理技术、良好的人际关系。实施效果是衡量养老护理员综合能力的标准。

（3）实施后记录。内容包括护理活动的内容、时间以及老年人的反应等。记录中应该做到及时、准确、真实、重点突出，可采取文字叙述或填表并在相应项目上签名。

5. 评价

评价是将老年人的健康状态与护理计划中预定的目标进行比较。这一阶段可以了解老年人的需求是否得到了满足。评价是护理程序的最后步骤，但并不意味着护理程序的结束，可通过评价发现老年人新的健康问题、做出计划，或对以往的护理方案进行修改，从而使护理程序循环往复地进行下去。评价包括下列步骤：

（1）收集资料。收集有关老年人健康状况的资料，为寻找新的护理问题提供依据。

（2）做出判断。在目标陈述中所规定的评价期限到达后，将老年人的健康状况与目标中预期的状况进行比较，判断目标是否完全实现、部分实现或未实现。

（3）修订护理计划。修订计划的原则是围绕目标和护理诊断。如果目标已经实现，则停止采取护理措施；目标部分实现或未实现的，应从下面几个方面分析原因：收集的原始资料是否准确、全面；护理问题（护理诊断）是否确切；制订的目标是否现实，是否超出了护理专业的范围和老年人的能力、条件；护理措施的设计是否可行，执行是否有效。

（4）根据新出现的护理诊断增加护理计划的内容。护理计划需要根据老年人情况的变化而变化。当评价资料表明老年人出现新的护理诊断时，应将这个护理诊断以及目标、措施加入到新的护理计划中。

（二）入院老年人康复计划

1. 康复计划的特点

老人入住养老服务机构以后，通过系统的评估，需要接受护理服务，这对身体的总体康复水平会有很大程度的提高。但是由于不同的老人，存在的问题不是完全相同，所以笼统的康复训练又缺乏针对性，因此需要为老年人制订一个更符合实际情况的康复计划。

2. 个体康复训练的特点

（1）个体康复训练要针对老年人的个体特点，制订不同的目标。

（2）使老年人认识到自己是康复过程中的主体，充分发挥老年人的潜力。

（3）个体康复训练是一个循序渐进的过程，要善于引导老年人。

3. 个体康复训练要达到的层次

（1）控制原发疾病，防止功能障碍形成。

（2）预防继发性的并发症及功能障碍。

（3）恢复已丧失的功能性活动能力。

（4）在改善和恢复功能的基础上，以适应社会为目标，进一步进行身体和心理的适应训练。

4. 个体康复计划制订实例

根据估计的躯体、心理、社会情况，制订符合老年人实际情况的康复计划，有的放矢地指导老年人进行康复。制订计划时，要注重发挥每一位养老护理员的主观能动性和特长，养老护理员要积极参与意见。康复计划表如表4-6，供参考。

表 4-6　康复计划表

1. 心理健康领域	存在的问题	康复的目标	详细康复计划（实施办法、时间、评估方法、负责人）
目前精神症状			
症状的影响			
2. 躯体健康领域	存在的问题	康复的目标	详细康复计划（实施办法、时间、评估方法、负责人）
重要躯体疾病			

续表

定期躯体检查			
代谢方面问题			
营养膳食问题			
3. 对待疾病态度领域	存在的问题	康复的目标	详细康复计划（实施办法、时间、评估方法、负责人）
对自身疾病了解			
精神疾病常识			
服药态度			
药物副作用处理			
门诊复诊问题			
4. 风险评估领域	存在的问题	康复的目标	详细康复计划（实施办法、时间、评估方法、负责人）
冲动风险			
自杀风险			
藏药、停药风险			
住院逃跑			
5. 应对压力领域	存在的问题	康复的目标	详细康复计划（实施办法、时间、评估方法、负责人）
解决问题能力			
家庭环境压力			
周围环境压力			
以前生活压力			
精神疾病的压力			
6. 社会关系，友谊领域	存在的问题	康复的目标	详细康复计划（实施办法、时间、评估方法、负责人）
是否有有益的朋友			
是否有交友能力			
维持友谊的能力			
孤独感			
7. 工作、休闲、教育领域	存在的问题	康复的目标	详细康复计划（实施办法、时间、评估方法、负责人）
是否有工作			
疾病对工作影响			
教育经历			
兴趣爱好、特长			
8. 日常生活技能领域	存在的问题	康复的目标	详细康复计划（实施办法、时间、评估方法、负责人）

续表

生活自理能力			
家庭生活中表现			
9.经济领域	存在的问题	康复的目标	详细康复计划（实施办法、时间、评估方法、负责人）
收入问题			
理财的技能			
潜在的经济开发			
经济自主性			
有问题的花费			
10.家庭对疾病的理解领域	存在的问题	康复的目标	详细康复计划（实施办法、时间、评估方法、负责人）
与疾病有关的苦恼			
与疾病相关的忧伤、创伤治疗经历			
家属对老年人的期望			
老年人对将来的期望			
对老年人理解程度			
家属对精神疾病了解程度			

（三）入院老年人娱乐计划

1. 娱乐活动的最终目的

丰富的文化娱乐活动可以增进老年人的生活情趣，充实老年人的精神生活。另外，娱乐活动可以使老年人扩大社交范围，增强自信心，更好地融入社会，真正成为社会的一员，所以说，娱乐活动的最终目的是康复。

养老院要建立形式多样的老年文化娱乐项目，让老年人看电视、听音乐、打扑克、下象棋、读书看报、吹拉弹唱等。满足老年人爱与归属的需要。达到娱乐和康复的双重作用。鼓励老年人广交朋友，积极参加社会活动，使老年人身心放松，心情愉快。

2. 娱乐活动的实施要点

（1）选择轻松的时间和空间。娱乐活动应在空间宽敞的环境中进行，在上午10点左右或午睡后进行。

（2）创造和谐愉快的气氛。包括环境和谐而富有情调，养老护理员要热情，给人以轻松愉快的感觉。

（3）老年人是活动的"主角"。在娱乐活动过程中，老年人是"主角"，养老护理员是"配角"，要以老年人为中心。

（4）注意与老年人沟通。活动中要与老年人沟通，时刻关注老年人的感受。尤其是失败时要照顾老年人的情绪。

（5）采取"网状式"小组活动。多人参加的娱乐活动应采取"网状式"的多边活动，不是简单的一对一的活动，而是要使每个老年人都参与进来。

（6）记录实施情况。详细记录老年人参加娱乐活动的人数、进展情况、开始时间、结束时间等。

3. 大型娱乐活动的实施

（1）估计老年人情况、场地和资源、职员特长，预算费用可行。

（2）确立目标、制订详细的计划、提出预算。

（3）领导和职员要明白大型文娱活动的实施细则。

（4）在告示栏或院报上公示，征求意见，进一步完善计划。

（5）与外请人员沟通，联系社区志愿者，做好必要的准备工作。

三、养老服务质量管理

养老服务质量管理是指养老服务机构为老服务活动符合养老护理规范要求，满足服务对象需要的效果。服务质量是养老服务机构管理质量的重要内容，是直接关系老人生命与健康，关系到养老服务机构的社会形象的重要问题。

加强养老护理质量管理，不断提高养老服务机构服务质量，真正做到让老人满意，是养老护理管理的基本目标和中心任务。

（一）养老服务质量管理的原则和任务

按照养老服务机构服务合同提供服务，运用质量控制的方法，对各项服务进行监控，可以有效地避免因养老服务机构及养老服务人员的责任使老年人受到损失或伤害，满足老年人的服务要求。质量管理的重点是直接为老年人服务的生活照料、医疗、护理、膳食、物业管理维修部门的服务。所以，有必要针对上述部门制订质量管理控制方案。如果养老服务机构规模较大，还可以制订休闲、娱乐、保健、康复、教育等方面服务的质量控制标准。

1. 养老服务质量管理的原则

服务质量管理必须坚持老人第一的原则、预防为主的原则、规范化管理的原则、全员参与的原则。

2. 养老服务质量管理的任务

服务质量管理的任务包括：进行质量教育，强化质量意识；建立护理质量体系，制订护理质量管理制度；制订护理质量标准，规范护理行为；强化护理质量的检查和监督。

3. 养老服务质量评价的原则

包括科学性、先进性、可行性原则，政策性、公正性原则，可比性原则，制度化原则。

（二）建立养老服务质量管理体系

1. 建立各项护理服务规范

（1）服务协议。民政部《养老机构管理办法》规定，老年人入住必须签订入住协议书。内容包括如下方面：

① 养老机构名称、住所、法定代表人或者主要负责人、联系方式。

② 老年人及其代理人和老年人指定的经常联系人的姓名、住址、身份证明、联系方式。

③ 服务内容和服务方式。

④ 收费标准以及费用支付方式。

⑤ 服务期限和地点。

⑥ 当事人的权利和义务。

⑦ 协议变更、解除与终止的条件。

⑧ 违约责任。

⑨ 意外伤害。责任认定和争议解决方式。

⑩ 当事人协商一致的其他内容。

（2）养老服务机构常用服务质量控制标准。

① 日常生活照料服务质量控制标准。

- 提供生活照料的人员，其资质符合要求，有养老护理员职业资格证书。
- 有日常生活照料服务流程、程序、制度和人员职责。
- 有日常生活照料服务技术操作规范，按要求提供规范服务。
- 根据老年人的实际需求，制订日常生活照料计划，按需服务。
- 有文字或图表来说明提供个人生活照料服务的范围、内容、时间、地点、人员、服务须知。
- 对老年人提供日常照料服务应保留提供服务的文件和记录。
- 对老年人做到："四无""五关心""六洁""七知道"。

"四无"：无压疮，无坠床，无烫伤，无跌伤。

"五关心"：关心老年人的安全、饮食、睡眠、卫生、排泄。

"六洁"：皮肤、口腔、脸、头发、指甲、会阴的清洁。

"七知道"：知道每位老年人的姓名、个人生活照料的重点、个人爱好、所患疾病情况、家庭情况、使用药品治疗情况、精神心理情况。

- 对老年人居室做到：室内清洁、整齐、空气新鲜、无异味。
- 提供服务完成率为100%，老年人及其监护人满意率在80%以上。

② 老年护理技术服务质量控制标准。

- 老年护理技术服务人员的素质符合要求，有养老护理员职业资格证书。
- 有老年护理的各项服务流程、程序、人员职责和护理制度，有国家认可的护理技术操作常规。
- 有文字或图片来说明提供老年护理服务的范围、内容、时间、地点、人员、服务须知。
- 护理技术服务的设备数量符合养老服务机构执业许可范围要求。
- 老年护理服务范围符合养老服务机构的性质和入住老年人的需求，对老年人实施分类管理。

- 对入住老年人特别是对生活不能自理或半自理的老年人，有护理评估记录，有明确的护理目标，并落实各项护理措施。
- 观察老年人的各种反应，有定期记录，要求记录准确无误、符合行业要求。
- 完成健康教育指导，有计划，有落实，有实施记录。
- 对养老护理员工作有每周定期检查计划及记录、每月培训指导计划及记录。

③ 环境卫生质量控制标准。
- 提供环境卫生服务的人员资质符合要求，有养老护理员职业资格证书。
- 有环境卫生服务流程、程序、制度和人员职责。
- 有预防院内感染控制的规范和要求。
- 环境卫生做到：无积存垃圾，无卫生死角，无纸屑，无灰尘，物品摆放整齐。
- 有环境卫生检查及效果记录。

④ 安全保护质量控制标准。
- 提供安全保护的服务人员，其资质符合要求，有养老护理员职业资格证书。
- 有安全保护服务流程、程序、制度和人员职责。
- 有安全保护服务必需的服务设施、设备和适合老年人的安全设施、约束物品。
- 有安全保护服务及确认安全的记录。
- 做到服务及时、准确、有效，无医源性创伤。定期检查安全保护服务工作，有检查、评估记录。

（3）养老护理技术操作规程。护理技术操作规程是指根据具体的护理技术操作要求，对实施步骤所作的统一规定，以经过控制，确保护理质量。一般地，要根据护理技术操作的性质、目的、要求和特点以及节省人力、物力、时间，清除无效动作的原则，来制定技术操作方法、步骤和注意事项。制定的规程要有条理、简明、便于实施。要以减除老人痛苦、预防疾病、保证老人和护理人员安全为原则。要配备和使用正规设备。

执行护理技术操作常规、规程，要具有责任感和同情心。事先要做好老人心理、身体、适用物品、药品等准备。严格执行查对制度。要掌握熟练的操作技术，严格无菌操作，确保安全，并注意预防操作护理人员的自身损伤。管理方面，要组织护理人员学习基础理论，学习新业务技术，加强基本功训练，组织技术操作表演和评比，定期进行检查、督促和考评。

① 制定护理技术操作规程。养老护理技术规程是开展养老护理业务的必要条件，是标准化管理的重要措施。规程具有技术管理的监督性质，制定规程是一项技术性很强的工作。

- 制定养老护理技术操作规程的原则。

第一，在医学基础理论指导下，结合临床实践制定操作规程，要有明确的目的及要求。

第二，操作规程必须符合人体解剖、生理、病理的特点，有利于疾病治疗，避免增加病人痛苦，保证病人安全。

第三，各项技术操作规程必须严格执行清洁、消毒、灭菌的原则。

第四，各项规程应做到条目简明扼要，力求用数字或文字确切表达。

第五，根据新业务、新技术的开展，适时补充、修订操作规程。

- 养老护理技术操作规程的主要内容。

第一，日常生活照料操作规程。如清洁卫生、睡眠照料、饮食照料、排泄照料、洗浴更衣、压疮预防等。

第二，老年护理技术操作规程。如体温、脉搏、呼吸、血压的测定，消毒，给药，等。

第三，特别护理技术操作规程。如老年人安全保护、搬运与移动、冷热应用、康复训练、急救、护理文书等。

② 养老护理技术操作规程的管理措施。

第一，建立组织系统。技术管理组织要建立健全，职责明确，并拥有相应的权利。

第二，重视质量标准。技术操作规程管理要重视质量标准，建立逐级检查制度，有目的、有计划地开展监督检查。

第三，重视人员培训。人员培训要有计划、有目标，注重培养技术骨干，以满足养老护理工作的需要。

（4）分级护理标准。分级是在对老年人的能力等级、年龄等综合分析后确定护理服务的级别，并根据老人身心状况的变化发展，定期进行调整。

2. 建立养老护理人员的岗位职责

制订完善的老年护理各个岗位的岗位职责，让每个人明确自己的任务、要求、权限和承担的责任。养老护理人员上岗前须进行岗位职责的培训和考核。

3. 建立护理服务质量管理小组

养老服务机构，特别是护理型养老服务机构，至少设立一位专职的护理管理人员，一些大型的养老服务机构可在每个服务单元设立护理管理岗位，定期对机构内护理质量进行监控管理。

4. 建立护理服务质量管理日常运行机制

老年护理服务质量管理可以借鉴管理学的一些质量管理的模式，建立护理服务质量控制日常运行机制，特别是日常护理服务的检查监督。一般每天由护理组长或单元护士长进行管理区域内的护理服务质量检查，夜间实行值班巡视；每周由护理部主任组织进行各护理区域的护理服务质量检查，发现问题及时处理和改进；每季度召开质量分析会，按奖惩条例进行奖惩，并提出持续的质量改进措施。

（三）开展护理服务质量检查

1. 建立日常检查制度

老年护理质量检查是养老服务机构老年护理质量控制的重要环节，应建立每日、每周、每月、每季和每年的检查计划和方案，包括检查人员安排、检查内容、检查步骤、检查要求及信息反馈、落实整改要求、奖惩措施等，定期召开质量分析会，并将护理质量考核结果纳入护理人员的绩效考核中。

2. 设计护理服务质量检查表格

根据国家《养老机构管理办法》规定，养老机构为老年人提供生活照料、康复护理、精神慰藉、文化娱乐等服务，并为有需要的老年人提供情绪疏导、心理咨询、危机干预等精神慰藉服务。根据服务内容，为方便质量检查人员对信息的收集、汇总和分析，通常设计一些检查表格来配合各项检查之用。

（1）日间巡查表。护理服务质量检查人员每日对各护理区域的护理情况进行例行常规的巡查，主要巡查内容要建表。

（2）总值班记录表。为加强老年护理服务质量的控制，应实施机构24小时值班制度，值班由护理管理小组成员担任。总值班实行在岗制，不分节假日，由护理院长或主任统一安排,总值班记录建表。

(3)护理质量服务分析。每月对护理检查情况进行汇总、分析,找出主要问题,分析相关原因,提出有效的对策,将信息及时反馈到相关护理区,促进整改,提高老年护理质量。

(4)护理服务问题反馈整改。护理服务质量检查小组发现护理服务问题后,相关信息及时反馈到护士长,由护士长负责落实和整改评价。也可以用关联图或护理服务因果图分析护理质量中的问题及原因,以便找到解决的策略。

3. 护理服务质量检查方法

老年护理服务质量检查可采取巡视、抽查、座谈、专项调查等方法主动检查,也可通过设立投诉通道,如设立投诉热线电话、投诉信箱、电子邮箱或微信等方式,接受老人及家属投诉,广泛获取老人及家属的意见。

(1)巡查。一般每天上午上班时,护理管理者对各护理区域进行例行的常规检查,及时发现护理问题及时整改,同时也了解各护理区域的整体情况,使一天的工作有重点地进行,保证机构内老年人得到安全、高质量的照护。

(2)抽查。除常规检查外,应组织人员不定期地对护理区域某项护理工作进行检查,也可根据过往的检查情况有重点地进行抽查。

(3)座谈。定期举行老人和(或)家属的座谈会,老人作为护理服务的受体,对护理质量的评价最直接并较为客观。评价的重点放在老人的满意度方面,评价内容包括职业道德、工作和服务态度、技术水平、关心老人情况等方面。通过座谈,可以从不同角度了解各护理区域的一些问题。

(4)专项调查。如培训后知识掌握情况、某项制度执行情况,还有老人的满意度、护理人员心理状态等,可根据需要作专项的调查[128]。

第五节　养老服务机构的服务保障管理

养老服务机构的服务保障管理是养老服务机构管理的重要组成部分,是指为养老服务机构服务的顺利开展所提供的各方面的支持与配合,是养老服务机构正常运行的必要保证。

一、养老服务机构的财务管理

养老服务机构的财务管理是一项非常重要的管理内容,对规范养老服务机构的其他管理行为,都有着重要的影响。它是在院长的直接领导下,以财务部门为抓手,以《中华人民共和国会计法》等政策法规和规范为准则,严格按照财务制度,对养老服务机构财务活动进行管理的。

养老服务机构财务管理不但保证养老服务机构财务、资金操作规范、安全、良性运行,还协助养老服务机构做好成本核算、经济运行分析、资产管理等。养老服务机构财务管理是否有序,直接影响到养老服务机构管理的质量和效果。

---

[128]　汪生夫.养老机构服务与管理实务[M].南京:东南大学出版社,2017:68-70.

现阶段，在政府投入不足、优惠政策难以落到实处、老年人支付能力低以及资金筹措困难的情况下，为了发挥有限的资金效益，必须加强养老服务机构的财务管理。养老服务机构财务管理的最终目标是以有限的资金投入，获取最佳的社会和经济效益。

（一）养老服务机构财务管理的特点

1. 政策性

养老服务机构的财务活动，体现着国家的财政方针政策，体现着国家支持什么，反对什么，鼓励什么，限制什么，体现着政府的意图。它们的一收一支，都带有较强的政策性。哪些可收，哪些不可收，哪些该收，哪些不该收，哪些可减收，收多少，怎样收，以及哪些可支，哪些不可支，哪些该支，哪些不该支，支多少，怎样支，都有明确的规定。因此，其在办理各项收支业务时，要严格执行有关的收支范围和收支标准，严格执行各项财务规章制度及财经纪律，依法理财，合理有效地使用每一项资金，以保证各项服务事业的顺利开展。

2. 综合性

财务管理，作为一种价值管理，它包括筹资管理、投资管理、权益分配管理、成本管理等，这是一项综合性强的经济管理活动。正因为是价值管理，所以，财务管理通过资金的收付及流动的价值形态，可以及时全面地反映机构经营运行状况。财务管理渗透在全部经济活动之中，涉及服务、供应、消费等每个环节和人、财、物各个要素，因此，养老服务机构的财务管理是养老服务机构管理的一个重要环节。

3. 多样性

由于养老服务机构的性质具有多样性，因此，决定了养老服务机构的财务管理类型的多样化。从体制来看，既有公办公营的，又有公办民营的，还有民办民营的；从经费来源看，有的由国家财政全额拨款，有的部分拨款，还有的不拨款；从提供公共产品及公共服务的方式来看，有的是免费的，有的是付费的。不同的组织类型，它的性质不同，业务特点不同，财务收支状况也有较大差异。相应地，对财务管理提出的要求也就不同，预算的编制、资金的安排、财务成本的分配也不一样。因此，在财务管理工作中，应坚持实事求是的原则，在严格执行国家统一的财务制度的前提下，根据各机构的实际情况和实际需要，因地制宜地制定一套符合自己特点的财务管理办法，根据其机构类型，有选择地采用不同的方法进行管理，不能脱离实际搞"一刀切"，不能生搬硬套地进行机械式的管理[129]。

（二）养老服务机构财务管理的内容

根据财务管理制度和财务管理的基本要求，养老服务机构财务管理的重要内容包括预算管理、资金管理、成本管理等方面。

1. 预算管理

财务预算即财务计划，也叫计划预算。它是对未来一定时间（如1年、6个月、9个月等）编制的综合性预算。财务预算既是单位经济活动的起点和出发点，又是监督和检查单位收支情况的依据，以及考核评估其经济效益的标准。因此，必须认真、正确、及时地编制并进行有效的管理。

---

[129] 孟令君，刘利君. 养老服务机构管理人员能力培训辅导教程[M]. 北京：中国社会出版社，2012：65.

（1）财务预算编制。养老服务机构财务预算是国办、集体办养老服务机构财务管理的重要内容。编制财务预算是一件严肃的工作，应按照上级主管部门交给的工作任务，结合本单位的具体情况和有关规定进行编制。财务计划、预算编制是否及时和准确直接影响总预算的质量，为了正确地编制单位财务计划、预算，应该遵循以下原则。

① 必须根据上级下达的任务、计划、人员编制和各项开支标准的定额，结合上年度预算执行情况，分析下半年或年度的收支状况，遵循先自下而上、后自上而下的原则，按照不同的管理方式进行编制。

② 必须坚持自力更生、勤俭办院的方针。在编制财务计划、预算过程中，防止"宽打窄用"，原则上不搞赤字，预算强调开源节流、精打细算，提倡少花钱、多办事，充分发挥预算资金的使用效果。

③ 财务预算的编制要有科学性、合理性，要注意听取预算执行部门的意见。如果预算指标定得过高，难以完成，就会挫伤执行部门的积极性；而预算指标定得过低，又不能调动执行部门的积极性。所以计划的编制要强调科学与合理。

（2）财务预算管理方式。财务预算的管理方式是指总预算对单位预算资金缴拨等管理上所采用的不同方式，由于各养老服务机构归属不同，经费开支渠道不同，在资金的管理方式上也应有所不同，常用的管理方式有以下几种。

① 全额预算管理。全额预算管理是指单位的收入和支出全部纳入预算，机构支出全部由上级拨款，收入除预算收入外，全部上缴上级主管部门或财务部门，不实行以收抵支。

② 差额预算管理。差额预算管理是指本单位的收入抵补支出后，不足部分由预算拨款，并将收支差额列入拨款预算。

③ 自收自支管理。自收自支管理是指单位收入不需上缴，其支出也不由预算拨款，而是以其收入按指定用途用于相应的支出，节余不上缴，差额不补助，自求收支平衡。这种管理方式有利于自立自强，调动职工的积极性，有利于提高单位的经济效益。

（3）管理方法。

① 建立健全财务经济管理制度。

② 利用"财务管理软件"或"养老服务机构信息化管理系统"进行管理，可以提高财务管理的科学性、准确性和有效性。

③ 加强财务经济监督与审计。养老服务机构财务应加强内部财务监督与审计，同时接受上级部门的监督与审计，使养老服务机构财务管理更加规范，经济运行效果更好。

2. 资金管理

资金管理，主要包括固定资金管理、流动资金管理和专项资金管理等。

（1）固定资金管理。固定资金是固定资产的货币表现，是指养老服务机构所有的主要劳动资料和耐用消费品的形态，包括房屋、运输工具、医疗设备、其他建筑物和福利设施等。

固定资金管理应重点抓好固定资金设账立卡及登记工作，以保证固定资金的完整无缺。此外，还应提高对固定资金的使用率以及正确计算和提取折旧基金。

（2）流动资金管理。流动资金是指养老服务机构垫付给员工的工资和其他业务支出的消费周转资金。占有形态为货币、库存材料、库存药品等流动资产。它与固定资金一样是养老服务机构组织各种活动的不可缺少的基本条件之一。流动资金管理可分为现金管理、银行存款管理、库存材料和库存药品管理以及其他流动资金管理等。

（3）专项资金管理。专项资金也称专用资金，是指各种具有特定来源和专门用途的资金。包括专项拨款、大修理基金、职工福利基金、职工奖励基金和事业发展基金等。专项资金管理应做到以下几点。

① 贯彻专款专用原则。划清专项资金与其他资金的界限，不能相互挪用。各专项资金也要划清界限，分清用途，除规定可以统一调剂或合并使用外，不得互相占用，保证专项资金专款专用，满足专项任务的要求。

② 加强计划管理。为了有计划地使用专项资金，财务部门必须编制专项资金收支计划，对专项资金的支出项目，需要进行调查研究，认真测算和会审，保证收支平衡，略有节余。在时间和金额上保证重点，分清轻重缓急，统筹规划，合理安排，要先收后支，量入为出，使收支款项不仅在账簿上，也在时间上相适应，绝不能用另外的资金垫支，并要求资金使用上精打细算，力求节省，充分发挥资金的最大效用。

③ 实行集中管理和分级管理相结合的原则。为了管好用好各项专项资金，必须把有限的专项资金统一规划和综合平衡。在院长统一领导下，由财务部门负责集中管理，编制收支计划，实行按部门、按项目的预算控制或指标包干等办法，保证计划的完成。养老服务机构应制定集中管理和分级管理制度，明确各有关职能部门和使用单位在专项资金管理中的职责和权限，力求做到责、权、利相结合。

3. 成本管理

成本是指生产一种产品或提供一项服务所消耗的各项费用总和的货币表现。成本核算是分析和计算实际成本的过程。成本管理是通过对产品和服务成本构成进行分析、计算，找出较低成本的有效途径，并实施控制成本的管理。

养老服务机构的成本可以包括总成本和各单项成本。例如，经营100张床位的养老服务机构每月或每年需要多少钱，这是总成本；新建200张床位的养老服务机构实际投入了多少资金，这也是总成本（建造成本）。单项成本种类繁多，例如，不同级别的护理成本、每位老人每月的伙食成本、医疗服务成本和行政管理成本等。成本甚至还可以细化到一项具体的操作、服务项目。例如，注射成本、换药成本和灌肠成本等。成本管理的目的至少有两个：一是为指定、修订产品、服务价格提供依据；二是寻找生产、服务和管理上存在的问题和漏洞，即找出降低成本的有效途径。其最终目的是提高养老服务机构的经济效益。

4. 其他管理

包括财会人员管理、财会人员交接班管理，以及账号、现金、支票管理。

（1）财会人员管理。财会人员必须忠于职守，坚持原则，在财务主管领导下开展工作。财务主管有权对财会人员考核、提出奖惩意见，对不适宜在财务岗位上工作的人员，财务主管可向上级部门提出调离财会岗位。

（2）财会人员交接班管理。会计人员工作调动或离职，必须与接替人员办理交接手续，没有办理交接手续的不得离职。

会计人员离职前，必须将本人所管的会计工作全部移交清楚，接替人员必须认真做好接管移交工作，并继续办理移交未了的事。

① 会计人员移交手续前，必须做好下列工作：已经受理的经济业务，尚未填制的会计凭证，应填制完毕；尚未登记的账目，应登记完毕，并在最后一笔金额后加盖印章；整理应移交的各项资料，对未了事项要写出书面材料。

② 编制移交清单，列出应该移交的凭证、账表、公章、现金支票、文件、资料和其他物品。

③ 会计人员办理移交，必须有监交人员负责监交。一般会计人员交接，由财务主管监交；财务主管交接，由院领导监交，必要时由上级主管部门派人监交。

④ 移交人员要按照移交清单，逐项移交，接替人员要逐项核对。0现金、有价证券必须与账本余额一致；不一致时，移交人要在规定期限内负责查清补齐。

会计凭证、账本、报表和其他会计资料必须完整无缺，不得遗漏；如有短缺要查明原因，并在移交清单中注明，由移交人负责。银行存款账户余额必须与银行对账单相符。各种财产物资和债券债务的明细账户要与总账有关余额核对相符。

⑤ 交接完毕盖章。移交清单应一式两份，交接双方各执一份留存。

⑥ 接替的会计人员应继续使用移交账本，不得自行另立新账，以保持会计记录的连续性。

⑦ 财会人员临时离职或因事因病不能到职时，财务主管或院领导必须指定人员接替或代替。

（3）账号管理。所有银行账号均由财务部门归口管理，院内其他独立账号都要接受财务部门的监督、检查和业务指导，严格按照规定的业务范围开展工作，并按时向院领导上报会计报表。

（4）现金管理。

① 严格执行国务院颁发的《现金管理暂行条例》，加强现金使用管理，现金必须符合以下使用范围：支付员工工资及各项津贴；个人劳务报酬；根据国家及主管部门和院规定发给个人奖金及劳保福利；出差人员差旅费；转账结算起点以下的各种零星开支；需要支付现金的其他支出。

② 现金收付管理包括收入现金管理和支出现金管理。设置"现金日记账"，出纳员根据稽核过的收付款凭证办理现金收付，并按业务顺序逐笔登记现金日记账。每日终了，结出现金余额，并与库存现金实际数核对相符，现金收支必须做到日清日结。养老服务机构现金管理中，绝大部分是老人入住费用。应做到以下几点：

第一，入住收费应有标准及相关管理制度，并严格按照收费标准和收费管理制度核收老人的床位费、护理费、伙食费、医疗服务费和其他服务费用。

第二，每次收取费用要向老人及亲属开具凭证，必要时打印详细收费清单。老人对收费存有疑问时，要热情接待查询，耐心逐项解释，不得拒绝，确实存在工作疏忽或错收、重复收取应及时纠正，并向老人及亲属当面致歉。

第三，老人逾期未缴费，要及时向老人所在科室、住区下发收费催缴通知单，督促老人及亲属及时缴费。

第四，老人出院、转院或去世，要及时为老人和/或亲属办理结账业务。

第五，开办老人现金代保管业务的养老服务机构，应当面点清，辨别钱币真伪，并向老人开具代保管凭据。老人支取现金，不论金额大小，都要予以办理，并当面点清。

第六，已建立养老服务机构信息化管理系统的养老服务机构，财务人员要及时将老人入住和服务费用录入养老服务机构信息化管理系统，以备老人及亲属上网查询。

③ 库存现金不得超过银行核定的限额。

④ 严禁以各种"白条"抵充库存现金，任何人不得虚报用途领取现金，不得私用公款。

⑤ 转账结算起点以上的经济往来，必须用转账支票支付。

⑥ 单位大宗采购，不得用现金支付。

⑦ 现金提存必须用专车，由两名以上财会人员办理，提存现金的车不能搭乘他人，不

得绕道办理其他事情。

⑧ 库存现金不得两人同时保管，金库钥匙、密码不得让第二人掌握，限额以上的现金必须及时存入银行，遇节假日，要对金库进行查封。

⑨ 财务主管要定期检查金库。

（5）支票管理。

① 凡在本市购买物品，支付劳务费、修理费、加工费及运费等项目的，结算使用支票。

② 限额以上的开支用现金支票支付，限额以下的开支以现金方式支付。

③ 支票有效期为10天（签发月除外），到期日遇节假日顺延，签发支票必须用黑色签字笔。

④ 借支票必须填制转账支票借用单，写明借款单位、用途、最大限额、预计报销时间和借款人等，由主管领导签字后，方能借支，否则财务部门不予办理。对于无预算的项目，财务部门不予借支。

⑤ 支票必须在7天内报销，超过7天因特殊原因不报销者应主动到财务部门说明情况，否则财务部门将停止对借款单位的借款。

⑥ 一律不准出租、出借支票或转让给别的单位和个人使用，支票原则上谁借谁报，不允许代借代报，借支票人丢失支票，必须在当天通知财务部门，并按比例扣发奖金。

⑦ 财务主管应定期或不定期地对借支票情况进行检查，出纳应于每周五向财务负责人通报账号存款情况，以便发现问题，及时采取果断措施。

二、养老服务机构的后勤支持管理

养老服务机构后勤支持是养老服务机构管理的重要组成部分，是为养老服务机构服务的顺利开展所提供的各方面的支持与配合。养老服务机构后勤工作是养老服务机构正常运行的必要保证。

（一）养老服务机构后勤支持的特点和要求

1. 养老服务机构后勤支持的特点

养老服务机构的服务不同于宾馆、酒店的服务，它有着自身的特点：养老服务机构的服务是一种以护为主、医养结合的综合性活动。同时，养老服务机构服务更多地具有福利性和个性化，在服务中更注重照顾老人的特殊性。正是由于养老服务机构的这种特性，决定了养老服务机构后勤支持必须具备与之相适应的特点。

（1）先行性。后勤支持是养老服务机构运行的物质基础，这决定了养老服务机构后勤必须具备先行性。所谓先行性是指，事前应该做好工作，在这里，养老服务机构后勤的先行性体现在养老服务机构各项工作都要求后勤支持先行一步。比如，在养老服务机构建设时，需要先选择建设地址，购买符合老年人特点的设施与设备；在开业前，必须事前制订好护理、服务计划，做好设施、设备检修；在不同季节中要做好季节性工作，如做好防暑、防寒等工作。上述这些工作都说明，后勤部门需要走在前面，为养老服务机构接下来的各项工作打好扎实的基础。

（2）全局性。后勤支持涉及养老服务机构内所有人和事的方方面面，关系到每个成员的工作、学习与生活，是一项全局性的工作。后勤支持是养老服务机构一切工作的物质基础，这就要求后勤支持必须具有全局性，必须从养老服务机构的整体视角出发来处理问题。养老服务机构的一切后勤工作都必须围绕着养老服务机构的整体工作目标来展开，要顾全大局，从整体发展出发，不能片面、孤立地处理问题。总体来说，后勤支持应当考虑到养老服务机构的基本建设和条件、财产管理、事务性工作管理、员工生活福利以及老人膳食管理等多个维度的工作，并且使这些维度的工作能够协调有序地进行，形成一股合力，朝着养老服务机构发展的终极目标共同前进。

（3）服务性。从本质上看，后勤支持就是服务工作，不仅要为老人服务，还要为员工、养老服务工作服务。养老服务机构后勤支持的服务性强，也较全面。这种强服务性和全面性主要体现在如下两个方面：

① 对老人的服务。老人的身心情况具有不同特点，因此，必须针对老人的不同需求，提供相应的服务。

② 对员工的服务。对员工的服务主要包括：提供必备的养老服务工具和设备、提供良好的工作生活环境、照顾他们的精神感受、提供良好的福利待遇等。后勤工作的服务性与先行性紧密相连，密不可分。如果没有先行性，就不可能有服务性，因为只有在先行性指导下的服务才能发挥其最大功用。

（4）政策性。后勤支持涉及面的广泛性，决定了它必须对养老服务机构高效运行的相关国家政策、制度有深刻的理解与把握。同时，为了保障养老服务机构的有效运行，养老服务机构必须建立起自己的相关制度，使活动有法可依、有章可循。比如，养老服务机构的收费制度、财务管理制度、员工津贴制度、服务制度和护理制度等，这些不仅涉及国家颁布的政策法规，同时也需要养老服务机构根据自身的需要进行相应的规划与设计。由此可见，政策制度是后勤工作顺利开展的依据与标准，是检查后勤工作好坏的参考指标之一。

2. 对养老服务机构后勤支持的要求

养老服务机构后勤支持是服务性工作，既繁琐又复杂。这要求后勤工作者在工作中必须合理地利用人、财、物等资源，使有限的资源能够发挥最大的效益。因此，后勤人员要具备"五心"：爱心、责任心、耐心、恒心和细心。综合来说，为了使后勤支持工作能够发挥最大功效，应当做到如下六点：

（1）树立为老人生活服务的思想。养老服务机构的设立目的就是促使老人健康、愉悦地生活。老人养老质量的好坏是养老服务机构能否持续生存的关键。由于老人身心特点，我们在为老人提供后勤服务时，应当提供有针对性的服务。树立为老人服务的思想，不仅要求养老服务机构后勤人员应当掌握相应的专业知识，还需要他们真心地关爱老人，全心全意地为老人的生活与身心发展服务。

（2）树立为员工服务的思想。员工是养老服务机构的工作人员，是养老服务机构运行好坏的决定因素之一，是养老服务机构的人力资源。员工是养老服务机构服务的主要提供者，也是进行养老服务的主要工作者。他们对生活和工作环境、工作条件的满意程度直接影响着其在养老服务工作中的积极性、主动性。因此，在后勤工作中，对工作人员必须像对待家人一般，使他们在养老服务机构中感受到家的温馨。养老服务机构后勤应该最大限度地满足他们在生活、工作中的基本要求，为他们提供轻松、温馨的工作环境，使他们能够专心致志地投入到养老护理服务工作中来。

（3）健全后勤管理制度。"没有规矩，不成方圆"，只有有章可循、有法可依，工作才能不偏离目标，并且有效地开展下去。因此，制度是任何一个组织顺利运行的保证。同理，如果没有一套良好的组织制度作为指引，养老服务机构内的后勤工作必将出现杂乱无章的局面，工作势必无法稳定有序地开展。因此，制定并不断地完善和健全后勤管理制度，是做好后勤支持工作的开始。利用后勤管理制度，可以使养老服务机构的各项后勤工作的基本程序和对后勤人员的要求系统化，从而使得养老服务机构的后勤管理能够朝着更完善、更科学、更人性化的目标前进。

此外，后勤管理制度的建立必须考虑到目的性、可行性、简明性与严肃性等基本原则。

（4）加强后勤工作队伍建设。养老服务机构的后勤支持工作是通过对人、财、物等的综合运用与管理来进行的，但后勤工作目标必须通过人来实现，因此，加强后勤工作的队伍建设是后勤管理的一项重要内容。在后勤工作队伍建设中，我们不能只注重人员的数量，更要注重工作队伍的质量，即队伍人员要精而优，其目的是要建立一支素质优良且精干的队伍。后勤队伍良好的素质不仅取决于后勤工作人员的体力状况，更重要的是思想上的觉悟。首先，后勤工作人员必须热爱自己的本职工作，不断提高自身的素质，内容包括从谈吐、衣着到专业知识和技能等。同时，还必须具备吃苦耐劳的品质，因为养老服务机构的后勤工作非常繁琐，这就要求后勤工作人员必须细心、耐心、能够吃苦。总之，一支高素质的后勤工作队伍是高效后勤工作的关键。

（5）坚持勤俭办院的方针。勤俭节约自古以来就是中华民族的优良传统，管理好一所养老服务机构同样也需要勤俭节约。所谓勤俭并不是说一切从简，而是指要把钱花在刀刃上，要抓住重点，即要使得所花的每一笔钱都能取得最大的效益。当前，有的养老服务机构，特别是公立养老服务机构浪费十分严重，这种浪费不仅包括没有遵循"成本-效益"原则所造成的浪费，还包括有些养老服务机构管理者不懂老人身体情况，花费很多金钱买了或建设了老人无法利用的设施、设备。

（二）养老服务机构后勤支持体系

1. 建立养老服务机构后勤支持领导体系

后勤支持是养老服务机构服务工作顺利进行的保证，是进行养老服务机构所有工作的物质基础。然而，后勤工作的功能必须在一套完整的工作体系的引导下，才能得到充分的实现。因此，为了更好地开展后勤工作，养老服务机构必须从系统论的角度出发，将养老服务机构看成一个内外统一、循环开放的系统。

一个组织的工作效率如何，与它的领导体制高度相关。领导不仅仅是一种职位，更是一种无形的影响力。领导体系的完善与否直接影响着组织能否有效运转，也影响着管理过程中人、财、物的使用情况。更为重要的是，领导体系的合理与否，直接影响着养老服务机构对人力资源的有效利用。因此，后勤部门要积极构建一个有效的领导体系。通常情况下，完善后勤支持领导体系应该做到如下几点：

（1）实行严格的岗位责任制。由于养老服务机构后勤领导体系是一个具有层次部门结构的体系，各层次部门通过分工负责来共同完成后勤组织的基本任务，因此，在构建后勤领导体系时，需要对每个岗位的具体职责进行清晰的界定，实行岗位责任制，明确每个人的职责，要责任到人。只有责任具体到人，养老服务机构后勤管理才能既有效率，又有针对性。只有实行岗位责任制，明确各工作人员职责，才能了解养老服务机构后勤工作安排中的空白地带，防止事情发生时出现"事不关己、高高挂起"，或者推诿扯皮的现象。一个好的领导体系必然要求实施岗位责任制，这样才能使得事事有人做，事事有人负责，才会激发养老服务机构后勤部门工作人员的工作动力，以使其更好地履行自身的工作职责。

(2) 选择合适的领导者。对于养老服务机构的后勤支持部门来说，要使得后勤工作能够真正发挥为养老服务机构的老年人服务，提供全方位支持的功能，就必须选择能够以实现养老服务机构发展目标为己任、以促进养老服务事业健康发展为理想的领导者。后勤支持工作的领导者除了必须具备和养老服务机构发展目标相一致的理念外，还应具备诸如较高的文化素养、热爱本职工作、认真负责、关心爱护老人、吃苦耐劳、勤俭节约等基本素质。

当然，更重要的是，后勤工作领导者必须懂得后勤工作和养老服务工作规律。只有在规律的指导下开展工作，才能取得事半功倍的效果。

(3) 树立领导者服务意识。服务性是养老服务机构后勤支持工作的基本特性。在养老服务机构后勤支持工作体系中，必须高度重视服务意识的培养和树立，使后勤领导者们也能意识到，提供服务是他们的基本职责。在提供服务时要从"心"出发，做到真心实意。此外，在培养领导者服务意识时，要使他们意识到，他们所提供的服务，不是对养老服务机构上层领导的服务，而是对全院所有相关事和人的服务，如对老人的服务、对后勤膳食的服务、对养老服务事业的服务，以及对后勤部门普通工作人员的服务。

2. 建立养老服务机构后勤支持服务体系

养老服务机构后勤支持工作的核心就是服务，后勤支持部门在实践中必须为老人、家长和员工提供全方位优质的服务，并且把服务当作一种习惯，逐步健全后勤支持体系。养老服务机构后勤服务体系主要包括为老人服务的体系和为员工服务的体系。

(1) 完善老人服务体系。养老服务机构的开办目的就是促进老人的健康，使老人愉悦地度过人生最后的时光。为老人服务是养老服务机构所有工作的中心，因此，养老服务机构后勤服务体系中，为老人服务是一项非常重要的内容。根据老人的身心特点，后勤支持部门应该为老人提供的服务主要包含如下三个方面：

① 为老人提供合理的养老服务设施。对老人开展的服务活动，必须利用一定的房舍、设施和设备才能开展，因此，养老服务机构在为老人提供服务时，必须充分考虑到这些方面的因素。在房屋的合理安排和使用上，必须保证为老人提供服务的各类场所都要符合一定的标准。

养老服务机构提供设施设备产品主要分为6类：移动运输类、适老家具类、卫生沐浴类、康复器械类、医疗护理类、管理系统类。

移动运输类：担架车、移位机、沐浴转移工具、助行器、轮椅及配件。

适老家具类：床、床周边、家具、标示与扶手、生活小帮手。

卫生沐浴类：沐浴、如厕、脸盆、扶手、卫浴配件、个人卫生。

康复器械类：物理治疗、作业治疗、言语认知治疗、康复辅具。

医疗护理类：诊断与急救、日常护理、休闲娱乐。

管理系统类：安防与监控、无线紧急呼叫、信息管理系统。

② 为老人创设良好的服务环境。为了营造良好的服务环境和氛围，从客观方面来看，应从如下三个方面入手：

首先，在养老服务机构的场地管理方面，后勤部门应做到场地干净，每天都要定时打扫，及时清理场地沙石，避免老人在活动中摔跤。

其次，在室外环境的布置中，应做到干净、整洁，同时还可以开辟种植园，种些花草，为老人提供休闲的场地。

最后，营造舒适、安全的院所环境很有必要，但是，营造良好的养老服务机构精神文化环境更有必要。也就是说，养老服务机构必须为老人营造一种"家"的氛围，使老人能够以一种安心、信任的状态，在养老服务机构中生活。

（2）完善老人的饮食管理体系。对老人的膳食管理，是养老服务机构后勤工作的重要组成部分。后勤部门必须完善老人的饮食管理体系，保证老人的饮食营养、安全且健康。

首先，因为老人的身体情况，饮食有一定的差异，所以养老服务机构应根据老人的身心特点，成立专门的膳食领导小组，加强对老人膳食的管理与监督。膳食领导小组主要负责制定老人膳食计划，并监督膳食提供状况。

比如，领导小组可以根据老人身体情况，设计一日提供膳食的结构与次数，如一次正餐加一次点心，或者一次正餐加两次点心。

其次，要为老人提供健康、营养均衡的食谱。养老服务机构后勤部门应该为老人制定每周、每日不同的营养食谱，确保老人每天摄取的营养能达到国家相关标准。保证老人每天摄入的食物中所含蛋白质、脂肪、碳水化合物比例合理，各占热量的 12%～15%、25%～30% 和 55%～60%，老人每日所需蛋白质中，动物性蛋白质和植物性蛋白质要各占50%。为老人提供的食谱中必须注意干稀搭配、荤素搭配、粗粮细粮综合调剂，应该避免让老人吃甜食和油炸食品。

最后，必须严格遵守饮食卫生标准，预防食物中毒。后勤部门必须为老人提供无毒无害的食品。要严格执行国家卫计委等部门有关饮食规范要求的"五四制"，即原料到成品"四不制度"，成品存放"四隔离"制度，用具实行"四过关"制度，环境卫生采取"四定"办法，个人卫生做到"四勤"。同时坚决不能买过期、变质食物给老人食用。

（3）健全为员工服务的后勤支持体系。养老服务机构的后勤支持工作必须加强对员工生活与工作的关心，为他们提供必要的生活福利保障。具体来说，可以通过如下一些方面来健全后勤部门的员工服务体系：尽可能多地为员工的工作和生活带来便利，比如，为员工提供宿舍和办公室、配备电脑、提供实用便利的教具等；为教职员工提供较好的工作条件和环境，如为员工提供活动室，提供羽毛球器具、乒乓球桌等体育锻炼器械，使工作人员在休闲时间，能够锻炼身体，并且放松心情。

3. 建立后勤支持的资财管理体系

在养老服务机构后勤支持服务体系中有许多细分的子体系，其中养老服务机构资产、财务的管理尤其重要，这就需要建立养老服务机构后勤支持的资财管理体系。

资产、财务是养老服务机构工作开展的物质条件，后勤支持部门只有建立好资财管理体系，做到物尽其用，养老服务机构所有工作的进行才会有物质保障。资财管理体系是指对养老服务机构的资产、财务的管理所形成的体系。其中财务管理部分在后面章节我们会详细述说。下面从后勤角度出发，提出总体的建立健全资财管理体系的两点建议。

（1）安排专人保管资财。要使资财管理有效地进行，就必须责任到人，对资财进行专人保管。当责任到人后，后勤支持部门必须让资财管理员明确自己的责任与义务。具体而言，资财管理员应当做到如下几点：

① 协助养老服务机构的管理者检查、督促，对机构的资产、财产定期进行清点、核算，避免不必要的浪费。对于一些易消耗的物品的购入和领用，应该设立明细登记表。

② 必须定期对一些养老服务设施设备进行检修，保证其能安全使用。与此同时，延长

其寿命。

③ 建立损坏公物赔偿制度，这样可以提高养老服务机构工作人员爱护公物的意识。

④ 必须根据相关养老服务机构制度，专款专用，量入为出。

⑤ 必须做到一切账目有据可查，账单相符。

养老服务机构后勤支持部门还可以对养老服务机构资财采取事前、事中、事后监督的形式，对养老服务机构一切经济活动进行不同形式、不同程度的监督。

（2）完善资财奖惩体系。奖惩措施是资财管理过程中的重要手段之一，若能合理利用奖惩措施，就能极大地调动后勤员工工作的积极性。所谓"奖"，就是奖励那些对资财工作有贡献的人；"惩"，就是惩罚那些在资财工作中懒惰散漫、有过失的人。利用奖惩的目的有两个，一是使员工学会爱护公物，保护养老服务机构内的公共资财；二是提高后勤部门资财人员的工作积极性，利用经济手段来促进人力资源潜力的发挥。奖惩措施如果用得恰到好处，且用得公正、合理，可以有效地实现资财管理的目标。但是如果不恰当地运用了奖惩手段，则会带来一系列的负面作用。为了使资财管理奖惩能够更好地发挥作用，奖惩必须借助一定的量化措施，根据量化的结果来进行。因为只有做到有根有据，才会令员工信服，组织才会有威信。所以，在养老服务机构的后勤资财管理工作中，应适时地运用奖惩措施，建立完善的奖惩体系，极大地调动后勤资财工作人员的积极性，使员工养成爱护养老服务机构公共资财的习惯。

三、养老服务机构的安全管理

不论是养老服务机构，还是入住老人及亲属，都不愿意看到意外伤害事件的发生。意外伤害事件首先是给老人和亲属带来了痛苦，且这种痛苦往往在相当长的时间内挥之不去。同时意外伤害事件也给养老服务机构蒙受损失。所以，养老服务机构一定要从细节出发，对养老服务机构不安全因素进行及时处理，避免安全事故的发生。如果出现了意外伤害事故，也应该及时处理。

（一）意外伤害事件概述

1. 养老服务机构意外伤害事件的概念

养老服务机构伤害事故是指在养老服务机构实施的养老活动中，在养老服务机构负有管理责任的院舍、场地及其他休养设施、生活设施内发生的，造成自费养老人员人身伤害后果的事故。

一般来说，构成养老服务机构伤害事故必须具备以下五个要件：一是受害方必须是在养老院养老的老人；二是必须有导致养老人员伤害事故的行为；三是导致伤害结果的原因可能是管理人员或护理人员的行为，也可能是养老人员自身及其他养老人员的行为；四是必须有伤害结果发生，导致伤、残，甚至死亡，也包括精神上的伤害，但不包括财产损失；五是伤害行为或结果必须发生在养老机构对养老人员负有管理、护理等职责期间和地域范围内。对养老人员自行离开养老服务机构外出期间发生的，以及其他在养老服务机构管理职责范围外发生的人身损害事故，应该不属于此类伤害事故[130]。

---

[130] 张岩松，徐国强. 养老机构伤害事故对策研究[J].《社会工作（理论版）》，2011（5）：61-63.

2. 意外伤害事件的类型

养老服务机构意外事件的种类很多，可以从诸多角度对其进行分类，如从性质、起因、具体内容、预知程度、可避免性等维度进行分类[131]。

（1）按起因分类。主要有意外摔跌、锐器割刺、意外坠床、意外烧烫、误食误饮异物、吞咽困难、意外爆炸、意外感染发炎、慢性病防治不当、突发疾病、自杀自残、意外矛盾纠纷、营养不良、健身不当、意外中毒等十余类意外事件。

（2）按来源分类。可分为内生型意外事件和输入型意外事件。如老人之间矛盾纠纷、老人与护理员矛盾冲突、食物中毒等，这些由养老服务机构系统内部某些因素发展失衡造成的属于内生型意外事件；外部环境污染或疫病传入、凶手闯入养老服务机构造成老人伤亡等则属于输入型意外事件。

（3）按内容分类。主要有自然灾害类意外事件、护理服务类意外事件、医疗卫生类意外事件、安全事故类意外事件、矛盾纠纷类意外事件等。

（4）按可预知程度分类。可分为易预测的意外事件和难预测的意外事件。如营养不良、吞咽困难、慢性病防治等均是相对比较容易预知的意外事件，意外摔跌、坠床、锐器割刺、自杀自残、意外矛盾纠纷等就是比较难甚至是无法准确预知的意外事件。

（5）按可避免性分类。可分为有可能避免的意外事件和无法避免的意外事件。如通过定期对老年人进行体检和健康评估、合理设计老人无障碍生活设施、定期给老年人心理疏导和人文关怀等都可以一定程度上避免一些意外事件的发生，而对于难以避免的一些意外事件，则可以通过建立健全预警系统和应急预案，以求能第一时间主动积极应对意外事件，尽量减少和降低事件损失。

3. 养老服务机构伤害事故的特点

养老服务机构的服务是一种特殊的长期照料服务，涉及生活照料、医学护理、心理疏导、康复训练等服务形式，服务对象是在社会关系中处于相对弱势的老年人，是一个特殊人群。因此，养老服务机构伤害事故呈现出如下特点：

（1）伤害事故发生频率高，种类多样。养老服务机构是一个高风险的行业，入住养老服务机构的老年人大多数是具有一些特殊背景的老年人，或者因为生理功能的衰退，无法实现自我照料，或者因为社会或家庭因素，无法继续在家庭或社区中居住养老，他们对服务的要求很高。同时，机构照料服务是24小时不间断的，大量老年人集中入住在一个相对封闭的环境，管理服务稍有不慎，就可能出现伤害事故。由于养老服务机构伤害事故的原因、范围、造成伤害的表现等不同，而呈现出不同的类型。根据养老服务机构行业内部归纳，目前养老服务机构内经常发生的伤害事故大致有骨折、走失、摔伤、烫伤、自伤、他伤、自杀、噎食、猝死等九类，其中最为普遍的养老意外伤害是骨折。据统计，养老服务机构中跌倒骨折占到伤害事故的70%～80%。相对少见的有火灾、他伤、自杀等。欺负、虐待、谩骂等侵犯老人权益的行为也可能导致事故，且较容易引发矛盾和纠纷。

（2）伤害事故责任主体多样，责任难以认定。养老服务机构伤害事故责任主体多样，既有机构管理服务过失、疏忽、不当以及因歧视造成的故意伤害或虐待，也有第三方造成的伤害事故，也有老年人的自我伤害事故。养老服务机构中的服务大多数是一对一、一对几的人为服务，服务过程及质量难以记录和衡量，再加上许多老年人年事已高，行为能力、认知能力都已经衰退，一旦发生纠纷双方举证都很困难，事故责任难以认定。

---

[131] 邹华，凤领. 养老机构意外事件分类研究[J]. 老龄科学研究，2014（3）：65-70.

(3) 伤害事故使养老服务机构处于不利地位，不堪重负。养老服务机构老年人伤害事故中，交织着经济、道德、伦理、法律等多个层面的关系，因而往往使事情复杂化。各方面对机构内事故发生的认识分歧、法律法规不健全及个别司法处理有失公正等原因，导致事故处理不正常、不合理的现象时有发生，使养老服务机构处于不利地位。伤害事故发生后，非养老服务机构的责任事故会被当作养老服务机构的责任事故来对待，受害人及其家属往往无视养老服务机构责任大小，"狮子大开口"，开出"天价"，一旦形成诉讼，法院在赔偿数额问题上，因无确切的法律规定可循，判决可能失当。

养老服务机构作为政府扶持发展的服务行业，成本高，利润低，并不具有很强的支付能力。对于许多养老服务机构来说，高额的赔偿就像一场噩梦，一次就可能会造成一个成立多年的养老服务机构一蹶不振甚至倒闭。

(4) 伤害事故影响大，甚至危及行业的健康发展。养老服务机构频发的伤害事故，特别是养老服务机构在无过错的伤害事故中无辜付出高额赔偿，管理者、服务人员受到各种处分和指责，加之有的新闻媒体对事件不负责任的宣传报道造成的社会舆论压力，使养老服务机构存在畏难惧险的心理，为了保护自身而变得过分慎重，有的养老服务机构拒收病、残、高龄及有意识障碍等事故风险相对集中的高危老人；有的对组织老人参与社会活动及实施康复活动等多采取回避的态度，次数减少，简单从事。这些明哲保身的做法较大程度地影响了入住老人的生活质量，也严重影响到养老服务机构整个行业的健康发展。

（二）影响入住老人安全的相关因素

影响入住老人安全的因素极其复杂，包括内在原因和外部原因[132]。

1. 内在原因

包括老人自身的原因和养老服务机构的内在原因。

(1) 老人自身原因。

① 生理因素。入住养老服务机构的老人平均年龄在75岁以上，不可避免地存在着组织器官机能衰退，并且这种衰退还将随着年龄增长而不断恶化，成为影响老年人晚年生活安全的最大因素。

老年人的视力、听力、嗅觉、皮肤感知觉能力降低，体力、耐力、平衡能力、反应力减退，使得老年人维持身体平衡、规避风险的能力显著降低，从而成为引发意外伤害事件的高危人群。许多老人跌倒、烫伤、骨折等意外伤害都与老年人肢体与脏器功能衰退有关。

② 疾病因素。入住养老服务机构的老人多伴有各种类型的急慢性疾病。疾病加速了生理性衰老，使老人肢体和脏器功能每况愈下，更加增加了晚年生活的不安全因素，使疾病发作、意外伤害事件发生的概率剧增。例如，糖尿病老人突发低血糖昏厥、摔倒，高血压病老人体位突然改变而引发的直立性低血压摔倒，并引发骨折、中风等。

认识到影响老年人安全的生理、疾病因素后，要求养老服务机构的工作人员应当对入住老人倍加呵护，多观察、多提醒和多搀扶，以防意外发生。

③ 社会心理因素。入住养老服务机构的老人，由于长期远离社会，心胸变得狭窄，心理十分脆弱，容易想不开、产生偏激，这些也为养老服务机构入住安全留下隐患，甚至引发恶性事件。例如，入住老人在日常交往、交谈或下棋、打牌过程中，容易为丁点小事或输赢发生争执，轻者不欢而散，留下心里不快，重者可发生肢体冲突，大打出手，造成伤害，这

---

[132] 陈卓颐. 实用养老机构管理[M]. 天津：天津大学出版社，2009：137-146.

在养老服务机构并非少见。此外，家庭矛盾、抚养经济纠纷和遗产分配纠纷也常常触发老人意外伤害事件，例如，某老人与前来看望的女儿因为抚养费问题而发生争执，女儿离开时也未告诉护理人员（在此之前，女儿每次探访离开时都会告知护理人员）。其走后不久，老人即从二楼翻窗跳下，造成腿部骨折。再者，极度孤独寂寞的老人，或缺乏亲情关爱和精神慰藉的老人，也极易产生轻生的念头，甚至引发恶性事件。

（2）养老服务机构内在原因。

① 硬件设施因素。由于养老服务机构硬件设施不完善、不规范、不配套，而给入住老人留下安全隐患。例如，地面没有经过防滑处理，房门设有门槛，走廊、厕所等处没有安装护栏，室内采光过暗，该有灯的地方没灯、该有铃的地方没铃，不安全的地方没有安全措施和警示标志，等等，都为老人居住生活留下安全隐患。

② 人员素质因素。目前我国绝大多数养老护理人员是没有经过专业培训的民工或下岗职工，不具备上岗服务资格与条件，他们除了能从事洗衣、做饭等一些基本照料事务外，对老年人的需求、身体、心理变化以及疾病护理知识知之甚少，更缺乏安全防范意识。这样的员工素质必然增加了意外伤害事件发生的概率。

③ 管理因素。加强管理可以在一定程度上弥补硬件设施上的缺陷和员工素质上的不足，而疏于管理，即使再好的硬件设施也会发生意外伤害事件。管理上的漏洞主要表现在制度不健全，管理不到位，不能保障老人的入住安全。

2. 外部原因

养老服务机构处于社会环境之中，社会中的各种动态都会直接或者间接地影响到老年人的生命健康。这些原因主要以输入性为主，例如由于外部环境污染或传染病的传播导致老年人罹患疾病、凶手闯入养老服务机构造成老年人伤亡、老年人家属在养老服务机构内对老年人进行虐打等均属于此类。

（三）意外伤害事件的防范措施

尽管造成入住老人意外伤害事件的原因是多方面的，但是至少有80%以上的意外伤害事件是可以预防和避免的，因此，意外伤害事件的防范就显得极为重要。

1. 建立和优化伤害事故的防范机制

对养老服务机构来说，为老人提供良好的服务就是最有力的自我保护和事故预防措施。因此要注意改进服务，加强管理，建立和不断优化伤害事故的防范机制[133]。

（1）严格执行民政部和地方颁布的相关规定和标准，努力提高护理人员的技术水平和护理质量，加强护理工作流程的管理，健全老人入住管理制度、护理等级评定制度、健康管理制度、员工管理制度、岗位职责及服务规范和操作标准等养老服务机构的各项规章制度，确保消防、食品、医疗服务、环境设施等各类安全措施的落实。任何一个服务环节、过程管理缺失或疏于管理，都有可能为入住老人日后的安全埋下隐患。此外，好的制度需要认真贯彻，需要加强监督，否则再好的制度只能是一种装饰、摆设，不能发挥应有的作用。

（2）强化与社会、老人和其亲属子女的宣传、沟通与思想交流，增强亲和力，对老人在养老服务机构内极易发生的伤害事故应先告知，耐心解释，以得到社会、亲属和老人对老年服务工作的理解和体谅，理性地看待伤害事故的风险，营造健康的舆论氛围和和睦的

---

[133] 张岩松. 养老机构伤害事故的预防与处理[J]. 中国老年学杂志，2012（11）：5084-5086.

休养环境。

(3) 在新建、改建和扩建中严格执行养老服务机构的设计和施工规定和标准，要充分考虑老年人的生理特点及其对设施、设备和场地的特殊要求，并且定期检查，消除隐患，以最大限度地减少伤害事故的发生。

(4) 增强全员的法律意识、安全意识和自我保护意识，加强对管理人员和广大护理人员的法律法规及业务的培训，规范护理环节的书写记录。加强安全教育和宣传，提高防范意识，针对发现的安全隐患和苗头，予以认真分析原因，总结经验和教训。尽量制定详细合理的协议书，对老人及家庭的个案情况，在协商一致的基础上，补订相应的条款，作为协议的附件，以减少纠纷的发生。

(5) 要引进思想品德、文化素质、身体健康的高素质老年养护专业人才，落实养老护理员持证上岗，坚决把那些思想道德败坏、服务质量低劣的员工清除出去。

(6) 有条件的养老服务机构可以安装监控设备，给老人配备呼救系统，以便及时发现问题，及时排除事故隐患。

(7) 对各类业内经常发生的伤害事故制定应对措施，建立事故处理预案。主要包括：最快时间赶到老人所在现场进行救护和保护，避免老年人受到二次伤害；立即通知医务人员等赶赴现场，视情况紧急处理；尽快通知老年人的家属； 若情况危急速打急救电话 120；及时对此事件进行分析，如有养老服务机构自身原因，应及时进行改进，避免造成类似事件的再次发生。

2. 积极处理意外伤害事故纠纷

意外伤害事件发生后容易引发矛盾与纠纷，解决的办法是调查、调解和诉讼。然而，目前我国养老服务机构相关法律法规制度不健全，还没有专门的养老服务机构意外伤害事件处理办法，因此，在意外伤害事件发生后，没有一个规范的处理程序与事故鉴定机构，这给养老服务机构处理意外伤害事件引发的纠纷带来了困难。

(1) 把握意外事故纠纷处理步骤。一旦发生老人伤害事故，要采取积极的处置措施，其主要程序如下：

① 养老服务机构发生伤害事故后应立即启动应急预案；

② 第一时间向主管部门报告情况，并做好稳定工作；

③ 及时成立事件调查小组，确定专人组织调查，保留第一手资料（原始记录），保护现场或保留物样，不擅自为事故定性，并写出事故报告；

④ 召开老年人以及相关人员会议，通报事件经过，并进行安全再教育，稳定老年人情绪，做好事故后稳定和秩序维护工作；

⑤ 养老服务机构工作人员必须坚守各自岗位，未经允许，不得擅自发布误导信息，共同做好维护稳定工作；

⑥ 认真分析事故发生的原因、责任以及所产生的后果，对照目前养老服务机构的基本情况，进行必要的整改，避免类似事件的再次发生。

(2) 做好家属与媒体接待。

① 家属来访与接待工作。事故发生后，养老服务机构要做好家属的来访接待工作，与受害人及家人要妥善协调。养老服务机构要以科学的态度，及时认真地做好事故调查与调节工作，做到坚持原则，不徇私情，不护短，不息事宁人。要牢固树立服务思想，无论对错，不要相互埋怨，而应更加尽力地把服务工作做到位，冷静、耐心、细致地与老人家属进行沟

通，力戒受害人家属过激等行为的发生，避免矛盾激化。

② 谨慎处理与媒体的关系。要注意谨慎接受媒体采访，派专人接待新闻记者，对其的介入持积极肯定的态度，做到实事求是，出言谨慎，不知道的不说，知道的不乱说，坦诚地与新闻媒介沟通，避免不利报道。

(3) 要学会依法维权。

① 依法进行责任认定。养老服务机构要依法对伤害事故的责任进行认定，分别明确养老服务机构的责任、养老人员发生伤害事故的责任以及第三方的责任，如果确认养老服务机构由于自身过错而必须承担法律责任，养老服务机构应正确对待，绝不回避，更不能逃避责任。养老服务机构是否承担赔偿责任，主要看其是否有过错。如果养老服务机构已履行了相应职责，行为并无不当的，就不应该承担法律责任。如地震、雷击、台风、洪水等不可抗力造成的；来自养老服务机构外部的突发性、偶发性侵害造成的；养老人员有特异体质、特定疾病或者异常心理状态，养老服务机构不知道或者难以知道的；养老人员入院时隐瞒特定疾病的；养老人员的身体状况、行为、情绪等有异常情况，养老服务机构已经告知其亲属的；养老人员的亲属在接送其途中发生意外伤害的；养老人员自行外出发生意外伤害的；养老人员之间发生的伤害；等等。这些在福利机构管理职责范围外发生的或者其他意外因素造成的伤害，养老服务机构就不应承担责任。

② 依法进行赔偿。需要养老服务机构承担责任的事故，在赔偿问题上，养老服务机构要注意依法进行：赔偿费用应是法定范围之内的、必要的、合理的，与救治伤害事故无关或其他不合理的费用，养老机构有权拒赔；在赔偿处理中，受害人可能会提出一些无法律依据或不合情理的要求。这就要根据责任大小适当予以经济赔偿；赔偿应充分考虑养老服务机构的性质及可能带来的社会影响。

③ 事故处理结束后要及时报告。养老服务机构应将事故调查处理的结果书面报告地方民政部门，重大伤亡事故的调查处理结果，还应向同级人民政府和上一级民政部门报告。

(4) 其他需要注意的问题。

① 注意查看老人入住协议和补充协议。老人入住时都会与养老服务机构签署入住协议，入住时间长、健康状况发生变化时，为规避服务风险，养老服务机构还会与老人和亲属签署一些补充协议。这些协议是处理意外事故纠纷的有力法律依据，它明确了老人入住期间可能发生的意外、处理方法以及免责条款。只要养老服务机构认真履行了服务协议，无过错，就应当据理力争，维护自己的合法权益，反之，如果在服务过程中确实存在着一些疏忽、过失，则应勇敢地承担起相应的法律责任，以维护老人的合法权益。

② 病历、护理记录及原始资料的保管及现场处理。病历、健康档案及护理记录是医疗及护理过程中最原始、客观、真实的材料，对意外事故纠纷的处理有着重要作用。在纠纷发生前，一般不存在病历、健康档案、护理记录虚构的问题，最大的可能是记录不完整，一旦发生纠纷，情况就可能发生变化。病历、健康档案、护理记录及相关资料应妥善保管，或移送指定部门封存保管，以避免丢失、抢夺、涂改、伪造、销毁的事件发生。亲属如需复制病历、健康档案、护理记录等相关资料应按照正规程序办理复印手续。

在发生意外事故纠纷之前，医护人员正常补记抢救及护理记录不属涂改范围。当发生意外事故纠纷之后，如发现原记录有差错或笔误，可在一定场合说明，但不能再修改原有记录。

③ 现场维护及物证保管。对老人抢救的现场、死亡后的尸体，如条件允许应尽量让死者亲属目睹现场，由有关人员做好现场整理和记录后，将尸体移送殡仪馆保存。对于住院

期间发生的自伤、自杀、他杀，医护人员一旦发现后，如有抢救希望，应立即组织现场抢救，此时，移动老人并非是破坏现场，这种行为是合法的。若老人无救治的可能，暂时不应移动，可由公安部门勘查现场。对可能使老人致伤、致残、致死的物品要妥善保管，残留药液、血液、呕吐排泄液要留样备查。

四、安全管理体系设计及运行

养老服务机构安全管理的体系设计和运行，要求养老服务机构根据养老服务机构的特点和民政部《养老机构安全管理》的规范，进行合理设计，确保安全管理的内容能够包含养老机构的所有服务和日常运行。

（一）养老机构安全管理体系建设

安全管理体系，顾名思义就是基于安全管理的一整套体系，体系包括软件和硬件方面。软件涉及思想、制度、教育、组织、管理；硬件包括安全投入、设备、技术、运行维护等。构建安全管理体系的最终目的就是实现企业安全、高效运行。按照《养老机构安全管理》的规范，它包括：安全管理部门及职责、安全管理人员要求及职责、安全管理制度、意外事件报告制度等内容。

养老服务机构安全管理体系的要求如下。

（1）安全管理部门及职责。养老服务机构的安全责任人应是机构法定代表人或主要负责人。养老服务机构应依法建立安全管理部门，安全管理部门由安全责任人、安全管理人员、相关部门和具体实施安全工作的专（兼）职人员组成，逐级负责本机构的安全管理工作。

（2）安全管理人员要求及职责。

第一，养老服务机构应按照机构总人数及服务内容配置相适应的专（兼）职安全管理人员。

第二，安全管理相关工作人员应熟悉国家和地方安全管理相关的法律法规及技术规范，并取得相关部门认可的资格证书，持证上岗，具备必要的组织协调能力和突发事件应变处置能力。

第三，安全责任人应全面负责本机构的安全工作，依法开展安全管理工作；建立安全管理部门和组织（含义务消防组织）；审查批准安全制度，组织制定并实施安全事故应急预案；定期研究、督导安全问题；及时、如实向上级主管部门报告安全事故。

第四，安全管理人员应负责本机构主管范围内的安全工作；负责制定安全管理制度和年度安全工作计划，组织实施日常安全管理工作；督促、落实隐患整改工作；定期向安全责任人报告安全工作情况，及时报告涉及安全的重大问题。

（3）安全管理制度。养老服务机构应遵守国家法律法规要求，建立健全各项安全管理制度。制度应包括：

第一，安全责任制度。安全责任制度是根据我国的安全生产方针"安全第一，预防为主，综合治理"和安全生产法规所建立的。具体到养老服务机构就是指各级领导、职能部门、专业技术人员、工勤人员在为老服务过程中对安全层层负责的制度。安全责任制度是岗位责任制的一个组成部分，是企业中最基本的一项安全制度，也是企业安全生产、劳动保护管理制度的核心。

第二，安全教育制度。为确保养老服务机构的安全服务，提高全员的自我保护和保护老人意识，在员工中牢固树立"安全第一"的思想，使员工懂得安全服务的基本知识，掌握安全服务的操作技能。主要包括：安全工作涉及的法律法规和规章，本部门或岗位的安全管理制度和操作规范或规程，设备设施、工具和劳动防护用品的使用、维护和保养知识，安全事故的防范意识，应急措施和自救互救知识，应急预案的演练，法律法规规定的其他内容。

教育与培训的组织实施应符合下列要求：

安全责任人负责对安全管理人员的教育和培训，使之全面掌握养老服务机构安全监测、控制、管理的理论、专业知识和技能，并能指导实际工作；

安全管理人员应组织本机构工作人员的安全教育和培训，使之掌握安全知识和相关安全技能；

应对老年人进行重点安全问题预防知识教育；

可采取多种形式进行安全教育和培训；

应对教育和培训效果进行检查和考核。

接受教育与培训的人员应包括：

安全责任人、安全管理人员，每年应接受在岗安全教育与培训；新员工，上岗前应接受岗前安全教育与培训，并做好培训记录；换岗、离岗6个月以上的，以及采用新技术或者使用新设备的，均应接受岗前安全教育与培训。

第三，安全操作规范或规程。安全操作规程或规范，一般是指养老服务机构中的部门为保证本部门的服务工作能够安全、稳定、有效运转而制定的，相关人员在操作设备或提供服务时必须遵循的程序或步骤。对养老服务机构来说，操作规程一般包含土木建筑安全操作规程、电力安全操作规程、消防安全操作规程、交通运输安全操作规程、特种设备安全操作规程。

第四，安全检查制度。是指国家有关行政部门以及养老服务机构本身对养老服务机构执行安全法律进行定期或不定期的检查制度。

第五，事故处理与报告制度。事故处理与报告制度是指为了及时了解和研究事故的原因，掌握事故发生的规律，认真吸取教训，以便有效地采取排除事故的措施，保证安全生产，特制定本制度。国家在相关规定中严格限制了各类型事故的报告制度。

第六，突发事件应急预案。养老服务机构应制订应对自然灾害、事故灾难、公共卫生事件、社会安全事件等突发事件的应急预案，并结合本机构实际情况制订处置专项突发事件应急预案，宜包括火灾处理预案、食物中毒处置预案、传染病处置预案以及机构认为有必要制订的其他预案。

应急预案的内容应至少包括：指导思想、组织机构、职责分工、处置原则、预案等级、处置程序和工作要求。

养老服务机构内全体工作人员应掌握应急预案内容并履行应急预案规定的岗位职责。应急预案应至少每半年进行一次演练。

同时，应建立统一的安全突发事件监测、预警制度，完善监测、预警机制，加强对监测工作的管理和监督，保证监测质量。

第七，考核与奖惩制度。单位应该按照安全管理的要求，制定相应的考核和奖惩制度，保证安全管理的运行和落实。

（4）报告。发生意外或可能引发意外的过失行为后，应按要求逐级上报。报告程序应符合下列要求：

发现设施、服务过程或服务对象存在安全隐患，工作人员应向安全管理人员报告，安全管理人员应及时组织力量采取积极的措施，消除隐患，并向上级报告。

发生安全事故后，工作人员应立即向安全管理人员报告，并进行事故详细记录；安全管理人员应迅速向安全责任人报告；安全责任人应按照有关规定及时向上级主管部门和相关行政主管部门报告。发生重大疫情，应及时向机构属地疾病预防控制机构报告。

（二）养老服务机构安全管理具体要求

1. 设备设施安全要求

（1）消防安全。养老服务机构建筑在正式投入使用之前，应通过公安消防机关的消防验收。建筑防火设计和建筑内部装修设计及使用装修材料的燃烧性能等级，应符合国家相关要求，并设置火灾自动报警系统、自动灭火系统或室内外消火栓系统及防排烟设施。

任何部门、个人不应损坏、挪用或者擅自拆除、停用消防设施、器材，不应埋压、圈占、遮挡消火栓或者占用防火间距，不应占用、堵塞、封闭疏散通道、安全出口、消防车通道。人员密集场所的门窗不应设置影响逃生和灭火救援的障碍物。消防设施、器材应定期组织检验维修，并对消防设施每年至少进行一次全面检测，确保完好有效。

（2）电气安全。养老服务机构应正确选用各类用电产品的规格型号、容量和保护方式（如过载保护等），不应擅自更改用电产品的结构、原有配置的电气线路以及保护装置的整定值和保护元件的规格等。

选择用电产品应确认其符合产品使用说明书规定的环境要求和使用条件，并根据产品使用说明书的描述，了解使用时可能出现的危险及需采取的预防措施。

电气线路、电气设备的安装应由专业人员实施，安装完成后，依法进行检测。用电产品的安装、使用及维修应符合国家规定。

（3）燃气安全。燃气安全的管理应符合GB/T 50340—2003第5章的要求，使用燃气的设备及场所应设可燃气体报警装置。养老服务机构不应私自拆、移、改动燃气表、灶、管道等燃气设施，不应私自安装燃气热水器、取暖器和其他燃气器具。养老服务机构选择使用的燃气灶、热水器和壁挂炉等燃气器具应经有资质的检验机构检验合格，并根据产品使用说明书了解产品使用时可能出现的危险及需采取的预防措施。

（4）特种设备安全。特种设备在投入使用前或者投入使用后30天内，养老服务机构应向特种设备安全监督管理部门登记。登记标志应置于或者附着于该特种设备的显著位置。

养老服务机构应对在用特种设备进行经常性日常维护保养，并定期自行检查。应至少每月进行1次自行检查，并做出记录。在自行检查和进行日常维护保养时发现异常情况的，应及时处理。电梯维护单位应至少每15天对养老服务机构在用电梯进行1次清洁、润滑、调整和检查，并作记录。

（5）健身器材安全。健身器材的安全注意事项和警示标志应设置在活动区显著位置。养老服务机构应定期对在用健身器材进行清洁、润滑、调整、检查、维护，并作记录。发现情况异常，应及时处理。

（6）建筑安全。养老服务机构的选址及规划布局和无障碍设计应符合国家相关规定，并应对本机构建筑设施进行定期维保。

（7）安全标志。养老服务机构应对存在较大危险因素的部位和有关设备、设施设置安全标志。养老服务机构应对安全标志牌至少每半年检查一次，如发现有破损、变形、褪色等不符合要求的应及时修整或更换。

养老服务机构的安全出口、疏散走道和楼梯口应设置灯光疏散指示标志，疏散指示标志应设在安全门顶部或疏散走道及其转角处距地面高度1米以下的墙面上，且疏散指示标志的间距不应大于20米。同时在疏散走道的地面应设置蓄光型疏散导流标志，并保证疏散导流标志视觉连续。在走廊通道墙面明显处设置疏散路线示意图。

（8）监控设备。养老服务机构应设置监控设备，做到重点公共区域全覆盖。设置监控系统的养老服务机构应有监控系统控制室，并应有专（兼）职人员24小时值班；值班人员要坚守岗位，做好运行和值班记录，执行交接班制度。控制室的入口处应设置明显标志。

2. 服务安全要求

（1）食品安全要求。养老服务机构应遵守国家食品安全相关法律法规和食品安全标准的要求。建立健全食品安全管理制度，采取有效的管理措施，保证食品安全。

（2）医疗护理安全要求。养老服务机构内设的医疗机构应遵守国家医疗安全相关法律法规要求，依照卫生部门的规定，建立相应的医疗护理安全管理制度，对护理照料、医疗等重点安全问题进行监控。养老服务机构内设的医疗机构应接受卫生部门定期的监督检查。

在日常护理工作中，养老服务机构安全护理的防范措施主要有以下几项。

① 防跌倒。具体应采取以下措施来预防。

第一，不宜穿过长或过大的衣服及裤鞋，尤其是过长的裤腿会直接影响老人的行走，在走动时最好穿较合脚的布鞋，而不要穿拖鞋，穿脱裤子和鞋袜时最好坐着进行。

第二，室内布局合理，留有足够的活动空间，走动范围内的地面或地毯应保持平整，不可有任何障碍物，若是水泥或瓷砖地面，应避免积水，以防老人行走时被绊倒或滑倒。轮椅、推车使用前先锁定，防止移动。

第三，老年人用的卫生间，最好安装坐式马桶，在马桶两旁或前面设扶手，便于站立，给老人使用的澡盆不宜过高，盆口离地面不要超过60cm，以利进出，澡盆底应垫上胶毯，可避免在洗澡过程中滑倒。

第四，嘱咐老年人做事动作宜慢，如大便后、起身上下床、低头弯腰拾东西等均不宜动作过快，特别要防止猛回头和急转身的动作。在走动前要先站稳，站直后再起步，无人搀扶时最好扶拐杖。

第五，对反应迟钝，有直立性低血压者，或服用冬眠灵类药物及初用降压药物的老年病人，睡前应在床旁备好便器，如必须下床或上厕所时最好有人陪伴。

② 防呛防噎。老年人在进食时必须注意以下几点。

第一，食物的量要少，质要精，要软而易消化，以保证足够的营养。进食时病人体位要合适，情况许可应尽量取坐位或半卧位进水。

第二，进食时，应使病人注意力集中在"吃"上，不看书报，不与旁人说话，不思考与进食无关的问题，给双目失明或眼部手术的老年人喂食时，每喂一口先用餐具或食物碰一下老人的嘴唇，提醒他注意，然后再将食物送进他的口里。

第三，对吃干食容易噎的老人，进食时应适当地给点汤水，每口食物不宜过多；对吃流食经常发生呛咳的老人，应把食物做成糊状，必要时给下鼻饲。

③ 防坠床。必须给意识不清的老年病人加床挡，睡眠中翻身幅度较大或身材高大的病人应将椅子挡在床旁，或适当加宽卧床。

④ 防热伤。指导病人正确使用理疗器、热水袋，水温以70℃左右为宜，外加布套，以

防止灼伤、烫伤。

⑤防止医院内感染。具体要做到以下方面。

第一，限制探视，避免过多会客，必要时"谢绝会客"。

第二，病人之间不要互相走访，尤其患有呼吸道感染或发烧的病人不宜串病房。

第三，病室内定时空气消毒。

第四，医护人员给病人做检查、治疗及护理前后要清洁双手。

第五，长期应用抗生素的病人应防止二重感染。

第六，体质特别虚弱者应实施保护性隔离。

（3）人身安全要求。养老服务机构应遵守国家相关法律法规要求，建立相应的人身安全管理制度。对故意伤害、走失、交通安全等重点安全问题进行监控。

养老服务机构应对生活照料、日常管理、服务活动中涉及的有关人身安全问题进行安全评价，并实施有效监控和防范。

（4）消防安全要求。养老服务机构应遵守国家消防安全相关法律法规要求，建立相应的消防安全管理制度。应按照《中华人民共和国消防法》的规定建立消防安全定期检查、自查自纠及第三方评估制度。对日常消防安全管理进行安全评价，并实施有效监控。

3. 其他安全要求

（1）财产安全要求。养老服务机构应遵守国家相关法律法规要求，建立相应的财产安全管理制度。对偷窃等重点安全问题进行有效监控和防范。

（2）信息安全要求。养老服务机构应建立各类信息、档案资料保管制度。应严守国家保密法和保密守则，不泄密，不外泄个人隐私。信息应包括机构内部形成和采集的文字信息（包括老年人健康档案、管理工作档案等）、图片信息、影像信息等。收集的信息应符合真实性、准确性、全面性、时效性的原则。有专（兼）职人员负责信息管理，各类信息经过筛选和整理后，应当分类保存。重要的照片、影像等信息资料应采用适当的媒介保存。

第五章 养老服务人才培养

通过建立健全养老人才培养、评价、选拔、使用和激励保障政策措施，建立完善养老护理员职业技能等级认定制度、养老服务从业人员培训制度，抓紧建立养老服务褒扬机制，推动解决困扰养老服务发展的"招人难""用不好""留不住"等问题，进一步提升从业人员素质和发展前景。

——民政部对"关于加大养老服务专业人才培养力度的建议"的答复（民函〔2019〕676号）

中国将既是一个人口大国，也是一个老年人数居世界首位的"老龄人口大国"。我国老龄化呈现出"高速、高龄；基数大、差异大；社会养老水平低、自我养老和社会意识低"的"两高两大两低"特征。同时，人口老龄化也正呈现出老龄化水平城乡倒置显著、家庭规模缩小、传统家庭养老功能弱化和养老服务难以适应需求等特点。我国人口老龄化速度之快、基数之大、高龄人口之多是前所未有的，养老需求也正趋于个性化和多样化[134]。这些状况表明：我国养老服务事业发展的关键期已骤然到来。但是目前我国养老服务总体水平不高，养老服务机构内在发展动力不足，这很大程度上是老年服务与管理人才队伍建设滞后造成的。加强老年服务与管理人才队伍建设，大力培养养老服务人才，已成为应对我国人口老龄化的瓶颈问题和最为紧迫的问题，必须举全力加以解决。

---

[134] 陆颖. 着力人才培养 推动养老事业发展 [J]. 社会福利，2010（10）：29-30.

第一节　养老服务人才的素质要求

一、老年服务与管理人才的界定

由于老年人的需求多种多样、涉及社会的方方面面，整个社会的老年供养体系实际上包含了全方位供养老年人的经济保障、照料保障、精神慰藉保障以及制度、法律、政策、舆论、管理、思想措施等综合系统[135]。所以从广义上来讲，凡是从事老年人服务与管理工作的所有专业人员都可以被统称为养老服务与管理人才。本书所探讨的"老年服务与管理人才"是指为适应我国老龄化社会的需要，而培养的在各种老年服务专门机构从事老年人服务与管理工作的高级应用型人才。它包括在各类养老服务机构中从事老年服务与管理工作的专业人员，现有的老年服务机构中这类人员包括生活照顾人员、医疗护理人员、生活服务人员、机构管理人员等[136]。

（一）生活照顾人员

生活照顾人员主要负责为老年人提供饮食、喂食、换衣、如厕、卫生打扫、房间整理、帮助行动不便老人活动等日常生活服务，陪老年人聊天，参与、协助机构举办老年活动。生活照顾类工作人员占老年服务机构工作人员的大多数，较其他类型工作人员而言对于专业知识、技能要求不高，但要求生活技能相对熟练，具备吃苦耐劳的精神，同时能够与老年人在沟通上没有隔阂，因而实际工作中大多工作人员都是40、50岁的中年妇女。

（二）医疗护理人员

按照服务内容的专业性高低主要包括三个不同层次的工作人员：

1. 基础护理工作人员

对患病老年人医疗护理、特殊照顾，该类型工作人员需要具备一定的护理知识，能针对一些患有特殊老年疾病的老人，提供有针对性的医疗护理服务。

2. 专业医护工作人员

具备较强的医疗知识水平，能够对一些老年人易患疾病进行诊断和日常治疗，遇到突发情况，能够进行紧急处理。在日常能够对老年健康咨询进行解答，并能够根据不同老年人体检情况，采取不同措施，帮助老年人预防疾病发生。

3. 老年人康复保健师

具备专业的康复医学、保健医学、老年医学的相关知识。能够对患病或术后老年人制定

---

[135] 邬沧萍. 社会老年学[M]. 北京：中国人民大学出版社，1999：205，203，262.

[136] 马三津，范耕新. 老年服务机构工作人员服务标准分析[J]. 黑河学刊，2013（6）：184-185.

有针对性的专业康复计划,并合理利用专业器械帮助老年人恢复,科学安排身体锻炼,保障老年人身体健康。

(三)生活服务人员

生活服务人员主要包括:

1. 心理咨询师

心理咨询师帮助老年人解决心理问题,指导培训其他工作人员掌握老年人心理并运用于日常工作中。随着我国"空巢老人"现象的日益严重,老年人心理上的孤独感和寂寞感会逐渐增加,会引起许多老年心理问题,严重者会影响老年人身体健康,因此老年人心理问题需要引起我们的重视。心理咨询师负责治疗老年人心理问题的同时,更需要通过讲座等多种形式使老年人树立积极生活观念,培养良好的心态安度晚年。

2. 法律咨询人员

近年来我国公民法制观念不断提高,我国新增城市老年人平均知识文化水平从之前的小学水平已经上升到了高中水平,老年人法律意识、维权意识有了长足的进步。近年来,老年人权利受到侵害的案件明显增加,主要集中在道路交通事故人身损害赔偿、婚姻家庭、民间借贷、一般人格权、所有权确认纠纷等方面。老年人由于受到自己知识文化水平限制,需要具备专业的法律知识的法律工作者为自己解决生活中的难题。

3. 专业理财人员

现在城市老年人群有自己的退休金,工作期间也有一定的积蓄,日常开销也不大,如何通过科学理财规划,例如购买保险、债券等,使自己晚年生活更有保障,实现财务自由,需要专业理财人员针对老年人消费收入特点进行合理规划。

4. 老年教育工作者

老年大学办学目的是帮助老年人培养业余生活爱好,学习感兴趣知识,使自己晚年在精神生活上更加充实。同时也是尊重老年人的社会价值,扩大老年人社会参与的重要途径。如何对老年人工作期间积累的知识经验进行总结,为社会再创造价值,是老年大学发展的新课题。老年教育工作者需要能够在一定程度上加强老年人的兴趣爱好培养和知识学习的同时,将老年人几十年的工作经验进行总结和提炼,在给予年轻人许多教育和借鉴的同时,能够担负起联系社会上的经济组织给老年人提供再就业平台的任务,为老年人为社会创造价值提供渠道,创造老年人人力资源红利。

(四)机构管理人员

老年服务机构的良好运营发展离不开众多管理人员的参与和贡献,其中包括基本的管理岗位,例如会计人员、人力资源管理人员、销售人员等,他们需要具备自己工作领域内的专业知识,保证老年服务机构科学有效运营。同时老年服务机构也需要高级管理者,负责协调机构日常管理,制定目标规划。老年机构工作人员需要更多的组织者,组织机构内老年人进行文娱活动,例如老年人书法歌唱比赛、组织老年人旅游等,更重要的是联系机构外部人员与自身机构共同合作,为老年人提供更多的社会方面支持,例如联系志愿者服务人员为机构老年人服务,聘请医护人员为老年人进行身体检查等。这部分工作者需要很强的组织协调能力以及优秀的沟通能力,是老年服务机构需要的专业人才之一。然而当前我国老年服务机构中并没有专门的相应人才。

二、老年服务与管理人才的思想素质

作为一名养老护理服务工作者,首先应该具备良好的思想素质。它包括良好的职业道德、坚定的职业信念和切实的职业守则。

(一)老年服务与管理人才的职业道德

养老服务事业是关爱夕阳人生的朝阳产业,也是建设和谐社会不可缺少的部分。与其他人员相比,养老服务人员需要具有一定的文化、道德素养,需要有更多的爱心、关心和耐心。

对任何一所养老服务机构而言,从业人员对老人的关爱和人性化的管理服务是其盛衰的关键所在。山东省淄博市张店区某老年公寓非常重视员工的职业道德修养,向员工提出"五心""六多"和"七不"的要求[137]。五心即:满怀爱心、一片热心、处处关心、事事操心、周到耐心。六多即:多一声问候、多一句解释、多一点同情、多一份关爱、多一些笑容、多一声祝福。七不即:不礼貌的话不说、不耐烦的话不说、傲慢的话不说、责难的话不说、讽刺的话不说、泄气的话不说、庸俗的话不说。在工作人员的努力下,浓浓的亲情充盈着公寓的每一个房间。

老年服务与管理人才的职业道德就是规范养老护理员如何运用公共的行为标准,处理与老人之间和老人亲属之间、与同事和社会之间相互关系的准则。老年服务与管理人才的职业道德是社会主义道德体系的重要组成部分,职业道德建设上要做到爱岗敬业、诚实守信、办事公道、服务群众、奉献社会,从这五个方面出发才能树立正确的职业观,为社会主义各项建设打下坚实的基础。

(二)老年服务与管理人才的职业信念

老年服务与管理人才的职业信念应包括如下内涵[138]:

一是养老护理人员在工作中应无论老人条件如何均同等地对待;

二是必须具有正确的劳动态度;

三是养老护理服务的工作既是一项繁杂的体力劳动又需要花费相当的脑力;

四是必须具有优秀的团队精神。

(三)老年服务与管理人才的职业守则

我国养老事业任重道远,要使养老护理事业能够朝着专业化的方向发展,从业人员首先应当遵守一定的职业守则。只有在遵守职业守则的前提下,才能制定并执行老年服务与管理人才的各项行为规范。养老护理人员的职业守则是:尊老敬老、以人为本;服务第一、爱岗敬业;遵章守法、自律奉献[139]。

注重程序,按章办事。老年护理人员的护理工作要注重工作程序,护理的岗位是在老人身边,老人的生活护理、疾病护理、心理护理,必须遵守老年护理工作相关规章、制度、流

---

[137] 于涛. 养老服务人才的现状调查与对策——以淄博市为例 [J]. 社科纵横(新理论版),2011(6):94-97.

[138] 韩家新. 提高养老护理人员素质的途径探析 [J]. 科学咨询,2012(4):80-81.

[139] 陈立新,杨宝祥. 养老护理员职业技能 [M]. 中国社会出版社,2012:9-11.

程，在工作中懂得如何去做，如何规范化去做，实事求是、不折不扣地完成，白天晚上一个样，有无家属在一个样。甚至，要注意个人事情处理程序，对某些事情有些看法是正常的，有些思想情绪也是正常的，但是绝不可带着情绪工作，任何事都要按章办事。还要注重和家属沟通的程序，把握好度，处理好关系。只有程序化护理，规范化服务，才能提高老年护理的服务质量，打造养老服务机构的品牌，吸引更多的老人入住，在创造社会效益的同时，增加经济效益[140]。

养老护理工作又脏又累，既辛苦又默默无闻，没有一种兢兢业业的工作态度和奉献精神，没有不计个人名利得失的宽广襟怀，是不可能干好养老护理服务工作的。新时期养老护理工作者应树立长远的目标，保持良好的心态，在护理服务工作中要具备爱心、细心、耐心、热心、诚心。因此，扎扎实实地学习和掌握为老人服务的过硬本领和相关的新知识及理念，是养老护理人员服务质量提高的关键。

三、老年服务与管理人才的业务素质

老年服务与管理人才的业务素质包括老年服务与管理人员的技能素质、法律意识和创新意识等[141]。

（一）老年服务与管理人才的专业素质

良好的业务素质是老年服务与管理人才顺利开展工作的根本保证。养老服务机构的专业化水平是衡量其服务质量的主要标志，而养老服务机构管理者的专业素质也将影响本单位的专业化建设。养老服务机构管理者首先要熟悉与养老护理相关的法律法规及行业规范，并认真研究本单位的业务特色和服务对象的特点、个性，运用相关的专业知识、技能组织和指导本单位的业务工作。养老服务机构管理者的专业素质应当包括以下内容[142]。

1. 先进的护老思想和观念

老年服务与管理人才要具有先进的护老思想和观念，并将其融入本单位的业务管理和建设中。

2. 贴近老人的专业化眼光

老年服务与管理人才应具有专业化眼光，办任何事情都要结合老人的特点，一切以老人的满意度为服务标准。

3. 全面的专业知识和技能

老年服务与管理人才要懂得社会学、伦理学、心理学、护理学、老年学等学科的基本知识，了解老人的生理特点、心理变化和老年保健知识，熟练掌握各种护理技能，熟悉相关学科护理的知识，具备一定的熟练掌握各种老年人生活照料的方法。

应掌握的基本护理技能包括：服常用药物的给药方法，生命体征的观察法，常用清洁、消毒法，冷热疗法及卧床老人的护理方法，等。还要善于理论联系实际，在工作实践中学习，不

---

[140] 陈茹，周琦，曾红，等. 养老机构对老年护理人员素质要求的质性研究——从入住老人和家属的角度 [J]. 中国老年学杂志，2012（1）：118-119.

[141] 韩家新. 提高养老护理人员素质的途径探析 [J]. 科学咨询，2012（4）：80-81.

[142] 金萍. 养老护理专业对养老机构管理者的素质要求 [J]. 社会福利，2003（7）：12-13.

断发现问题，解决问题，总结经验，以推动养老护理工作的开展和自身业务素质的不断提高。

4. 较强的心理护理能力

老年服务与管理人才要不断提高自身素质，尤其要培养好的心理品质，通过自己的态度、语言、行为等有意识地影响老年人的感受和认知，改变老年人不良的心理状态和行为。老年服务与管理人才还需要掌握必要的心理学知识，特别是护理老年人心理的技能。学会言语性沟通和非言语性沟通，要采取有效的沟通方法，面对不同的老人，采取不同的沟通方式，包括询问式交谈、理解式交谈、鼓励式交谈、批评式交谈、问谈法等。在进行心理护理时，对生活失去自理能力、长期卧床患者应予以局部轻度按摩等，使患者感到亲切、温暖，体会到护理人员的关心和体贴，从而达到心理满足。采用劝导、启发、理解、同情、支持、提供保证和消除顾虑的方法帮助重病缠身的老人，帮助他们认识疾病，改善心情，增强信心，促进老人身心健康。

5. 细致周到的保健宣教[143]

老年服务与管理人才必须具有一定的文化素质，特别应当丰富自己的养生保健知识，能够科学合理，随时指导老人正确饮食、合理运动、调养情志、劳逸结合、积极乐观地对待生活。老年护理员还须不断锻炼，培养自己的宣传教育能力，能适时地对老年人提供科学的保健知识，特别是面对老人的多种疾病能提供相应的保健知识。能利用宣传栏及举办讲座等方式，从饮食、运动、情绪、生活等方面指导老人合理调养。只有这样才能为老人营造出一个舒心、安全、放心的养老环境。

6. 外语知识和计算机操作技能

为适应我国对外开放及打造数字化民政的需要，老年服务与管理人才，尤其是养老服务机构管理者还必须尽可能掌握一些外语知识和计算机操作技能。

（二）老年服务与管理人才的组织管理素质

组织管理能力和水平是养老服务机构管理者必备的条件，也是做好工作起码的要求。老年服务与管理人才的组织管理素质至少应包括以下方面[144]。

1. 驾驭全局的能力

思考问题、解决问题能注意整体性原则、联系性原则和最佳化原则；善于由全局而思局部，再由局部而思全局，能在宏观上把握工作发展的趋势。

2. 观察能力

观察能力要求在机构的日常运作中能敏锐地发现问题、解决问题。

3. 协调能力

对外能妥善处理方方面面的关系，做好方方面面的工作，争取上级领导和社会各界对养老事业的关心支持；对内能形成合力调动全体员工的积极性，能使服务对象也参与民主管理，了解、理解、支持院方的工作。

---

[143] 陈茹，周琦，曾红，等. 养老机构对老年护理人员素质要求的质性研究——从入住老人和家属的角度 [J]. 中国老年学杂志，2012（1）：118-119.

[144] 金萍. 养老护理专业对养老机构管理者的素质要求 [J]. 社会福利，2003（7）：12-13.

4. 组织计划能力

善于在繁忙的工作中抓重点，抓主要矛盾，科学制订和安排工作计划，善于组织和动员并带领全体员工心往一处想，劲往一处使。我国的社会养老事业管理模式还不成熟，没有现成的拿来照用，不能很好地组织和计划，往往是做不好的。

（三）老年服务与管理人员的法律意识

老年服务与管理人员从事的是世界上最复杂的"人"的工作，只有懂法，自觉地学法、守法，才能更好地保护老人权益不受侵害，更好地维护个人利益。

老年服务与管理人员应认真贯彻《老年人权益保障法》《残疾人保障法》《侵权责任法》《治安管理处罚法》《养老护理员国家职业资格标准》等相关法律、法规和制度，深刻领会、全面掌握有关知识。要增强法制观念，加强防范意识，避免工作失误，远离职业犯罪。

（四）老年服务与管理人员的创新意识

新时期养老护理工作要求老年服务与管理人员必须具备创新意识。需要我们通过理论和实际操作的学习，学会护理各种老人的方法，来满足不同层次老人的生理、心理需求。需要我们陪伴老人，负责老人的心理照料，经常与老人交谈，了解老人的心理需要，关心、开导、安慰老人。在思路上创新，在工作方法上创新，不断提高工作效率和质量。在工作中善于发现问题、分析问题、解决问题，并培养锐意进取的精神。克服排泄照料、心理照料，常见疾病护理、临终护理工作中的难点[145]。

第二节　养老服务人才培养的举措

伴随着我国人口老龄化和老年社会福利事业的发展，我国将需要大批高素质的老年养护人才。民政部指出，中国养老护理员至少需要 1000 万人左右。为此要采取切实的举措，加速养老服务人才的培养。

（一）重视研究型老年教育

重视研究型老年教育就是指在本科高校中开展本科、硕士、博士等老年学专业教育，培养老年产业所需要的研究型、综合型人才。

1. 老年学是一门独立学科

在国际上，老年学是一门独立学科。其一，老年学有独立的学名：老年学的学名是 Gerontology（有人泛称老龄科学 Aging Sciences）。学名的确立，表明老年学是一门系统的知识。在所有近代大百科全书中都设有这一词条。其二，老年学有独立的研究对象，即研究老龄化——以个体和群体年龄的增长为独特的研究客体。除研究日历年龄、生理年龄、心理年龄和社会年龄发展变化的规律外，还研究老龄化与社会，经济发展及人的健康、心理、行

---

[145] 韩家新. 提高养老护理人员素质的途径探析[J]. 科学咨询, 2012（4）：80-81.

为等各方面的相互关系。其三，老年学有特定的研究视角。老年学既从宏观（人口、群体）角度研究老龄化的现象和过程，也从微观角度研究老年人的物质生活、健康、精神文化生活和代际关系等。而人口学主要从宏观角度研究人口变化发展规律，重点是从数量上考察各种人口变量。因此，量化方法论占据主要地位。Demography 确切称为人口统计学。其四，老年学是一个多学科的交叉学科群。国际上公认的老年学主要是社会老年学（含老龄化人口学、老龄化经济学、老龄化社会学、老年心理学等）和老年医学（含老化或衰老生物学、老年精神病学、老年护理学等）两大类分支。各国老年学会加入国际老年学会的条件是至少开展三个分支学科的研究。足见老年学的多学科、交叉学科、边缘学科性质已是国际学术界的共识。

2. 世界范围内老年学的发展

从世界范围来看，老年学是一门伴随着人口老龄化发展而逐渐形成的新兴学科[146]。第二次世界大战之后，国际性和各个国家的老年学学会、协会纷纷建立，国外著名大学纷纷开设了老年学专业，讲授老年学课程，并授予相应的学位，出版专门的学术杂志、学术著作和教材。国际老年学协会（The International Association of Gerontology）成立于1950年12月3日，是一个研究老年学的国际性学术团体。

3. 我国老年学的发展

20世纪80年代开始，我国学者就开始关注人口老龄化和老年人问题。从1984年开始，中国人民大学人口研究所在人口学专业下招收老年学研究方向的研究生，培养老年学硕士和博士研究生，至今已有30多年的历史。其间，有多名研究生以老龄问题作为学位论文的选题。已培养的老年学人才有的在国家政府部门，有的在高校，也有的在国外继续从事老年学研究。我国学者发表了千万字的老年学的研究成果，其中有老年学专著、论文和编辑的专题论文集以及用外文发表的论文和著作，还有大量的硕士和博士论文等。我国著名老年学家邬沧萍教授主编的《社会老年学》一书，是一部以邓小平理论为指导、有中国特色的社会老年学专著，也是国内第一部老年学的主要教材。我国老年学的建设经历了从无到有的发展过程。1986年中国老年学学会成立，同年由我国外交部批准加入了国际老年学会。中国社科院当时的党组书记梅益同志担任了第一任老年学学会会长。近些年来，国家和政府对人口老龄化问题和老龄工作给予了高度重视。经中共中央、国务院批准，1999年我国重新成立全国老龄工作委员会。全国老龄工作委员会的任务主要是研究、制定和组织实施老龄事业发展战略及重大政策等。全国老龄工作委员会的重新建立，标志着党中央、国务院对新时期老龄工作的高度重视，也是促进我国老年学发展的组织保证。从20世纪末开始，中国人民大学根据自己的老年学教学和科学研究的条件，提出正式设立老年学专业的计划，获得了教育部的批准，将老年学专业归属于社会学一级学科，并置身于法学学科门类。一门崭新的、具有时代意义的新兴学科——老年学从此诞生在我国高等学府的专业学术领域[147]。

虽然近年来我国老年学教育有了一定的发展，越来越多的本科院校开设了老年学的课程，培养老年学研究方向的研究生，这方面的研究成果也不断涌现。但是，在老年研究型教育上，学科设置的缺位直接导致老年专业教育体系建设的落后。在我国教育体系中，教育部1998年7月颁布的《普通高等院校的本科专业目录》中，11个门类、249个专业里没有"老年学"专业设置。我们的学生培养和学术研究多是在人口学、社会学、经济学或者管理学等

---

[146] 姜向群. 提高养老护理人员素质的途径探析 [J]. 人口研究，2003（11）：80-81.

[147] 姜向群. 我国高校建立老年学专业的重要意义 [J]. 人口研究，2003（11）：87-88.

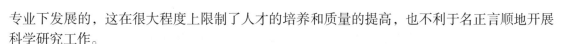

专业下发展的,这在很大程度上限制了人才的培养和质量的提高,也不利于名正言顺地开展科学研究工作。

总体而言,我国研究型老年教育依然处于起步阶段,无论在人才培养规模、研究范围、研究程度上都需要加强国际交流与合作。提高老年专业水平,应鼓励我国本科高校尽快开设本科"老年学"专业,以加强研究型老年专业教育,推动职业院校专业师资的培养和培训,全面提升我国养老服务业人才队伍的建设水平。可以确信,经过艰苦努力和建立在社会实践基础上的我国老年学专业,必定会成为科学领域中一个富有生命力的新的学科增长点。

(二)全面开展职业型老年教育

总结推广大连职业技术学院、长沙民政职业技术学院等高职院校"老年服务与管理"专业的办学经验,鼓励更多的高职学院、中等专业学校设立相关专业是加强老年服务人才培养,向养老服务一线输送专业对口的老年养护的高技能人才的一条重要途径。为此要做好以下工作。

1. 能力本位的人才培养

以能力为本位,加强课程体系建设,根据高职培养目标及行业对人才的要求,注重学生的实践能力培养,设立相对独立的实践教学体系,强化学生实践操作能力。改进教学方法,采用现场教学、启发式教学、讨论式教学、案例教学等调动学生学习的积极性与主动性,积极采用现代化教学手段,丰富网络教学资源。推进"双证制",鼓励学生考取职业资格证书。

2. 校企深度合作

鼓励企业、学校打破地域、行业界限,在全国乃至全世界范围内寻找合作机会,在校企合作方式上,采取订单式人才培养、校企共同研究培养方案、校企共同开发课程、专兼职教师共同授课等灵活多样的方式进行深度合作。

3. 突出素质教育和创新教育

突出学生素质教育和创新教育培养,通过与企业共建实训基地、合作培养等合作形式提高学生的创新和实践能力。

4. 加强产学研合作

走产学研合作道路,以企业、高校和公共研究机构为主体,以政府及中介服务机构为辅助,进行知识、物质资源交换与共享,实现人才培养、技术创新,从而推动社会经济的发展。

5. 不断强化学生就业能力

不断强化学生就业能力,通过多种途径增强学生对从事老年养护工作的愿望,加大学生对专业的认识和对未来岗位的了解,促使学生认清老年服务行业发展的广阔前景;提升学生未来岗位横向和纵向流动的空间,从学生未来发展潜在的知识和能力出发,给学生开设一些管理类、心理咨询、社会工作等课程,为其未来从事老年养护工作或老年一线管理工作打下坚实的基础[148]。

---

[148] 孙玉琴. 加快发展老年服务教育事业 开创我国养老产业新局面 [J]. 社会福利, 2010 (11):31-32.

6. 成立专业建设指导委员会

尽快成立专业建设指导委员会，组织专家制订统一的培养目标、教学大纲和办学规范，编写统一的创新型教材，使专业办学逐步走上正规化、科学化。

7. 借鉴国外经验

要借鉴国外办学经验和教学方法，逐步提高我国该类专业的办学水平。

8. 加快师资队伍建设

加快师资队伍建设，特别是要加强重点课程师资的培养，用高素质的教师带动专业教学质量的提高。

9. 发挥政府主导作用

政府要在创新老年教育中，发挥政策主导作用。对设立老年服务与管理相关专业的高职院校，提供政策支持和现实帮助，在招生上，可以像免费师范生一样定向培养，或者像社会养老服务机构床位补贴一样，给予老年服务与管理专业相关人才培养单位相应的资金扶持或补贴，减免报考该专业学生的学费。在就业上，应像"大学生村官"一样，给予从事老年养护基层工作的大学生合理的身份，为其报考公务员或在事业单位人员招聘时给予一定的加分奖励[149]。

研究型老年教育和职业型老年教育构成我国老年专业教育的两大类型，目前，在发展水平上呈现出专业教育体系建设落后，职业型老年教育虽有所发展，但缺乏研究型老年教育基础支持的特点[150]。从长远来看，创新老年专业教育，大力发展两种类型的老年教育是解决我国老年养护人才队伍建设问题的根本出发点，是培养老年服务与管理合格专业人才的重要途径。

（三）加强养老服务业人才职业技能培训

居家养老为基础、社区养老为依托、机构养老为补充的养老体系的建立，需要大量合格的养老服务业人才。为了推动我国养老事业的发展，弥补我国老年养护人才的缺口，必须重视专业技能培训，对当前养老服务机构从业人才队伍进行挖掘和培养[151]。

1. 养老服务业人才培训现状

首先，养老服务业人才职业培训缺乏系统性、科学性和开放性。养老服务业人才职业培训内容针对性还不够强，培训方式有待改进，优秀培训师资匮乏，基层培训硬件建设滞后，培训时间短，缺乏后续培训和过程性的质量监督等。其次，养老服务业人才职业培训的扶持和保障机制不健全。目前我国没有建立起高效的养老服务业人才职业培训的管理机制。养老服务业人才培养涉及民政部门、老龄委、教育、财政、卫生等诸多部门，管理缺乏合力、协调缺乏效力、监督缺乏力度。政府对人才培训经费投入不足。再次，我国的养老护理员培训模式单一，专业化不够。根据培训责任主体、运行机制和运行条件的不同，可以把养老护理员培训模式划分为政府培训模式、市场培训模式、社会培训模式和其他培

---

[149] 黄加成.老年服务与管理专业建设与发展探讨：全国养老服务人才培养与就业协作研讨会论文集[C].中国老龄事业发展基金会，青岛市老龄工作委员会办公室，2010：15-16.

[150] 蒋昆生.创新老年服务教育 培养老年服务人才[J].社会福利，2010（10）：31-33.

[151] 朱海滔.养老服务：金矿待开，人才短缺[J].职业，2009（2）：44-46.

训模式几种基本类型。在养老服务发展相对完善的国家，这几种培训模式所占的比例都是相当的。而我国当前的情况是，政府培训模式占主导，另外三种模式所占的比重非常小[152]。这就造成培训模式单一，培训市场缺乏有效竞争。另外，我国养老护理员的培训内容大都集中于基本护理技能的培训，缺乏职业道德和心理护理方面的培训，培训的专业化程度不够。

2. 加强养老服务业人才培训的措施

首先要结合养老护理员职业资格标准，开展养老护理相关培训，让更多的学员获得养老护理员职业资格证书，实现持证上岗。为此要从以下几方面着手。

（1）因地制宜组织培训。从实际出发，结合各地方情况，方便培训对象参加培训学习，因地制宜组织培训。在这方面浙江金华市有成功的做法，他们创新出了多种培训方式：

① 民工居住地建立授课站。目前外来务工者是城市建设的主力军，她们家庭条件差，但勤劳不怕辛苦，身体好，她们很想有一技之长，来提高收入，但又苦于缺少各种信息。与就业市场负责人联系，了解外来务工者居住密集场所，就在她们居住的附近租赁场所，减少她们路途奔波，利用晚上时间（白天她们要外出干活）进行培训，对外来务工者，多学一门技术就是多一条就业途径，多一份的收入，即使白天再辛苦她们还是乐于参加免费提供的学习机会。

② 与家政服务合作培训。为了给就业者提供信息，外来务工人员或市场剩余劳动力会就近到家政服务点进行登记自己的一些特长、要求、提供服务内容、联系方式等信息，以便及时找到合适工作。这里有一大批需要提供各种培训的人员，她们缺少技能，又缺少培训信息，对于政府买单的培训，免费学习一门技术，她们学习的积极性空前高涨。家政服务人员对务工者的信息了如指掌，选定培训时间不用担心人员的问题，对家政服务公司来说也等于给他们培训务工者，提高他们的服务知名度。与他们合作进行养老护理员和育婴师培训多期，每期人员都爆满，取得合格证书后，家政服务公司负责介绍就业，真正实现"培训-考证-就业"三位一体的就业新模式。

③ 职业中专开展老年护理培训。职业中专学生中考的分数相对较低，有一部分是家庭生活困难，想尽快找到工作，缓解家庭经济负担。他们有些从小生活在农村，在艰苦的环境下长大，肯吃苦，心地善良，目前社会就业形势严峻，学生也很想多学一门技能，增加就业渠道。与中职学校合作，给中专学生提供免费养老护理员培训机会，安排在暑假或寒假，不影响学生在校专业课学习的时间，开设养老护理员培训，考试合格后发给证书，取得证书人员参加成人高考给予适当加分，提高学生学习的积极性。

④ 养老院中设立培训基地。为提高养老院里的护理人员素质，民政部门组织医学院校老师，利用养老院优良的设施，定期在养老院中开展护患沟通、家庭礼仪、营养保健、安全知识培训。在养老院工作过的护理员，具有一定护理经验，她们因在护理过程中缺乏理论知识和护理技能而苦恼，珍惜学习机会，在培训中感受到她们学习的积极性明显高于其他培训人员，是提升养老护理人员整体素质的良好举措。同时也欢迎护理院老年人一起参加学习，提升老年人自我保健和自我料理能力。

⑤ 建立社区养老护理培训站。开发老年人资源，鼓励老年人在自愿和量力的情况下再就业，参与老年人之间相互照顾，提高他们的自尊心。社区有一批闲置妇女劳动力，她们也乐于接受各种培训。开发、利用闲置妇女劳动力和老年人资源，为解决我国老年

---

[152] 张木松. 我国养老机构护工培训模式的类型[J]. 社会工作, 2010（1下）: 26-29.

人问题提供条件，既能提高老年人的生活质量和生活信心，也有利于他们的自我完善和身心健康。与社区居委会联系，每年定期举办养老护理培训，提高老年人养老护理整体水平[153]。

（2）精心进行培训课程设计。养老护理员除需要具备必要的医学、康复和护理知识与技术外，对其社会组织能力、语言沟通能力、交往礼仪、品德素质也有较高的要求，而大部分养老护理人员是直接从社会招聘的下岗或农村转岗人员，文化程度较低。针对培训对象的特点及养老行业需求，湖南省岳阳职业技术学院以满足岗位需求为目标，以能力和职业素质培养为核心，确定整体培训目标。在培训形式上采用模块教学方式，每个模块中分为不同的项目，按照具体项目任务进行教学。课题组以《养老护理员国家职业标准》为依据，根据养老护理员所必需的理论知识、操作技能，由课题组专家确定养老护理员职业培训模块化结构为二级结构，即确定基础知识、基本技能、职业素养三大模块为一级模块，确定人体结构与功能及老化、老年人护理特点等14个二级模块，分别归属于3个一级模块；确定若干个实训项目，其中基本技能确定为32个单项培训项目。养老护理员职业培训教学计划如表5-1所示[154]。

表5-1 养老护理员职业培训教学计划

一级模块	二级模块	项目	教学要求	教学方法	课时	场地
基础知识	人体结构与功能及老化	人体基本结构与功能	了解	讲授、多媒体演示	2	多媒体教室
		老年人机体功能特点	了解	讲授、多媒体演示	2	多媒体教室
	老年人护理特点	老年人护理特点	掌握	讲授、案例教学	4	多媒体教室
	老年人合理营养	膳食营养	掌握	讲授、多媒体演示	2	多媒体教室
		老年膳食烹调技巧	熟悉	讲授、基于问题的教学	2	多媒体教室
	老年人合理用药	老年人合理用药	掌握	讲授、多媒体演示	4	多媒体教室
	老年人常见疾病	高血压、冠心病	熟悉	讲授、案例教学	4	多媒体教室
		糖尿病	熟悉	讲授、案例教学	2	多媒体教室
		阿尔茨海默病	熟悉	讲授、案例教学	2	多媒体教室
	老年人心理健康与养生	老年人心理健康与养生	掌握	讲授、小组讨论	4	多媒体教室

---

[153] 王丽华，吴玲玲. 多元化养老护理员培训模式的研究与探索[J]. 中国高等医学教育，2015（1）：22-23.

[154] 刘梦清，李娟. 养老护理员职业培训教学模块的设计与研究[J]. 护理研究，2013（25）：2791-2793.

续表

一级模块	二级模块	项目	教学要求	教学方法	课时	场地
基本技能	生活照料	口腔护理、床上擦浴、床上洗头、更衣护理	掌握	仿真实训、角色扮演	8	实训室
		卧床病人更换床单、压疮预防、约束带的使用	掌握	仿真实训、角色扮演	8	实训室
		鼻饲管喂食、营养饮食的配制	熟悉	仿真实训、临床见习	2	实训室、老年院
		尿袋的更换、粪袋的更换、大小便标本采集	熟悉	仿真实训、临床见习	4	实训室、老年院
		搬运与转移,便器、轮椅、拐杖的使用	掌握	仿真实训、角色扮演	2	实训室
	技术护理	热水袋的使用、卫生洗手法、生命体征测量	掌握	仿真实训、角色扮演	6	实训室
		压疮换药、湿热敷、雾化吸入、肢体被动运动	掌握	仿真实训、角色扮演	8	实训室
		煮沸消毒法、浸泡消毒法、简易血糖仪的使用	掌握	仿真实训、临床见习	2	实训室、老年院
		常用健身器材的使用、红外线理疗仪的使用	熟悉	仿真实训、临床见习	2	实训室、老年院
		临终关怀、尸体料理、照护日志、垃圾分类	熟悉	仿真实训、临床见习	8	实训室、老年院
	康复、心理护理	老年心理保健技巧	熟悉	讲授、情境演练	4	多媒体教室
		情绪疏导方法训练	熟悉	讲授、情境演练	4	多媒体教室
		人际沟通技巧	熟悉	讲授、情境演练	4	多媒体教室
		尊老爱老礼仪训练	掌握	讲授、情境演练	4	多媒体教室
	急救护理	简易包扎止血法、简易固定法	掌握	仿真实训、角色扮演	2	实训室
		心肺复苏	掌握	仿真实训	6	实训室
		吸痰	熟悉	仿真实训、临床见习	4	实训室、老年院
		吸氧	熟悉	仿真实训、角色扮演	2	实训室

续表

一级模块	二级模块	项目	教学要求	教学方法	课时	场地
职业素养	工作须知（安全管理）	工作须知（安全管理）	掌握	讲授、多媒体演示	2	多媒体教室
	老人交往礼仪	老人交往礼仪	掌握	讲授、角色扮演	4	多媒体教室
	沟通技巧	沟通技巧	掌握	讲授、角色扮演、情境演练	4	多媒体教室
	行业相关法律（法规）	行业相关法律（法规）	掌握	讲授、案例教学	2	多媒体教室

（3）采取灵活多样的互动教学方法。由于培训对象大多是小学、初中或高中毕业多年以后的成年人，单纯的讲授法"灌输式"教学容易导致学员的畏难情绪，培训效果难以达到理想的程度。根据培训的内容、学员的年龄和学历以及学员已有的知识和技能，教学方法强调灵活多样的互动教学，避免单纯讲授"灌输式"教学，提高学员的学习兴趣。

① 角色扮演法。大部分实训项目如翻身、擦浴、引流袋护理等在教师示范的基础上采取角色扮演的方法，学员分别扮演老年人、养老护理员，进行每一项操作技能训练，并进行角色互换，最后进行表演展示和总结。由于每位学员都参与"演出"，增加了学员学习的积极性，提高了学员的沟通技巧，在演练中不断强化护理技能。

② 多媒体教学法。充分发挥多媒体教学的优势，体现其直观性、生动性、动态性、交互性、可重复性、针对性等特点。如老年人合理营养、老年人合理用药等项目，在教学中设计真实的情境与案例，采用图文并茂的教学方法，多角度调动学员的情绪、注意力，有效地突破教学难点。

③ PBL教学法。在老年人常见疾病等项目中运用PBL教学法（"PBL"全称是"Problem-Based Learning"，直译为"以问题为基础的学习"），注重强调以学员为主体，以问题为基础，在教师的指导下将所需要掌握的理论知识融汇到一个典型生动的案例中，学员通过对案例进行分析、提出问题，以自主学习、小组讨论的方式解决问题。

④ 小组讨论法（圆桌议题）。老年人心理健康与养生项目采取小组讨论法。经过教师选择合适的议题，学员自行分组，进行讨论、综合报告等，培养学员的学习兴趣和参与意识、团队精神。

⑤ 仿真模型的使用及床边见习。人体结构与功能及老化、急救护理、康复护理等项目，采取"模拟操作"的方法，让学生置身于模拟环境中，积极自主地完成该专题的课程学习。并安排了20课时临床见习，学员亲临现场，感受职业环境、工作流程，以保证教学与养老护理实际岗位工作密切结合，提高学员自主学习的积极性，切实提高养老护理员职业化、专业化、规范化的水平[155]。

⑥ 案例教学法。在"职业素养""老年人常见疾病的护理与管理""安全管理""消毒基本知识"等专题中，对工作中遇到的案例与实际问题进行分析，探讨解决问题的方法。如在安全管理中如何防范老人跌倒发生，从医院里发生的跌倒人数、事件经过、造成的损害、

---

[155] 刘梦清，李娟. 养老护理员职业培训教学模块的设计与研究[J]. 护理研究，2013（25）：2791-2793.

发生时间与跌倒原因、如何预防处理等多方面通过案例进行分析，使学员对防范老人跌倒与跌倒后处理有了明确的概念。通过案例展示、分析法，学员们在教师的指导下，将所需要掌握的理论知识融汇到一个个典型生动的案例中，以问题为基础，对案例进行分析、推理、判断，找到解决的方法，从而培养了学员临床思维能力和实践应用能力，缩短课堂教学与实际工作的距离[156]。

（4）突出养老服务机构管理人员的培训。养老服务机构服务水平的提高，整体模式的改进，在实际操作中依赖于各层管理人员的专业素质和管理水平的提高。管理人员水平的提升可以从根本上解决当前养老服务机构服务水平低下的问题。养老服务机构，特别是民间养老服务机构，其组织形式与普通企业类似，一般采用直线式管理结构方式，管理人员分为上中下三等，各层管理人员需要具备不同的职业素质，满足不同的管理工作需求。因此养老服务机构要加强对管理人员的培训力度，重视培训工作。

① 基层管理人员培训。养老服务机构基层管理人员是与老年人实际接触最多，与基础具体的护理工作距离最近的管理岗位。在基层管理人员的培训方面，要加强对其专业素质的培训，主要是具体护理方面的培训，包括基础医疗服务专业素质和护理专业素质。同时作为一个管理人员，需要对其应变能力和具体管理能力进行培训，比如临时性紧急状况的发生、基层工作人员的工作冲突、服务对象的具体需求变化等方面。

② 中层管理人员培训。养老服务机构中层管理人员，作为基层人员与高层管理人员的联系纽带，发挥着特殊的作用。因此其培训内容与两者相异。首先在中层管理人员培训工作中，要加强其实际管理能力的培训，中层管理人员不涉及具体的护理服务工作，其主要职责是对基层管理人员进行监督、指导和分配工作任务，因此要注重提高中层管理人员对短期计划制订和中长期计划实习方面的培训指导。其次中层管理人员作为高层管理人员与基层管理人员的传输通道与纽带，要在其培训过程中加强其沟通能力的培训，使其一方面能够准确、快速、明晰地将上层的管理思想和工作任务准确地传达给基层管理人员，另一方面也能将基层工作人员的工作状态、任务完成情况、基层意愿完整地传递给高层管理者。

③ 高层管理人员培训。高层管理人员在整体养老服务机构中发挥着统领全局、运筹帷幄的作用。其在具体专业护理方面的素质要求比较低，对整体管理能力要求较高。高层管理人员主要是从中层管理人员中选拔，或者外聘优秀管理人才。在对高层管理人员的培训中，首先要加强对其高级管理能力、制订长期战略计划方面的培训，使其能够把握养老服务整体局势，高瞻远瞩，制订合理可行的长期战略计划。其次是加强其具体管理能力方面的培训，使其在面临重大突发事件、处理重大矛盾问题、有效统筹管理协调方面能做到临危不乱，井井有条[157]。

（四）加强志愿者队伍建设

规范志愿者队伍，加强志愿者队伍建设，使之成为养老服务人才队伍的有力补充，这也是扩大养老服务队伍、广泛动员各种社会力量、调动社会各方面参与养老服务业的积极性的重要举措。

西方发达国家在应对人口老龄化的实践中，创造了志愿者服务的老年服务模式。志愿者服务是指任何人自愿贡献个人时间和精力，在不为物质报酬的前提下，为推动人类发展、社

---

[156] 张卫红. 养老护理员素质培训与体会 [J]. 中国农村卫生事业管理，2014（10）：1217-1219.

[157] 刘婷，周晓静. 养老机构管理人员培训研究 [J]. 现代商业，2015（20）：272-273.

会进步和社会福利事业而提供服务的活动。志愿服务正以其突出的社会效益受到越来越多的国家政府和社会的重视，几乎是每个文明社会不可缺少的一部分。近代的志愿者运动崛起后，被西方学者称之为社会的第三部门。它是伴随着西方国家公共事业开支的逐年减少和社会老龄化等问题的凸现而迅速发展起来的。目前，志愿者运动在我国的发展势头很好，据有关部门的统计，国内志愿者的数量超过了8000万人，占我国总人口的6%。将"奉献、友爱、互助、进步"的志愿精神与我国养老服务相结合，必将缓解我国养老服务过程中人员数量与质量不足、服务成本高的弊端。

然而，我国现有的社区养老志愿者服务缺乏统一、有效的组织，而且一些热心志愿者由于没有接受过专门的培训，护理服务得不到肯定与信任。有组织的志愿行动在我国开展得较晚，志愿者协会等社会公益组织发育不充分。因此我国在志愿行动参加的人数、长期性、范围、参加者年龄层及社会阶层、社会影响等方面和一些发达国家相比，仍有不少差距。因此，要采取有效措施，缩小差距，加快养老服务志愿者队伍建设。一是要鼓励健康中老年人积极为高龄老人服务。探索制定全国性的志愿服务法规，明确志愿养老服务的客体和主体、经费来源、权利及义务等，将志愿者、服务对象和志愿者组织三方的权利、义务关系界定清楚，以解决养老服务中的纠纷，维护志愿者的合法权益，保护其工作积极性，促进志愿服务的良性循环发展。二是探索建立义工银行等互助养老服务模式。志愿者服务机构通过设立义工银行，将志愿者为服务对象提供的无偿服务量化储蓄，当志愿者年老体衰、需要养老服务时，便可以获得相应的或者更多的免费养老服务[158]。三是养老服务机构以及老年人聚居的社区积极承担起养老服务志愿者的组织接洽工作。归纳起来主要是争取做到"五个有"，即：有一套志愿者联络部工作班子；有相对固定的服务项目；有志愿者和服务对象的档案；有规范的规章管理制度；有相对独立的办公场地和基本的办公设备[159]。志愿者队伍的建设应把握好招募、培训和使用等方面工作。招入前应着重考察其对服务对象、服务内容等的了解情况，招入后则应进行一定培训，诸如沟通交流技巧、服务方式和态度、专业技能等。使用则要做到"人尽其才"，要通过完善志愿者招募平台，建立街镇志愿服务集体和个人信息库，强化社区注册管理，在志愿者的招募、培训、使用等方面形成较为规范的管理制度，初步形成志愿者街镇网格内共享的工作模式。

第三节　构建养老服务人才培养长效机制

从人力资源和养老服务机构的长远发展看，如何稳定养老服务业人才队伍，提高其待遇和社会地位，如何构建科学、有效、可操作的养老服务业人才管理体系，是政府、社会以及养老服务机构需要认真考虑的问题，如果不能很好地解决这一问题，势必会出现老年养护队伍的不断萎缩，这将直接影响到养老服务机构的服务质量和发展，影响到老年人的切身利益，不利于社会的稳定与和谐。笔者认为制约我国老年养护队伍建设的最根本问题是"待

---

[158]　花文苍, 杜朝运, 郑碧丽. 老龄化视角下的养老服务社会化发展研究 [J]. 洛阳理工学院学报：社会科学版, 2015 (4): 49-53.

[159]　张静, 张丽霞. 将志愿者服务机制引入养老服务问题的研究 [J]. 西北人口, 2009 (1): 47-50.

遇"。目前养老服务业人才待遇低的主要原因在于养老服务机构收费较低,政府补贴和投入不足,养老服务机构只能通过精简员工、减少待遇来维持运转,加之政府监管不力,没有督促养老服务机构按规定配备足够人员和履行劳动合同法,保障员工合法权益,甚至出现少数经营者克扣员工工资待遇的行为。因此,政府要以提高养老服务业人才待遇为核心,系统运作,多项措施并举,加大对老年养护人才培养和队伍建设的支持力度,从根本上推进老年养护人才队伍建设。

一、制定人才规划

发展要有规划,科学制定养老服务业人才队伍发展规划有助于明确建设目标和发展方向,有助于推进养老服务专业人才队伍的快速发展。民政部门应当根据《国家中长期人才发展规划纲要(2010－2020年)》《国务院办公厅关于印发社会养老服务体系建设规划(2011—2015年)的通知》《专业技术人才队伍建设中长期规划(2010—2020年)》《全国民政人才中长期发展规划(2010—2020年)》等文件要求,制定《养老服务专业人才中长期发展规划》。规划的制定应当考虑到以下因素。第一,基于现实国情制定规划。应当在深入调查研究的基础上,根据我国老年人口规模、结构、经济社会发展状况,科学合理、实事求是地制定符合我国国情的人才发展规划。第二,规划应当具有一定的前瞻性。人才建设是一项战略工程,所谓"十年树木,百年树人"。人才发展规划既要考虑到目前养老服务行业对人才的现实需求,更要科学合理预测未来人才发展需求。规划既要符合社会发展规律,也要起到引导社会发展的作用。第三,人才发展规划应当与其他社会发展规划协调一致。养老服务专业人才队伍建设规划应当与养老服务设施建设、社会保障体系建设、促进就业体系建设等规划协调一致,相辅相成,共同发展[160]。

二、建立职业标准

政府要加强标准化工作,进一步研究制订服务质量、服务资质、服务设施、服务信息、服务安全卫生、服务环境监测等方面的标准,建立和完善重点突出、结构合理、层次分明、科学适用的完整的养老服务标准和规范体系。要积极宣传《养老护理员国家职业标准》,全力推行养老护理员培训、考核与职业准入制度,出台养老护理员岗前培训和健康检查规范,明确健康检查内容和岗前培训时间、内容、考核管理办法[161]。依托专业化的培训机构或现已开设老年服务相关专业的高校,认真开展养老护理员职业资格培训,有计划、有步骤地将养老护理人员纳入职业资格制度,实现持证上岗。

在科学界定老年养护从业人员岗位和职责的基础上,针对获得不同职业资格等级的从业人员,各地政府出台相应的薪资政策,设定相应的薪资标准,使高素质、高等级从业人员能够得到相应的报酬。各地政府要把养护人员的配备,优先列入社会公益岗位,给予补贴。完善养老服务业人才社会保障制度,建立从事老年养护工作年限积累制度。切实提高该行业从业人员的福利待遇和职业声望,创造事业留人、感情留人和福利待遇留人的环境。

---

[160] 刘利君. 养老服务专业人才队伍建设的策略研究 [J]. 社会福利, 2012 (4): 34-39.

[161] 陈卓颐, 黄岩松, 罗志安. 关于提高养老照护从业人员素质的思考 [J]. 中国老年学杂志, 2006 (2): 280-281.

三、提高人才地位

养老服务是公益性领域,"政府主导、社会参与"应当成为指导思想。政府应当采取有效的措施,加强宣传教育,提高公众对养老服务专业人才的社会评价,进而鼓励更多的专业化人才从事养老服务事业。

要加大宣传教育力度,营造尊重和支持老年养护工作的良好社会氛围。大力开展敬老养老助老宣传教育,充分利用"重阳节""春节"等有利时机开展养老服务宣传工作。各新闻媒体开设养老服务免费宣传版块,在社会公益广告中做好养老宣传,广泛培育和树立尊老、爱老、助老先进典型,形成为老服务光荣的理念。政府应当建立优秀养老服务专业人才表彰激励的长效机制,定期安排组织养老服务专业人才评比与表彰,通过授予优秀人才荣誉称号或者给予优秀人才物质奖励等方式鼓励人才发展,进一步提高养老服务与管理专业人才的社会地位。

每年开展市、省级老年养护"大比武"活动,选拔优秀人才积极参与全国民政行业(养老护理员)职业技能竞赛,以职业技能竞赛为载体,激发员工学技术、练技能的热情,推动养老高技能人才队伍建设。对获得名次的技术能手授予荣誉称号、颁发奖章、奖牌、奖金和证书,并直接晋升高一级职业资格。

组织开展多样化活动,强化养老服务专业人才的职业归属感。职业归属感对于稳定养老服务专业技术队伍、提高人员的工作积极性具有重要的意义。但是职业归属感的培养需要政府采取一定的措施,比如通过开展技术交流、职业竞赛、岗位练兵等活动,鼓励养老服务专业技能人才学技术、比贡献,提高技能,岗位成才。积极营造良好的竞争环境,最大限度地激发广大人才积极进取、加强学习、提高素质、增强能力、干好工作的热情和活力[162]。

加强对养老服务专业人才的人文关怀。养老服务工作辛苦、压力大,从业人员需要得到养老服务机构的人文关怀。养老服务机构管理人员首先应当充分意识到养老服务工作人员面临的工作压力,并有意识地通过谈话、书信交流、团体活动、调整工作节奏、轮岗轮班等方式舒缓服务人员的心理压力。

四、完善管理机制

要采取切实的措施,强化相关管理,形成机制,真正推进养老服务人才培养工作的深化。为此,可从以下方面着手。

1. 形成多元化的资金投入机制

在养老服务人才培养工作中,通过政策导向,发挥市场机制,引导社会资本投入,形成多元化的资金投入机制。

2. 实现资源节约和效能最大化

明确不同层次老年养护人才培养的首要主管职能部门,做好管理资源的整合工作。如:教育部门负责老年养护中高级人才的学历培养;民政部门负责养老护理员等基层照料人员的调配、培训、管理和考核,建立国家以及各地区的老年养护人才信息平台,便于宏观规划和实现资源共享;人力资源和社会保障部门负责完善《养老护理员国家职业标准》,确保养老

---

[162] 刘利君. 养老服务人才队伍建设的策略研究[J]. 社会福利,2012(4):34-39.

护理员职业资格鉴定和准入制度的贯彻实施。

3. 出台相关优惠政策

出台养老服务（护理）人员的教育培训优惠政策，建立老年养护人才培养专项资金绿色审批制度。在坚持政府扶持、社会参与、市场推动原则的前提下，优先保障老年养护人才培养的资金、项目落实到位。减免养老服务业人才的岗前培训、轮训费用，对培训机构进行税收方面的优惠，逐渐实行养老护理员免费培训，以保证持证上岗制度的落实，提高养老服务业人才的业务水平。

4. 加强老年养护人才培养工作考核

把老年养护人才培养工作纳入对各级政府社会事业发展考核指标当中。中央政府高度重视老年养护人才培养工作，地方政府应落实好中央的政策，提高地方老年管理部门的工作效率，因地制宜地抓好本地区的老年养护人才培养工作。建立养老政策实施效果评估机制。通过社会监督和委托第三方机构对各级政府养老政策实施效果进行评估，提高政策的执行力度，保障相关政策的实施效果。

5. 建立养老服务机构行业协会

要建立市级、区（市）级养老服务机构行业协会，规范服务内容，提高服务水平，规避行业风险，加大对各类养老服务机构的管理力度。

6. 组建"养老护理人员支援中心"

组建"养老护理人员支援中心"，使"照顾者"也得到"照顾"。可借鉴香港设立"护老者支援中心"的经验，组建以"关爱养老护理人员身心健康，关注养老护理人员需要"为宗旨的行业社团。依托此类社团，通过各种有效途径，来舒缓养老服务从业人员，包括养老服务机构经营者的身心压力，体现以人为本的理念。应以政府购买"服务"的方式为先导，尽快促进此类社团的建立和发展[163]。

7. 鼓励职业院校开设老年服务与管理相关专业

在招生上，可以采用免费定向培养，或给予老年服务与管理专业相关人才培养单位相应的资金补助，或减免报考养老服务专业学生的学费。在就业上，应像"大学生村官"一样，给予从事老年养护基层工作的大学生合理的身份，为其报考公务员或在事业单位人员招聘时给予一定的加分奖励。

五、拓宽职业发展空间

职业发展空间是吸引人才和稳定人才的重要因素。政府和养老服务机构应当为养老服务专业人才建立更加广阔的职业提升及发展空间，实现人才队伍的合理流动，既包括纵向的岗位提升又包括横向的岗位迁移[164]。

1. 纵向的岗位提升

养老服务专业人才应当以技术的提升为职业发展目标。但是技术的提升应当有机制的保

---

[163] 张善斌. 养老护理人员"招不进、留不住"的原因与对策[J]. 中国民政, 2009（2）：45.

[164] 刘利君. 养老服务人才队伍建设的策略研究[J]. 社会福利, 2012（4）：34-39.

障和工资待遇的激励。政府应当完善养老服务专业技术职务任职评价办法，落实用人单位在专业技术职务（岗位）聘任中的自主权。将养老服务专业人才技术等级晋升与工资待遇水平挂钩，鼓励并引导养老服务专业人才主动学习。同时，养老服务机构应当改善管理机制，为养老专业技术人才岗位提升提供更多的空间和渠道，培养"管理人员来自于服务技术人员"的岗位人员选拔理念，为养老服务专业人才提供"光明"的职业发展前景。

另外，建议国家开展"养老服务队伍建设工程"试点。在全国范围内选取一定数量的养老服务机构，支持实施以养老服务人才培养、人才激励、人才扶持、队伍优化等为主要内容的养老服务队伍建设工程。试点成功后，再逐渐向全国推广[165]。

2. 横向的岗位迁移

养老服务岗位专业技术较强，又是专门跟老年人"打交道"的工作。这在一定程度上影响了这些人员的横向岗位迁移。相较于老年康复工作岗位、老年社会工作岗位，养老护理员的职业迁移程度更低，很难凭借其工作技能和工作经验转移到其他工作岗位，一般只能流动到家政工作岗位。针对这种情况，我们认为首先应当继续强化对养老护理员职业技能的培养，改变单凭照料经验开展工作的现状，突出岗位的专业技能性。其次，鼓励养老护理员通过继续教育或培训在心理咨询、食品营养、养生保健等专业领域获得新的技能提升，为岗位迁移奠定基础。最后，养老服务机构应当注重挖掘养老护理员的优秀特质，为其岗位迁移提供机会。

---

[165] 吴玉韶，王莉莉. 中国养老机构发展研究报告[M]. 北京：华龄出版社，2015：117.

参考文献

[1] 刘志敏.老年心理护理[M].大连：大连理工大学出版社，2020.
[2] 姜燕，朱佩.老年康乐活动策划与组织[M].南京：南京大学出版社，2020.
[3] 许福子.老年人生活照料[M].大连：大连理工大学出版社，2020.
[4] 俞建良.全面贯彻落实全会关于养老服务的一系列决策部署[N].中国社会保障，2020-12-04（01）.
[5] 刘芳，雷雨.养老服务机构人员培训与指导[M].北京：中国劳动社会保障出版社，2019.
[6] 刘文清，潘美意.老年服务沟通技巧[M].北京：机械工业出版社，2019.
[7] 黄岩松，谭秋玉.养老服务机构院长实务培训[M].高等教育出版社，2019.
[8] 李勇.老年照护职业技能教材（初级）[A].中国社会福利与养老服务协会.2019.
[9] 李斌.老年照护职业技能教材（中级）[A].中国社会福利与养老服务协会.2019.
[10] 肖晓鸿，李古强.康复辅助器具技术[M].第2版.北京：人民卫生出版社，2019.
[11] 李彩娥，李秀云.实用康复护理学[M].第2版.北京：人民卫生出版社，2018.
[12] 武萍，张毅.十九大报告对完善社会养老服务体系的启示[J].沈阳干部学刊，2018（4）.
[13] 余运英.老年心理护理[M].北京：机械工业出版社，2017.
[14] 李小寒，尚少梅.基础护理学[M].第6版.北京：人民卫生出版社，2017.
[15] 燕铁斌.康复护理学[M].第4版.北京：人民卫生出版社，2017.
[16] 于靖.康复治疗技术物理治疗分册[M].北京：高等教育出版社，2017.
[17] 张岩松，等.社会养老服务体系建设研究[M].大连：东北财经大学出版社，2016.
[18] 张岩松，等.老龄产业发展对策研究[M].北京：清华大学出版社，2016.
[19] 王文焕.老年人辅助器具应用[M].北京：中国人民大学出版社，2016.
[20] 王文焕.老年生活照料[M].北京：中国人民大学出版社，2015.
[21] 恽晓平.康复疗法评定学[M].北京：华夏出版社，2015.
[22] 张绍兰.康复功能评定[M].北京：高等教育出版社，2015.
[23] 张岩松，等.养老服务业发展与个案研究——兼论我国首个老年服务与管理专业教育教学改革[M].北京：清华大学出版社，2015.
[24] 卢霞，周良才.老年服务与管理概论[M].北京：北京大学出版社，2014.
[25] 张浩田.民办养老机构的困境及其发展的支持因素探析[D].上海：华东理工大学，2014.
[26] 成建兰.公办民营护理型养老机构发展困境与展望[D].南京：南京理工大学，2014.
[27] 刘晓颖.民营养老机构发展研究[D].成都：西南交通大学，2014.
[28] 尉馨美.养老机构护理员的职业认同与职业需求研究[D].北京：首都经济贸易大学，2014.

[29] 王旭晨.我国养老机构多元化问题研究[D].济南:山东财经大学,2014.
[30] 李明羽.优势视角理论下机构养老中失能老人的照料研究[D].北京:中国社会科学院研究生院,2014.
[31] 向亮.民办养老机构法律保障研究[D].南京:南京工业大学,2014.
[32] 闫婷.济南市民办养老机构发展问题研究[D].济南:山东大学,2014.
[33] 张焱.我国养老机构发展中的政府作用研究[D].武汉:华中师范大学,2014.
[34] 吕晓宁.民办养老机构优化研究[D].北京:首都经济贸易大学,2014.
[35] 郭红艳,王黎,彭嘉琳,等.养老机构服务质量评价指标体系的构建[J].中华护理杂志,2014(4).
[36] 黎剑锋.民办养老机构服务供给现状及对策研究[D].厦门:厦门大学,2014.
[37] 陈丽梅.我国民营养老机构的健康发展研究[D].呼和浩特:内蒙古大学,2014.
[38] 朱浩.基于信任视角下的民办养老机构发展模式研究——以杭州市为例[J].老龄科学研究,2014,11:26-35.
[39] 贾素平.养老机构管理管理与运营实务[M].天津:南开大学出版社,2013.
[40] 凌云霞,等.护理人力资源管理与责任制排班[M].北京:军事医学科学出版社,2012.
[41] 邸文一.我国城市机构养老问题研究[D].大连:大连海事大学,2011.
[42] 陈雪萍,等.养老机构老年护理服务规范和评价标准[M].杭州:浙江大学出版社,2011.
[43] 黄丽珍.完善我国城市养老机构服务标准的必要性研究[D].北京:北京交通大学,2010.
[44] 吕珊.我国城市机构养老服务的社会化探索[D].武汉:武汉科技大学,2010.
[45] 陈卓颐.实用养老机构管理[M].天津:天津大学出版社,2009.
[46] 解晨,等.现代护理管理临床实务全书[M].济南:山东科学技术出版社,2008.
[47] 张艳丹.我国城镇机构养老研究——基于宜都市的实证研究[D].武汉:华中科技大学,2007.
[48] 邱刚.上海养老机构社会化运作的研究[D].上海:上海交通大学,2007.
[49] 桂世勋.合理调整养老机构的功能结构[J].华东师范大学学报,2001(7).